T0368161

The Creole English Grammar

The Creole English Grammar

Tercius Belfort Noëlsaint

AuthorHouse™
1663 Liberty Drive
Bloomington, IN 47403
www.authorhouse.com
Phone: 1 (800) 839-8640

Published by AuthorHouse 05/07/2015

ISBN: 978-1-5049-0328-8 (sc)
ISBN: 978-1-5049-0327-1 (e)

Library of Congress Control Number: 2015906012

Print information available on the last page.

Tab matyè ~ Table of Contents

BÈL

Kontwòl Kreyòl :Gramè kreyòl-anglè
Yon gid konplè gramè kreyòl-anglè

☆ Règ gramè	☆ Grammar Rules
☆ Dyalèk ak kilti kreyòl	☆ Dialect and Culture
☆ Konparezon ak lòt lang	☆ Languages Comparison
☆ Istwa, kont, literati	☆ History, Stories, and Literature
☆ Teknik pou tradiksyon	☆ Translation Techniques
☆ Vokabilè ak egzèsis	☆ Vocabularies and Exercises

A Complete Creole-English Grammar

Bèl Kontwòl kreyòl: Gramè kreyòl-anglè sa a se yonn nan yon seri liv an plizyè lang (kreyòl-anglè-espanyòl-fransè) ki plis pase yon gramè. Li se pito yon liv referans ki genyen ladann, pami anpil lòt bagay: (1) Apresyasyon lang an jeneral e lang kreyòl an patikilye; (2) istwa ak orijin kreyòl ayisyen an; (3) règ gramè kreyòl ki koresponn a règ gramè tout lòt lang an jeneral e règ anglè an patikilye; (4) vokabilè ki koresponn a tout nèf pati diskou gramatikal yo (atik, non, pwonon, adjektif, vèb, advèb, prepozisyon, konjonksyon ak entèjeksyon) ansanm ak tout lòt vokabilè de baz ki endispansab pou yon moun pale yon lang etranje (L2); (5) kreyòl konpare, sa vle di rapò kreyòl la ak lòt lang tankou espanyòl, anglè ak fransè; (6) aspè metalengwistik ak pragmatik, sa vle di kreyòl la nan kontèks kiltirèl li; (7) tèks kreyòl pou ede apranti a li kreyòl la trè byen ; (8) Kontwòl kreyòl baze sou prensip ak metodoloji didaktik tankou: preparasyon ak prezantasyon materyèl yon fason lojik, ki chita sou bezwen apranti a, ki soti sou sa yon moun konnen rive sou sa l poko konnen, soti sou sa ki pi senp pou rive sou sa ki pi konplike, sou repetisyon ak imèsyon, sou prensip evalyasyon ansanm ak sou patisipasyon aktif moun k ap aprann nan.

Li konsidere tou sa ki rele WIDS (Worldwide Instructional Design System) e li konpatib ak evolisyon teknolojik la nan moman globalizasyon sa a (imèl, ibouk...). An jeneral, seri Bèl Kontwòl kreyòl la ap ede nou pran kontwòl lang kreyòl la pandan n ap KLEP li, sa vle di: pandan n ap Koute, Li, Ekri e Pale kreyòl ayisyen an.

Bèl Kontwòl Kreyòl: Gramè kreyòl-anglè is one of a series of books in several languages, namely Creole, Spanish, French, and English, that is more than a simple Creole Grammar book. It is rather a reference document which includes all the following elements, among others: (1) Language appreciation in general and Creole languages in particular; (2) history and origin of the Haitian Creole language; (3) common and special Creole grammar rules (4) vocabulary corresponding to all nine parts of speech, namely: article, noun, pronoun, adjective, verb, adverb, preposition, conjunction, and interjection, including all other necessary vocabularies that enhance the learning process of a foreign language (L2); (5) comparison of Creole language with at least eight other languages, principally Spanish, English, and French; (6) metalinguistical and pragmatic aspects of the Creole language; (7) Creole texts and other documents to facilitate the Creole readings; (8) Bèl Control Creole is based on didactical principles, theories, and methodology such as: preparation and presentation of materials in an orderly and logical manner; by considering the learner needs, starting on the previous learner knowledge, from the more simple to the more complicated, by emphasizing repetition and immersion, evaluation, and facilitating the active participation of the learner. The document considers also the so called WIDS (Worldwide Instructional Design System) and is compatible with the evolution of technology in an era of globalization **(E-mail, multimedia, e-book...)**. In general, this series of Bèl Kontwòl Kreyòl will help the learner to take control of the Creole language by practicing the so called KLEP method (Listening, Reading, Writing, and Speaking) the Haitian Creole.

Men tout sa nou jwenn nan koleksyon bileng kreyòl-anglè sa a: Bèl **Kontwòl kreyòl -Gramè; Bèl Kontwòl kreyòl: Diksyonè miltileng an 4 lang; Bèl Kontwòl kreyòl -Konvèsasyon kreyòl** ki, li menm, akonpanye de yon CD. Nan gramè a, n ap jwenn yon seri vokabilè kreyòl ki konpare a olandè, italyen, alman, pòtigè...

Otè a genyen yon bakaloreya nan Kontablite e yon Mastè an edikasyon, nan "Instructional Design and Technology of Education". Li anseye nan nivo elemantè, nivo segondè ak inivèsitè an Ayiti e a letranje (Pòto Riko e Florida). Li tou se yon ansyen anplwaye Konsila Jeneral d Ayiti nan Pòto Riko.

Pou fini, li se manm ou ansyen militan plizyè òganizasyon ki p ap travay pou pwofi (ONG), men k ap lite pou yon Ayiti miyò. Li se otè plizyè lòt liv tankou: Haití, Mito y Realidad; Haití, Grandeza, Decadencia y Futuro; "Religious Bilingual Agenda and information". Li ekri tou atik, powèm ak chan angaje e relijye (nou ka konsilte CD: The Gospel GPS Group: Men mwen zanmi, kote ou ye, 2013)

In this bilingual Creole-English series, you find the following documents: Bèl **Control Creole-Grammar-English; Bèl Control Creole: Multilingual Dictionary in four languages, and Control Creole-Conversation** in text and multimedia format (CD).

The author has a Master Degree in Education (Instructional Design and technology of Education) from Sacred Heart University of Puerto Rico, and a Bachelor Degree in Accounting from the Pontifical Catholic University of Puerto Rico. He has been teaching at Elementary, High School, and university levels in Haiti and abroad (Puerto Rico and Florida). He is also an ex employee of the Consulate General of Haiti in Puerto Rico, and member of several religious and Non Profit Organizations pro Haiti. Other publications of the author included: "Haiti, Mito y Realidad";"Haiti: Grandeza, Decadencia y Futuro", and the review "Religious Bilingual Agenda and Information", among others. He wrote also articles, poems, and political and religious songs (see CD: The Gospel GPS Group: Men mwen zanmi, kote ou ye, 2013)

Entwodiksyon a Bèl Kontwòl Kreyòl / Introduction to Bèl Kontwòl kreyòl

Sa sa ye KLEP?

KLEP se yon akwonim, yon sig ki vle di: **Koute, li, ekri ak pale.** Pou yon moun rive pale yon lang, li dwe pase nan wout sa a. Yon ti bebe dwe koute manman l ak papa l pale yon lang anvan l kòmanse di kèk mo. Pi ta, li pale lang lan kareman san l pa oblije li ak ekri anyen. Si timoun nan al lekòl, pwosesis aprantisaj la ka vini pi fasil e pi konplè. Yon moun ki analfabèt, sa vle di ki pa konn ni li ni ekri, kapab toujou pale yon lang li t ap koute anvan.

Eksperyans montre yon moun ki koute /tande yon lang men ki pa rive fè aprantisaj pale li, e sitou si moun sa a pa twouve l nan yon milye kote li plonje vrèman nan pratike lang lan (imèsyon), moun sa a kapab konprann lang lan, men li pap ka pa rive pale l. Sa fè pati de sa lengwis yo rele fosilizasyon. Nou ta di lang moun nan rabi. Milye tankou: lekòl, legliz, mache, reyinyon asosyasyon, klib kiltirèl, gwoup sosyal, tout kote sa yo fasilite moun pratike yon lang. Kidonk, li ta bon pou moun k ap aprann lang kreyòl la chèche mwayen non sèlman pou l koute, li l, ekri l, men li enpòtan pou l pratike l, pou l pale l. Lè sa a, l a kapab di : kreyòl pale, kreyòl konprann!

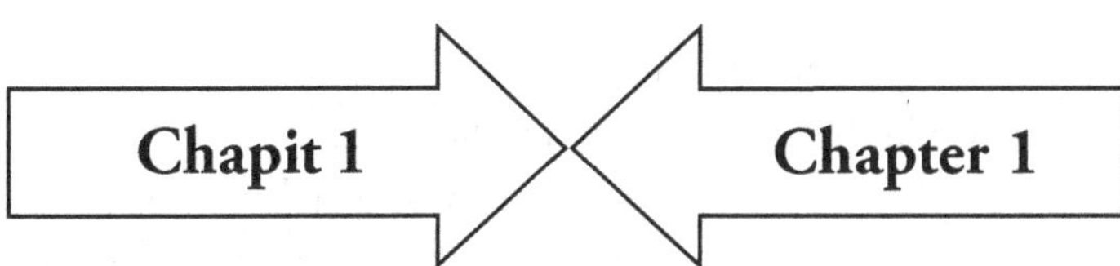

Konsiderasyon sou lang an jeneral ak sou kreyòl an patikilye

1.1 GENERAL APPRECIATION

METÒD: KOUTE, **LI**, **E**KRI
& **P**ALE KREYÒL

METHOD:
TO LISTEN
TO READ
TO WRITE
&
TO SPEAK
CREOLE

1.1 Konsiderasyon sou lang an jeneral

Pale de (2) lang jounen jodi a pa sifi. Kounye a, nou nan moman globalizasyon, nan moman pwogrè teknolojik, syantifik ak enfòmasyon. Se yon moman chanjman rapid, jan Thornburg te prevwa sa depi an 1992. Dapre li, apati lane 2000, nou t apral viv nan yon moman de: "**chanjman rapid, yon mond globalize, yon tan de avansman nan edikasyon teknolojik moun potko janm wè…An menm tan tou, se yon tan ki plen anpil defi, menas ak opòtinite**". Nan menm ide sa yo, koleksyon Bèl Kontwòl kreyòl sa a prevwa chanjman yo ap afekte jan moun aprann yon lòt lang e se pou sa nou prepare nou pou leve defi a.

1.1 General consideration on languages

Nowadays, speaking one or two languages is anymore really a big deal. We are now in an era of global, technological, scientific progress, and explosion of information. We live in a moment of rapid changes, as forseen by Thornburg since 1992. According to him, "by the year 2000, we would have a moment of: rapid changes, a global world and an advanced time of technological education never seen before. By the same token, it would be an era full of treats, but also of opportunities". In this perspective, the present collection of Bèl Control Creole is written to deal with those factors that affect definitely the way people learn a new language.

Anplis, yon moun ki bezwen aprann yon lang dwe konpare pwòp lang li deja konnen an ak sa lap aprann nan.

Konsa tou, nan koleksyon sa a, nou mete anpil enfòmasyon ki gen pou wè ak konvèsayon chak jou, vokabilè anpil lòt matyè moun aprann lekòl, refleksyon ak anpil lòt tèm jeneral, san konte anpil egzanp ak egzèsis, dekwa pou aprantisaj la ka sanble tèt koupe ak anbyans lavi kouran moun k ap aprann nan.

Pa konsekan, nou panse [ke] liv kreyòl sa yo kapab itil nan plizyè aspè. Si ou genyen li nan men ou, pa kouri mete l yon kote. Si w poko genyen l, chache fè sa. Li posib yon lè, ou ka bezwen l.

After reviewing lot of pedagogical theories, methods, and techniques, we concluded that a language teacher needs a complete tool which would help gather information for the daily class preparation. If the information is already available, the teacher can use the spare time in other didactical activities, for the benefits of the learners. It is with that purpose that Bèl Control Creole in sets of books in four languages can help anyone to Listen to, to **R**ead, to **W**rite, and to **S**peak (KLEP) the Creole language.

We realize that anyone who needs to learn a new language has to compare his or her natural language with the target one. To do so, we gather lot of information related to daily conversations as well as vocabularies of several topics such as those related to almost all matters for the classroom, reflexions and other general matters, including examples and exercises, so that the learning process would be very similar with the natural one.

Consequently, we believe that this collection will be useful in several aspects, because of its completeness. If you have it at your scope, do not throw it away. If you do not have it yet, try do do so, because you may need it to KLEP the Creole language.

1.2 KONSIDERASYON PEDAGOJIK

Nou te wè pou yon moun aprann byen yon lang, li dwe konsidere yon seri faktè ki rele KLEP, sa vle di **Koute** moun kap pale lang lan, **Li** lang lan, **Ekri** lang lan e **Pale** li. Se avèk rezon filozòf la te di tout konesans nou genyen pase nan sans nou yo (zorèy, je, men, bouch…). Metòd KLEP-KREYOL la se yon manyè, yon fason pou moun kapte, nou ta di menm "vòlè" kreyòl la rapid mete nan tèt li. Se yon metòd global total kapital. Ann pran kèk egzanp : Yon moun ki pale espanyòl byen konnen diferans an pwononsyasyon, an ekriti e an siyifikasyon ant taza (cup) e tasa (tax); ant jamón (jam) y jabón (soap); ant bellón e ficha (moneda, según la región), etc. Si yon moun pale franse byen, li konnen diferans ant "yeux" e "oeils"; ant "aïeux" et "aïeuls" e li konnen pwononse byen fraz sa a "les héros de l'indépendance". Si yon moun maton nan anglè, li kapab distenge pwononsyasyon e siyifikasyon mo sa yo, pa egzanp: "child and children"," island", to lead and the lead (metal), elatriye (elt). Moun sa yo te pase nan kat etap aprantisaj lang yo.

1.2 PEDAGOGICAL APPRECIATION

To learn better a language, there are series of factors to be considered. Among these factors there are the so called KLEP, a Creole acronym for "KOUTE, LI, EKRI, PALE" (Listening, reading, writing, and speaking). That is, to learn a language, we need to listen someone speak it; then, we need to be able to read it, to write it, and finally to speak it. A philosopher was right when he wrote: "All our knowledge passes by our senses" (ears, eyes, hands, and mouth…). Thus, the Spanish speaker for example knows well the difference between taza (cup) and tasa (tax); between jamón (jam) and jabón (soap); between bellón and ficha (name for money in different regions), etc. If the learner speaks French, he or she knows the difference between the "yeux and oeils; between aïeux et aïeuls and knows the exact pronunciation of the phrase "les héros de l'Indépendance". If someone is a good English speaker, he or she knows the pronunciation of words such as: data, child, and children, and so on.

1.2.1 Pouki sa yon moun ta dwe aprann yon lòt lang?

Yon moun kapab aprann yon lòt lang pou plizyè rezon : (1) pou l kominike ak lòt moun (enteraksyon), (2) pou l aprann lòt enfòmasyon ak lòt kilti, (3) pou l fasilite vwayaj li aletranje, (4) pou l ede lòt moun, (5) pa kiryozite, (6) pou fè tan pase, (7) paske lang lan bèl, (8) pou rezon travay, pami lòt rezon ankò. Ou ka gen pwòp rezon pa ou pou aprann kreyòl.

Tout moun bezwen kominike nan yon lang. Dapre Andreas Kemke (Andrews Larry, Linguistics for L2 Teachers, p. 20), menm Bondye genyen yon lang: Li konn pale swedwa, tandiske Adan ak Ev ta konn pale danwa; sèpan li menm ta konn pale franse.

1.2.1 Why do people should learn another language?

People may learn an additional language for several reasons: (1) for communication purpose, (2) for getting other information and culture, (3) for travel purpose in foreign countries, (4) for helping other people, (5) by curiosity, (6) for killing the time, (7) because the language is beautiful, (8) for jobs purpose, among other reasons. You may have your own reason for learning Creole.

Everyone needs to communicate in at least one language. It is a necessity. According to Andreas Kemke (Andrews Larry, Linguistics for L2 Teachers, p. 20), even God got a language: He would speak Swedish; Adam and Eve would speak Danish; the snake would speak French.

1.2.2 Objektif Bèl Kontwòl kreyòl.

Bi koleksyon liv sa yo se fasilite aprantisaj oubyen akizisyon lang kreyòl de baz franse a (menm lè rasin li se lang afriken yo) pou moun ki pale anglè. Konsa tou, li kapab fasilite moun ki pale kreyòl yo vin aprann angle pi fasil, oubyen konpare de lang yo.

Nou kwè jous jounen jodi a, koleksyon liv sa a reyini plis règ, atou ak egzanp, an akò avèk òtograf ofisyèl kreyòl ayisyen an. Nou kwè tou, si yon moun reyini tout koleksyon kontwòl kreyòl la, li kapab rive pran kontwòl lang lan jous li vin maton ladan n.

Nou rekonèt tou kreyòl la, tankou tout lòt yo, se yon lang elastik: plis yon moun ap aprann mo ak règ, se konsa plis lòt mo ak lòt règ ap parèt. Se yon lang ki jèn. Malgre tou, seri kontwòl kreyòl la se yon gwo zouti pou moun koute, li, ekri e pale **kreyòl**, pandan lap revize pwòp lang li, nan ka sa a, lang anglè a.

Definitivman, Kontwòl kreyòl prezante, defini, sitiye, valorize, konpare e rann disponib lang kreyòl de baz franse a, kreyòl ki diferan de lòt kreyòl de baz angle, pòtigè ou espanyòl.

Kreyòl se yon lang de kominikasyon ki pale nan lemond antye, an patikilye nan peyi ki nan zòn Karayib la tankou: **Ayiti, Ladominik, Gwadloup, Jamayik ak Matinik**. Nan kèk nan peyi sa yo tankou Ayiti, gen moun se sèl kreyòl yo pale. Nou jwenn kreyòl la gaye nan zèv ekri plizyè otè ak entelektyèl karayib sa yo, lè yo pa ekri totalman an kreyòl. Nan liv sa a, nou mete aksan ni sou jan moun pale kreyòl la e ni sou jan l ta dwe pale. Nou mete nan gramè sa a anpil

1.2.2 Objectives of Bèl Control Creole

The purpose of this manual is to facilitate an English speaker to learn and/or improve the French Haitian Creole language (even though the Creole come really from the African languages). Also, the learner can easily compare the two languages.

We believe this Bèl Kontwòl Kreyòl collection Creole-English is the complete one which is in the market to enhance the Creole learning. If someone possesses the collection, we believe for sure that he will master the Haitian Creole.

However, we do recognize that Creole, as all other languages, is very elastic. We cannot pretend that this grammar incompasses all Creole rules and exceptions. Words continue to be added in this relatively new language. Nethertheless, the **Bèl Kontwòl Kreyòl** is definitely a complete and useful tool to KLEP the language, that is, to listen to it, read it, write it, and speak it.

Definitely, the purpose of this grammar is to present, define, limit, valorise, compare, and make available the French-based Haitian Creole which is different from the English-based, Portuguese-based or even Spanish-based Creole.

Creole is a language of communication which is spoken worldwide, particularly in the Caribbean countries such as: Haiti, Dominica, Guadeloupe, Jamaica, St Lucia, and Martinica. In some of those countries such as Haiti, there are people who speak only Creole. Besides, we find the Creole gathered in the written documents of most of Caribbean authors and intellectuals, when they do not write totally in Creole. In this book,

mo, ekspresyon ak fraz fransè ki te pase nan kreyòl la (se fransè ki ekri e pwononse an kreyòl).

Nou swete tout moun bon travay e bòn chans.

we consider both the **use (communication) and the usage** (grammar rules) of the Creole language. Several French words, expressions, and sentences that have been creolized are reproduced here (French words written and pronounced in Creole)

We wish everyone good work and good luck.

1.2.3 Ti non jwèt lang yo /The surname of the tongues.

Alman se lang **Get**
Anglè se lang **Chekspi**
Panyòl se lang **Sèvantès**
Esperanto se lang **Zamenòf**
Franse se lang **Molyè ou Voltè**
Grèk se lang **Omè**
Laten se lang **Sisewon**
Italyen se lang **Dant**
Nelandè se lang **Vondel**
Pòtigè se lang **Kamoz**
Ris se lang **Tolstoyi**
Kreyòl se lang **ki moun?**

German is the language of **Goethe**
English is the language of **Shakespeare**
Spanish is the language of **Cervantes**
Esperanto is the language of **Zamenhof**
French is the language of **Molière ou Voltaire**
Greek is the language of **Homère**
Itialian is the language of **Ciceron**
Latin is the language of **Dante**
Netherlands is the language of **Vondel**
Portuguese is the language of **Camões**
Russian is the language of **Tolstoi**
Creole is the language of **?**

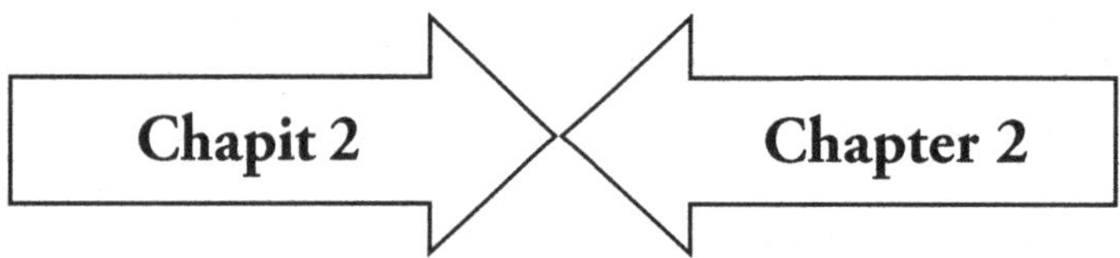

2.1 Lang kreyòl an jeneral

***"Without knowing the forces of words, it is impossible to know men" (Confucius, Analects XX.3.(512)[1]**

***"If you think in terms of a year, plant a seed; if in terms of ten years, plant trees; if in terms of 100 years, teach the people" (Confucius)**

***"I hear, and I forget. I see and I remember. I do and I understand. (Confucius)**

2.2 Sa sa ye Kreyòl?

Kreyòl ta soti nan yon mo pòtigè "Crioulo" oubyen "criolo", mo ki li menm ta soti nan vèb laten "criare", sa vle di, elve lakay yon mèt, domestik. Moun te itilize mo a nan Lamerik pou deziye timoun ki fèt nan koloni an, men ki gen paran ewopeyen. Nan yon sans jeneral, men ki sa kreyòl vle te di:

2.2.1 Nèg ki fèt nan koloni an.

2.2.2 Kenpòt timoun ki fèt nan koloni an ki diferan de yon timoun blan ou timoun nwa sèlman.

2.2.3 Lang ewopeyen ki kowonpi, sa vle di lang nèg mal itilize lè yap kominike avèk mèt yo.

2.2.4 Yon vèsyon redui oubyen senplifye de lang kolon an ki se yon seri imitasyon pou fè esklav rive kominike pi byen ak mèt li (Bloomfield & Clarence, 1961);

2.2 What Is Creole?

Creole would come from the Portuguese word "crioulo" or "criolo", the past participle of the Latin verb "criare", that means, raised in the owner's house; domestic. In America, the word was referred to the children born in the colonies, but from European parents. In a wider sense, Creole means, among others:

2.2.1 Negroes born in the colonies, autochtones.

2.2.2 Any child born in the colonies who are different from the pure white or pure black.

2.2.3 The European language corrupted (adapted) in communication with the Negroes.

2.2.4 A reduced or simplified version of the owner's language, product of a series of recursive imitation (Bloomfield & Clarence, 1961);

[1] http://www.analects.org/index.php

2.2.5 Kreyòl se tankou yon tablo penti miltikolò, paske li soti nan divès sous kiltirèl: endijèn, espanyòl, franse, lang afriken ak angle

2.2.5 A multicolored painting, since Creole comes from diverse culture: Indigenous, Spanish, French, African languages, and English.

2.2.6 Kreyòl se yon lang d izaj imedyat, yon lang kote nou eksprime folklò nou, kote nou fè sansasyon nou pase, yon lang ki gen anpil fòs (Césaire).

2.2.6 The language of immediate use, of folklore, feelings, and intensity (According to Aimé Césaire).

2.3 **Diferan kalite lang kreyòl**

Kreyòl se pa yon lang ki pale sèlman an Ayiti kote gen anviwon 10 milyon moun kap itilize l chak jou anndan peyi a, san n pa bliye plizyè milye lòt ayisyen nan peyi etranje. Nou jwenn lang kreyòl la nan lemond antye, menm si kreyòl sa yo gen baz diferan. Nou jwenn kreyòl la depi soti Oseyan Atlantik pou rive jous nan Oseyan Endyen e Oseyan Pasifik. Dapre yon enstitisyon ki rele "Summer Institute of Linguistics" (SIL), genyen anviwon swasannsis (66) kalite lang kreyòl nan lemond, e lamajorite nan yo gen kenz lang kòm baz. Pa egzanp, nou jwenn baz afriken, alman, espanyòl, fransè, anglè ak pòtigè. Dapre Paultre (1982), se nan rejyon Karayib la nou jwenn plis moun ki pale kreyòl. Dapre Dr. Albert Valdman, se an Ayiti nou jwenn twaka moun ki pale kreyòl nan lemond.

2.3 Different Types of Creole Languages

Creole is not a language which is spoken only in Haiti, where it is used by more than 10 millions of Haitians in Haiti and abroad. It refers to a wide variety of languages that are spoken worldwide with different bases.

Creole languages are expanded from the Atlantic Ocean to the Indian and Pacific Oceans. According to the Summer Institute of Linguistics" or SIL, there are about sixty six (66) types of Creole in the world, most of them having fifteen languages as bases, such as: African, German, Spanish, French, English, and Portuguese. The Caribbean region is the place where the majority of Creole speaking countries are found (Paultre, 1982). According to Dr. Albert Valman, it is in Haiti that we find a third part of the Creole language speakers.

2.4 Non kèk lang kreyòl nan lemond / Names of some types of Creole Languages in the world

COUNTRY	PEYI	NAME OF THE KREYÒL	BASE
North Australia	Pati nò Ostrali	Kriol	English
Canada	Kanada	Joual (o Chwal)	French
Colombia	Kolonbi	Palenquero	Spanish
Curaçao, Aruba & Bonaire	Kiraso, Awouba ak Bonè	Papiamento	Spanish
Dominica	La Dominik	Antillean Creole (Kokoy)	French
Philippines	Filipin	Chabacano	Spanish
Guadalupe	Gwadloup	Guadeloupéen	French
Guyana	Giyàn	Creolese (guyanese)	French

COUNTRY	PEYI	NAME OF THE KREYÒL	BASE
Haiti	Ayiti	Kreyòl (creole)	French
Reunion Island	Lil La Reyinyon	Kréol Réoné	French
Mauritian Island	Lil Moris	Maurician	French
Jamaica	Jamayik	Jamaican talk	English
Louisiana	Lwizyàn	Cajun /gombo	French
Martinica	Matinik	Martinican Creole	French
Papua (New Guinea)	Papwa (Nouvèl Ginen)	Tok Pisin	English
Rodrigue Island	Lil Rodrig	Mauritian Creole	French
Saint-Lucia	Sent Lisi	Saint Lucian Creole	French
Seychelles Island	Lil Sechèl	Seselwa	French
Trinidad	Trinidad	Trinidadian Creole	English
St Bart	Sen Ba	St Barth Creole	French
Surinam	Sirinam	Taki taki /sranan/ sranantongo	English
Vanuatu	Vanwatou	Bislama	English

Formation or Origin of the Creole Languages

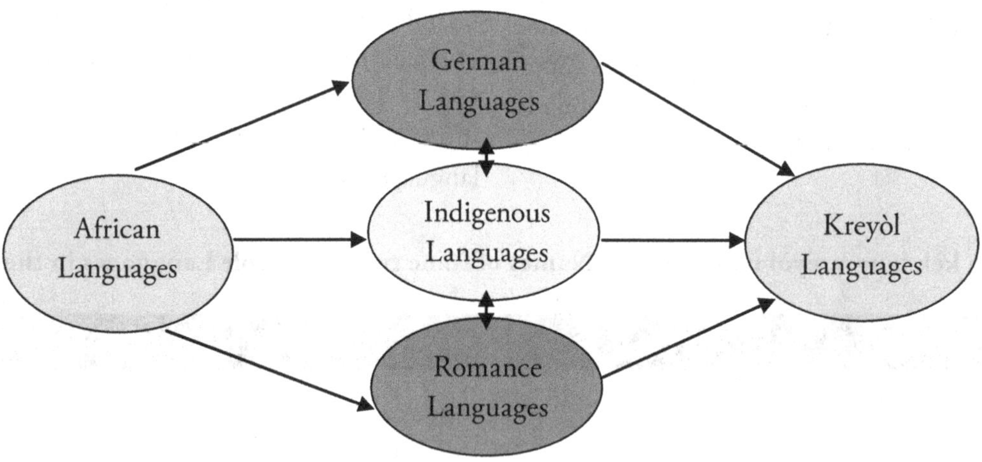

(Romance Languages: Spanish, French; german languages: Dutch, English; African Languages: Nigeria-Congo family; Indigenous Languages: Arawak, Maya etc.).

2.5 Inite malgre varyete lang kreyòl yo

Menm lè yon mo kreyòl soti nan yon lang de baz, sa li vle di a kapab yon jan diferan de mo orijin nan. Dapre Dorin (1973), kreyòl ayisyen an, menm lè nèf sou chak dis mo li genyen soti nan franse, li rete yon lang otonòm. Pou Pressoir menm (1947), kreyòl se pa yon defòmasyon lang franse. Nou kapab konpare kreyòl la ak franse a menm jan nou kapab konpare espanyòl ak italyen oubyen ak laten. Anplis, varyete ki egziste a pa anpeche gen kèk bagay an komen nan tout lang kreyòl ki egziste, annou di sitou nan kreyòl karayib yo.

Esklav yo te soti nan diferan peyi afriken e yo te vini avèk yon seri eleman kiltirèl tankou relijyon ak langaj. **Anplis, dapre Devonish (1986), divèsite lengwistik kiltirèl esklav yo te konvèje nan Karayib la nan fanmi lang "Nigeria-Congo", paske yo tout te pale lang sa a, espesyalman lang afriken ki rele "Mande" e "Kwa". Se pou rezon sa a nou wè yon bon jan resanblans ant tout lang kreyòl ki nan Karayib la, menm lè baz yo diferan, paske yo gen menm enfliyans afriken an.**

2.5 Unity within the Variety of Creole languages

Even though Creole words come from a substrat, their meaning is quite different from the word of their origin. Dorin (1973) maintained that Haitian Creole, even though nine out of ten of its words come from French, is an autonomous language. Pressoir (1947) maintained that Creole language is not a French deformation. Creole is to French as Spanish is to Italian or Latin. Moreover, the variety does not impeach that there is something in common among all the types of Creole languages, at least those of the Caribbean Basin. The slaves came from different African countries and brought with themselves cultural aspects such as: religion and languages. Moreover, according to Devonish (1986), the linguistically diversity of the slaves converges in Caribbean in the Nigeria-Congo language family (all spoke this language), including other African subgroups of languages (Mande y Kwa) of the mentioned family. For that reason, we observed a tight similitude among all the Caribbean Creoles, independently of their bases, since they have common a African influence.

K	L	E	P		
K	R	E	Y	O	L

EGZESIS-DEVWA / ASSIGNMENT

Saktefèt(revizyon)?	
Sakafèt (pwogram)? **Sakpralfèt (pwojè)?**	

A. Reponn kesyon sa yo

1) Poukisa ou enterese aprann kreyòl?
2) Fè yon lis ak tout mo ou ekspresyon kreyòl ou deja konnen.
3) Chèche e note pou klas la ki kote nou konn KOUTE kreyòl.

4) Ki pwogram radyo ak televizyon an kreyòl ki genyen nan kominote kote w ap viv la? Ki frekans yo? Ki orè yo (kilè yo emèt)?
5) Ki materyèl ekri an kreyòl nou kapab LI nou ka jwenn nan bibliyotèk la, nan libreri a oubyen prete nan men yon zanmi?
6) Chèche nan bibliyotèk la e nan lòt sous tankou entènèt lis dokiman ki genyen an kreyòl (liv, revi, jounal, materyèl odyovizyèl...).
7) Chèche e dokimante pou klas la kèk zouti an kreyòl nou kapab koute e apresye tankou: k-7, sidi, dvd, prezantasyon ppt, dokimantè, fim, dokiman sou youtoub, enfòmasyon ou priyè pre-anrejistre, powèm, enfòmasyon sou **itune**, im nasyonal ak lòt dokiman folklorik, elt.

B. Some names of the national people. Fin the equivalent in English (see the multilingual dictionary)

Country		**Name of the inhabitant**
Peyi	**Abitan (kreyòl)**	**Nationals (English)**
Afrik	afriken	Africans
Almay	alman	------------------------
Angletè	anglè	------------------------
Ayiti	ayisyen	------------------------
Beljik	belj	------------------------
Espay	panyòl (espanyòl)	------------------------
Etazini	ameriken	------------------------
Gwadloup	gwadloupeyen	------------------------
Kanada	kanadyen	------------------------
Kiba	kiben	------------------------
Kolonbi	kolonbyen	------------------------
Lafrans	fransè	------------------------
Matinik	matiniken	------------------------
Mawòk	mawoken	------------------------
Ondiras	ondiryen	------------------------
Ozend	endyen	------------------------
Pòtigal	pòtigè	------------------------
Pòtoriko	pòtoriken	------------------------
Senegal	senegalè	------------------------

C. Question: Name Five different types of Creoles and their bases.

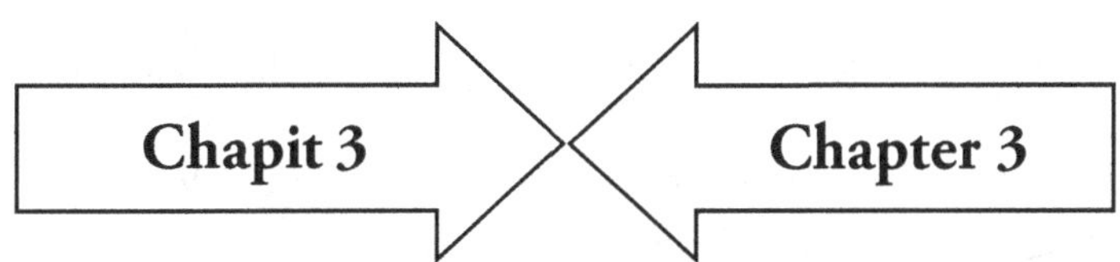

Kreyòl ayisyen / the Haitian Creole

3.1. Karakteristik prensipal lang kreyòl ayisyen an

Kreyòl ayisyen an genyen karakteristik sa yo:

3.1.1 Mo yo pa chanje (mo envaryab, tankou lang chinwa ak lang afriken yo)

3.1.2 Pa gen zafè jan (maskilen-feminen) ak nonb (sengilye-pliriyèl), menm si gen kèk eksepsyon.

3.1.3 Repetisyon plizyè mo oubyen ekspresyon pou bay plis fòs, plis jarèt.

3.1.4 Izaj de "Ti" devan plizyè non (sans pejoratif, diminitif oubyen tandrès)

3.1.5 Detèminan yo (atik, adjektif posesif, adjektif demonstratif...) plase apre mo yo modifye a. Li enpòtan pou nou souliye atik endefini yo (yon, on) e adjektif nimeral yo toujou plase anvan non yo modifye yo. Ex: Kay la; machin nan; yon chyen; de tablo

3.1.6 Nazalizasyon oubyen demakasyon plizyè son franse: nanchon (nasyon); levasyon (edikasyon); ganyen (genyen); panyen (panye); prizonye (prizonye)

3.1.7 Itilizasyon anpil abrevyasyon (wè tab abrevyasyon an pi devan)

3.1 Principal Characteristics of the Haitian Creole Language

The Haitian Creole language is characterized by:

3.1.1 The invariability of its words (as the Chinese and the African languages)

3.1.2 The absence or restriction of gender and number

3.1.3 The repetition of some words or expressions for question of emphasis

3.1.4 The frequent use of the particle TI before some names (to indicate the smallness, tenderness, etc.). Ex. Ti Jak, ti Pyè, ti Mari.

3.1.5 The postposition of the determiners (articles, possessive adjectives, demonstrative adjectives...). The indefinite articles (yon, on) and the numeral adjectives are excepted. Ex: yon chyen (a dog); de tablo (two paintings).

3.1.6 The Nasalization of some French sounds: ganyen (to win); panyen (basket); prizonye (inmate)

3.1.7 The use of a lot of abbreviations (See the complete table of abbreviations).

3.2 Ki kote kreyòl ayisyen an soti?

Pandan 16èm ak 17èm syèk yo, yon seri peyi kolonizatè (Lafrans, Angletè, Espay ak Pòtigal) te gen koloni kote esklav yo ak kolon yo te oblije fè yon jan pou yo rive kominike antre yo. Se nan lide sa a kreyolis ayisyen Suzanne Comhaire-Sylvain (1936) te fè remake kreyòl ayisyen an te pran nesans nan **Lil Latòti** lè yon ayisyen tap eseye pale ak yon flibistye franse. Se nan sans sa a tou Sexus di avèk rezon :**"Yon lang pran nesans nenpòt kote kominikasyon twouve l an difikilte"**. Konsa tou, gen moun ki kwè kreyòl ayisyen an te fèt pa mwayen yon pwosesis senplifikasyon lang franse a oubyen pa mwayen entèferans.

3.2.1 Teyori senplifikasyon an. Pelleprat (1655), yon pè franse, eksplike li menm ak kolèg li yo te fè espre pou yo chanje lang franse a pou yo te kapab fasilite ansèyman katechis la pi byen a esklav yo. Li presize li te akomode langaj la lè li te izilize yon fòm redui jeneralman a enfinitif vèb kote li te ajoute yon mo (patikil) pou endike si se tan pase, tan prezan oubyen tan fiti.

3.2.2 Teyori entèferans lan. Dapre teyori sa a, **pidjin ak kreyòl** ta ne kòm rezilta langaj ki te modifye totalman paske moun te mal itilize mo lang lan poutèt defisyans konesans yo. Teyori rasis sa a vle di lang kreyòl yo ta ne paske esklav yo pat kapab itilize byen lang franse, angle, panyòl, elatriye (elt.).

3.2.3 Orijin afriken lang kreyòl la.

Jodi a, preske tout moun asepte kreyòl la soti nan lang afriken yo. Se avèk rezon yo di **kreyòl la se eve, se fon, se djowouba e se touletwa an menm tan** (Target, 2001)

3.2 Origin of the Haitian Creole Language

During the XVI-XVII Centuries, the colonizing countries (France, England, Spain, and Portuguese) possessed colonies where the indigenous people, the slaves and their masters, had to forge a means of communication. In this perspective, Suzanne Comhaire-Sylvain (1936) underlined that the Haitian Creole was born in "La Tortue Island" when one Haitian was trying to speak with a French filibuster. In this sense, Sexus ( ) maintained with reason that "the language is born where the communication is in difficulty". Also, it is considered that the Haitian Creole was born during a process of simplification of French or by means of interferences.

3.2.1 By simplification: The French Priest Pelleprat (1655) declared that his colleagues and him had used purposefully a corrupted language in order for them to communicate better with the slaves and to teach them catechism. He indicated that they accommodated the language by using a reduced form, generally to the infinitive verbs to which they add a word that indicated the present and the future.

3.2.2 By means of interferences: Pidgin and Creole would be the result of some languages deeply modified because of their bad use due to some cognition deficiencies. This racist theory implied that Creole languages would be the result of the bad use of French, English, Spanish, and so on.

3.2.3 African origin of the Creole language

Today, almost all authors agreed that the Creole comes from the African languages. They admit that the Creole is Eve, Fon, Yoruba, and the three at the same time.

3.3 Lit kreyòl l ap mennen pou l pa disparèt

Lang kreyòl la, menm jan ak anpil lòt lang, ap peye pri orijin li. Depi lontan, kreyòl la ap pase tray. Kreyòl te konsidere tankou yon restan pwodui lang lewòp yo, paske li te pran nesans sou plantasyon kann lè esklav tap eseye kominike ak mèt yo (Schieffelin & Doucet, 1994). Toudabò, yo pat konsidere l kòm yon lang. Menm jodi a, nan kèk peyi, kreyòl gen anpil difikilte tankou sa ki rele sitiyasyon diglosik (lit ant de lang), mank de materyèl pou anseye l, mank d idantite, elt. Nan kèk peyi, kreyòl la ap vale teren (fè anpil pwogrè), poutan, nan anpil lòt, kreyòl la gen tandans disparèt. Tandiske nan kèk lòt peyi, kreyòl la se pito yon lang oral (pa egzanp an Ayiti), nan anpil lòt peyi, moun prèske pa pale kreyòl ditou (gen yon pwoblèm oralite).

An jeneral, moun pat konnen lang kreyòl yo, paske yo pat bay lang lan enpòtans; yo pat bay ni moun yo valè yo merite tou. Pa egzanp, an Ayiti nan tan lontan, yo pa t ap byen resevwa okenn moun ki ta pran chans pale kreyòl nan biwo leta yo. Nan lekòl yo menm, se pa pale. Si yon elèv ta pran pale kreyòl nan klas la, yo t ap ba li yon pinisyon moral e menm petèt kòporèl. Lekòl yo te mete sou pye yon sistèm de "jeton" (yon ti katon nimewote) pou regle tout dezòd. Yon moun yo ta siprann ap pale kreyòl nan klas la ta pèdi otomatikman jeton li. Nan fen jounen an, moun ki te gen plis jeton an te jwenn yon kado. Menm sistèm sa a te fonksyone alanvè. Konsa, nan fen jounen an, moun ki te gen plis katon an ta jwenn ak zo grann li (li ta vrèman pini). Nan menm lòd ide sa a, te gen yon gran diferans ant yon diskou an kreyòl e yon diskou an franse kote pèp la pa rive konprann vrèman, tou depan de ki moun ki pwononse diskou a, e kijan li pwononse.

3.3 The Struggle of Creole language to survive

Creole, as other languages, is paying yet the price of its origin. It was considered as a by-product of European languages, because it was developed in the plantations of sugar canes in forced contacts between African slaves and white masters (Schieffelin & Doucet, 1994). Since its origin, Creole language met difficult moments. First of all, it was not known as a language. Even today, in some countries, Creole languages have a lot of difficulties such as the diglossic situation, lack of educational materials, and lack of identity, among others. If in some countries, Creole languages have tendency to flourish, in others, they tend to disappear. If in some countries, Creole is mostly oral (in the case of Haiti), in others, people do not want to speak it (the oral problem).

In general, Creole languages were unknown because they were not valuated by their speakers. For example, in Haiti, anybody who spoke Creole in the governmental agencies was not well received. Even at school, students could not speak Creole; if they did so, they received moral and/or physical punishment. They established a system of token; anyone who dared speak Creole had automatically lost its token. Inversely, someone would receive a lot of tokens as punishment each time he or she speaks Creole. At the end of the day, in both cases (according to the established rules), the unfortunate students were severely punished. In the same order of idea, a political discourse makes a great difference, depending if it was pronounced in Creole or in French.

Yon politisyen ki vle adrese l a pèp la vrèman oblije pale kreyòl, vrè lang pèp la. Pafwa, yo anplwaye sa ki rele **kreyòl rèk** pou yo kapab fè mesaj yo pase pi byen. Kòm egzanp, nou ka site ansyen prezidan Jan Bètran Aristid. Jan de langaj sa a konsidere kòm yon mwayen de pwogrè e de demokrasi.

Anpil moun te konsidere kreyòl kòm yon lang enferyè, e dapre Poyen-Belille (1857-1900), rapòte pa Degraff in 2000), kreyòl se te yon lang ki te fòje nan nesesite ant yon pèp sivilize ak yon pèp ki pa sivilize, e kote pèp sivilize a ta eseye imite langaj moun baba yo. Yon lòt kote, moun ki pa sivilize yo eseye itilize lang mèt yo, men sistèm vokal yo diferan, lèv yo twò diferan... Pa konsekan, transfòmasyon langaj pèp sivilize yo te enfliyanse langaj moun ki pat sivilize yo (Cadely, 2003).

Gras a Dye, kreyòl ap anseye nan tout lekòl an Ayiti nan tout nivo.

3.4 Jounen entènasyonal kreyòl

Lang kreyòl yo te pran nesans nan sitiyasyon difisil, men gras a gwo jefò ki te fèt pou amelyore lang sa yo, gen yon seri òganizasyon non gouvènmantal (ONG) ki te kòmanse travay ak tout fòs yo pou fè pwomosyon lang sa yo. Si n fè rechèch, n a jwenn yon lis ki pa konplè de òganizasyon sa yo. Men kèk nan yo:

3.4.1 **Akademi Lang Kreyòl nan Zantiy yo** ki te fonde an Gwadloup nan lane 1957.

3.4.2 **Komite Entènasyonal pou Etid lang** kreyòl ki te fonde a "Nice" an 1976 e ki gwoupe kreyolis plizyè inivèsite: Mervyn Alleyne (West Indies University); Jean Benoît (Montreal University); Alain Bentolila (University of Paris); Pradel Pompilus (Université d' Etat d'Haïti); Albert Valdman (Indiana University)

Politicians who really want to ntalk to people use the native language: Creole, the true Creole (kreyòl rèk), to communicate. As example, we can mention the ex president Jean Bertrand Aristide. And that is considered as a means of progress and democracy.

Creole has been considered as inferior and, according to Poyen-Belille (1857-1900), quoted by Degraff in 2000), it has been produced by necessity between people of advanced and primitive civilizations...and that the civilized people tried to facilitate grammatically the communication to their interlocutors. In their parts, the slaves tried to use their master's language, but their vocal system was different, their lips were different... Consequently, the transformation of the language of civilized people influenced that of the uncivilized ones ". (Reported by Cadely, 2003).

Fortunately, Creole is taught now in every school in Haiti and at any level.

3.4 The International Creole Day (ICD)

Due to the fact that Creole languages emerged in difficult situation, a gigantic effort would be done for improvement, and consequently, some non-profit organizations dedicated themselves in promoting the languages. Let's mention some of them:

3.4.1 The Creole Academy of the Antilles (ACRA), founded in Guadeloupe in 1957.

3.4.2 The International Committee of Creole Studies, founded in Nice in 1976 and that grouped creolists from various universities: Mervyn Alleyne (West Indies University); Jean Benoît (Montreal University); Alain Bentolila (University of Paris); Pradel Pompilus (University of Haiti); Albert Valdman (Indiana University),

3.4.3 **Gwoup pou Etid ak Rechèch nan Espas** Kreyòl (GEREC) nan "Antilles University in Guyana".

3.4.3 The group of studies and research in the Creole spaces (GEREC) at the Antilles University in Guyana.

3.4.4 **Bannzil Kreyòl**. An 1981, pandan 3èm konferans anyèl sou lang kreyòl yo, kreyolis yo t ap chache yon bon mwayen pou yo fè pwomosyon lang kreyòl la. An 1982, nan peyi Sent Lisi, gwoup kreyolis la, ki te gen ladan l fwa sa a: Jean Bernabé e Raphaël Confiant (Martinique); Danielle de Saint-Jore (Seychelles); Morgan Dalphinis e Lawrence Carrington (St Lucie); Vinesh Hookoomsing (Maurice Island)... yo te deside kreye konsèp Bannzil Kreyòl la. Apre sa, yo te chwazi jounen **28 oktòb** chak ane kòm "**Jounen Entènasyonal Lang Kreyòl**" (Jou pèp Dominika a toujou fete lang kreyòl pa yo). Depi lè sa a, nan anpil peyi, menm Ozetazini e Okanada, yo selebre jounen entènasyonal kreyòl (JEK). Depi lè sa a tou, òganizasyon k ap defann lang kreyòl la kontinye ap pwogrese chak jou.

3.4.4 The Bannzil Kreyòl.

Since 1981, during the third meeting on Creole languages, the creolists were looking for a best way to promote Creole languages. In 1982, at St-Lucie, a group of creolists, namely: Jean Bernabé and Raphaël Confiant (Martinique), Danielle de Saint-Jore (Seychelles), Morgan Dalphinis and Lawrence Carrington (St Lucie), Vinesh Hookoomsing (Maurice Island), and so on, had a meeting where they created the Bannzil Kreyòl concept. After that, it was decided that October 28 should be the International Creole Day (that day, the people of Dominica used to celebrate their Creole language). Since that time, in several countries, including the United States and Canada, the International Creole Day (ICD) is greatly celebrated, and the organizations are progressing worldwide.

3.5 Lit ant kreyòl e lòt lang an Ayiti.

Pandan Okipasyon Ameriken an Ayiti an 1915, te genyen yon dispit ant de gwoup lengwistik diferan: franse ak angle. Kreyòl potko ladan l menm.

Gwoup ki te pou angle a di entelektyèl ayisyen yo se imitatè avèg e san okenn lojik peyi Lafrans. Se Dantès Bellegarde ki te nan tèt gwoup anglè a. Yon lòt kote menm, fanatik fawouch franse yo t ap preche sivilizasyon ewopeyèn nan; yo deklare sosyete amerikèn nan se yon bann teknokrat k ap travay pou kondui pèp la toudwat nan yon mekanizasyon endividyalize. Se Louis Borno ki tap dirije gwoup sa a. Men, genyen yon lòt gwoup ki te chwazi yon pwendevi balanse, yon pwendevi eklektik: Se mouvman endijenis lan ki te mete aksan sou eleman kiltirèl eritaj afriken an. Dr Jean-Price Mars t ap dirije gwoup sa a. Se gwoup endijenis yo ki te plis panche sou kreyòl la, sou kilti afriken an.

3.5 The Path of the Haitian Creole

During the American Occupation of Haiti in 1915, there was a dispute between two opposed linguistic groups: French and English. Creole will enter later into consideration.

The pro-English, conduced by Dantès Bellegarde, stipulated that the Haitian intellectuals are simply servile, illogical, and dangerous imitators of France. On the other hand, the pro- French admirers, leadered by Louis Borno, have preached the European civilization, and have seen in the American society a technocrat of performance that lead to individual mechanization. Between the two tendencies was Dr. Jean Price Mars who opted for an eclectic point of view: the Indigenist movement which emphasized the African elements of the popular and national culture, namely the Creole Language.

3.6 Aspè legal kreyòl ayisyen an

Kòm rezilta anpil efò plizyè òganizasyon ayisyen tankou Enstiti Pedagoji Nasyonal (IPN), mete ansanm ak travay kèk endividi tankou Feliks Moriso-Lewa, kreyòl vin yon lang ofisyèl d Ayiti, akote lang franse a, dapre Konstitisyon 1987 la (Atik 5).

An 1989, Kongrè Ameriken an te pase yon lwa ki oblije imigran yo benefisye sèvis entèpretasyon nan pwòp lang yo nan tribinal. Ayisyen te tonbe nan kategori sa a. Se atò plizyè enstitisyon tankou Inivèsite Arizona te kòmanse ap bay kou kreyòl pou prepare e sètifye moun nan lang kreyòl. Premye sètifikasyon yo te soti nan lane 1990. Sa ta yon premye aspè legal kreyòl la nan tè etranje.

Ayisyen ki Ozetazini te tonbe nan kategori sa a..

3.6 Legal Aspect of Creole language

As a result of many efforts made by many organizations such as IPN (Institut Pédagogique National), and individuals such as Félix Morisseau-Leroy, Creole was recognized as an official language of Haiti, under the country's constitution of 1987.

In 1989, the American Congress approved a Law according to which any immigrant person should receive interpretation services in the Courtroom. The Haitian people fell in this category. Consequently, several institutions such as the University of Arizona started their program of preparing Certified Creole Interpreters to comply with the Law. The first Certified Interpreters promotion took place in 1990. That was a first legal aspect abroad supporting Haitian Creole.

The Haitian people fell in this category= The Haitian people in the US Diaspora fell in this category.

3.7 Akademi Kreyòl

Konstitisyon 1987 la, ki amande an 2012, prevwa fòmasyon yon Akademi kreyòl. Akademi sa a ap gen pou bi pwomouvwa lang kreyòl e fikse òtograf la. Lwa sou Akademi an pibliye an 2014.

3.7 A Creole Academy

The Constitution of 1987, amended in 2012, requires the formation of a Creole Academy. The purpose of this academy is to promote and establish the grammatical rules of the Haitian Creole. The Law of the Creole Academy was published in the year 2014.

3.8 Pouki moun dokiman sa a kapab itil?

Liv sa a kapab itil pou plizyè kategori moun. Pami yo nou kapab mansyone:

Diplomat
Antreprenè
Imanitè
Entelektyèl
Lengwis
Misyonè
Jounalis

3.8 For Whom this book is written for?

This handbook can be used by the following people, among others:

Diplomats
Entrepreneurs
Humanists
Intellectuals
Linguists
Missionnaires

Politisyen
Politològ
Pwofesyonèl
Pwofesè
Syantis
Etidyan
Touris
Piblik la an jeneral

Journalists
Politicians
Politologues
Professionnals
Teachers
Scientists
Students
Tourists
The General Public

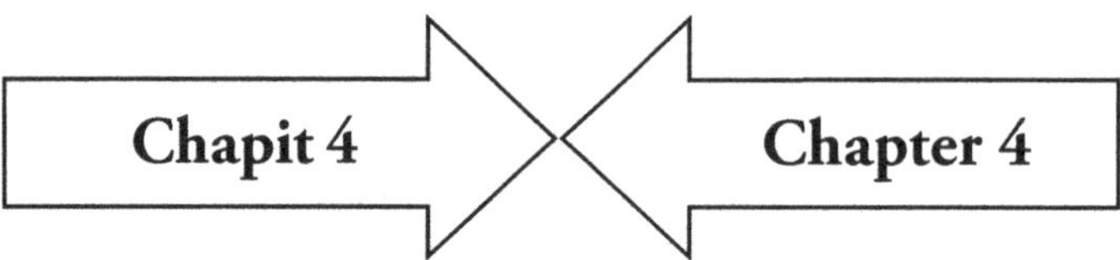

Aprantisaj kreyòl ayisyen an / The Haitian Creole Learning

4.1 Alfabè lang kreyòl ayisyen an / The Haitian Creole Alphabet

Yo te revize plizyè sistèm alfabè anvan yo te rive fòme alfabè kreyòl sa a: Sistèm McConnell; sistèm McConnell-Laubach modifye (yon sistèm ki baze sou 53 alfabè nan mond lan); sistèm Pressoir & Faublas (metòd sa a te dire 25 ane); metòd Churchill e finalman metòd GREAL/IPN. Yon dekrè prezidansyèl te ofisyalize kreyòl ayisyen an jou ki te 18 septanm 1979 e li te fikse òtograf kreyòl la tou. Kounye a, konstitisyon ayisyen an egzije pou tout dokiman ekri non sèlman an franse, men an kreyòl tou.

A	AN	B	CH	D
[DJ]	E	È	EN	F
G	H	I	J	K
L	M	N	NG	O
O	ON	OU	OUN	P
R	S	T	[TCH]	UI
V	W	Y	Z	

Ki remak ou fè de alfabè sa a?

____
____
____
____
____
____

Several alphabetical systems have been revised: McConnell; modified McConnell-Laubach (system based on 53 alphabets in the World); Pressoir and Faublas (this method has been used for 25 years); Churchill and finally the GREAL/IPN method that has been approved officially in 1979 by the Research Committee of the Haitian National Department of Education.

We can make a comparison between Creole and English alphabets. What do you remark?

ENGLISH ALPHABET (26 letters)

A B C D E F G H I
J K L M N O P
Q R S T U
V W X
Y Z

What is your Observation about the two alphabets?

____
____
____
____
____

4.2 Pwononsyasyon lèt alfabè kreyòl la / Pronunciation of the Creole alphabet

Letters	Pronunciation	examples	
a	[a]	a	abi (abuse)
an	[ã]	an in English	antouka (in all cases)
b	[b]	b	bon (good)
ch	[ʃ]	sh in English	chemiz (shirt)
d	[d]	d	dwa (right)
dj	[ĵ]	j in English	djòl (mouth)
e	[e]	e	elèv (student)
è[2]	[ɛ]	è in hamburger	Fidèl (believer)
en	[ɛ̃]	ain in French	endyen (indian)
f	[f]	f in English	fòse (oblige)
g	[g]	g in French	gwo (large, big)
h	[ ]	h aspirated	had (cloth)
i	[i]	i in identity	inite (unity)
j	[ʒ]	j in French	jen (June)
k	[k]	k	kado (reward)
l	[l]	l in English	lalin (the moon)
m	[m]	m in English	milèt (mule)
n	[n]	n in English	nò (North)
o	[o]	o in Spanish	okazyon (occasion)
ò	[ɒ]	or in Victor	fò (intelligent)
on	[õ]	on in English	bon (good)
ou	[u]	u in Spanish	tanbou (drum)
oun	[ ]	oo in moon	Choukoun (a folkloric name)
p	[p]	p in Spanish	papye (paper)
r	[r]	r in Rodríguez	radyo (radio)
s	[s]	s in English	solèy (sun)
t	[t]	t in Spanish	twal (cloth)
tch	[ ]	ch in child	tchake (to reduce in small pieces)
ui	[ɥ]	ui in French	minui (midnight)
v	[v]	v in French	vwayaj (travel)
w	[w]	w in French	wout (road)
y	[ŋ,j]	y in French	yanm (yam)
z	[z]	z in French	zam (arm, tools)

2 In order to pwonounce better the è sound, we can think about these words: Hamburger, Anderson, Roberto etc.

4.3 Obsèvasyon sou pwononsyasyon ak òtograf kreyòl la.

4.3.1 Pa gen lèt C, Q, U, X nan kreyòl la.

4.3.2 Lèt h itilize sèlman nan kèk mo nan zòn nò peyi d Ayiti: had; hadi, hele; hotè; an ho... (Savain, 1995). Lèt h la itilize an konbinezon ak lèt c tankou nan mo chak (each).

4.3.3 Kreyòl la gen 10 son de baz: i, a, an, e, è, en, o, ò, on, ou.

4.3.4 Gen 7 vwayèl oral (vwayèl bouch): a, e, è, i, o, ò, ou

4.3.5 Gen 3 son nazal (vwayèl nen): an, en, on.

4.3.6 Demi-vwayèl: oun, w, ui, y (Kèk otè konsidere an, en, on kòm demi-vwayèl tou)

4.3.7 NG ak tch: Fè atansyon ak pwononsyasyon mo sa yo: ling, zing, miting, tchak, ending

4.3.8 Son sa yo: ie, ia, ien, io ekri toujou ak lèt "y" : "ye, ya, yen, yo". Pa janm mete lèt i avan ou apre yon vwayèl. Mete "y" pito. Examples: Katya, fineray, pòsyon, loray

4.3.9 Pafwa, son "TCH" ekri: "TYA" e son "DJ" chanje an: "DI" (tchatcha=tyatya; chaka mayi= tyaka mayi; djab=dyab; Bondje=Bondye)

4.3.10 Se lèt K ki ranplase lèt C,Q.

4.3.11 Se lèt I ki ranplase lèt U, sof nan digraf OU.

4.3.12 Se konbinezon lèt ks, gz, es ki ranplase lèt X: ekskiz; egzamen, eskize m, mezanmi.

4.3 Observation about the Creole Alphabet

4.3.1 The letters c, q, u, x are missing.

4.3.2 The letter h is not used very often, except in some northern regions of Haiti: had (cloth); hadi (impudent); hele (to call); hotè (height); an ho (upstairs), and so on (Savain, 1995). It is rather used in the combination ch as in chak (each)

4.3.3 Haitian Creole has ten basic sounds: a, i, an, e, è, en, o, ò, on, ou.

4.3.4 The oral vowels (not nasalized) are: a, e, è, i, o, ò, ou

4.3.5 The nasalized sounds are: an, en, on.

4.3.6 The semi-vowels are: oun, w, ui, y (some authors consider an, en, on as semi-vowels)

4.3.7 Be careful with the letters: ng and tch: ling, miting, zing, miting, tchak, ending.

4.3.8 The sounds: ie, ia, ien, io, are written always "ye, ya, yen, yo". Never put the letter i before or after a vowel. It is recommended to use the letter y. Examples: Katya (Katia), fineray (funeral), pòsyon (portion), loray (storm).

4.3.9 The tch sound is rendered sometimes by the sound tia (tya); and the dj sound by di (tchatcha=tyatya; chaka mayi= tyaka mayi). This is a French reminiscence of pronunciation.

4.3.10 The letter k is used always instead of the sounds c, q.

4.3.11 The letter i is used instead of the letter u, except in the digraph ou.

4.3.12 The x sound is replaced by the combinations: ks, gz, es, according to the pronuntiation of the world to be translated: ekskiz, excuse; egzamen, examen; eskize m, excuse me.

4.3.13 Fè atansyon avèk pwononsyasyon son sa yo: è, en, enn, in, ò, on, onn, oun.

4.3.14 Lèt N bay diferan son, tou depan si li twouve l anvan oubyen apre yon vwayèl oubyen yon demi-vwayèl: Lè l plase anvan yon vwayèl oubyen demi vwayèl, li pa bay son nazalize; lè li plase apre, li bay son nazalize: na, ne, no, nou; sen, machin; an, en, on, oun.

4.3.15 Règ MBP: Pa janm mete M devan M, B oubyen P, jan sa fèt nan plizyè lòt lang. egzanp: imigrasyon, enbesil, enposib; konpoze.

4.3.16 Pa janm mete lèt R nan fen yon mo kreyòl. Konsa tou, pa mete R nan mitan mo ki gen konbinezon: or/ar/ir: enpòtan; patikilye; entèwogatif.

4.3.17 Lèt S ak Z pa janm genyen menm son, jan sa konn fèt nan lang womans yo. Nou pa ka ekri youn nan plas lòt: PWASON pa PWAZON.

4.3.18 GN ou NG. Yo ranplase NG ak lèt Y jan nou wè sa nan mo sa yo: sign=siy; règn=reny (reino); bègn=beny (baño); pègn=peny (peine), shine=chany (limpiabotas); segne=senyen (sangrar)... Nou jwenn digraf NG nan mo tankou: miting, planing, bilding, ti zing.

4.3.19 OU / W: Nou kapab itilize OU oubyen W okòmansman yon mo. Lè son an kout, nou itilize W olye de OU (nan fen yon mo oubyen yon fraz).

4.3.20 R/w: Son "OU" avan ou apre yon vwayèl ekri toujou W : Twa; watè, pa w. Gen yon dilèm ant R e W okòmansman yon mo; nou ka ekri youn oubyen lòt: Wolan ou Rolan; Women ou Romen; program ou pwogram. An jeneral, nou dwe mete R okòmansman yon silab oubyen devan a, e, è, i; mete W devan o, ò, on, ou.

4.3.13 Be careful with these pronunciations: è, en, enn, in, ò, on, onn, oun.

4.3.14 The letter n produces different sounds, depending if it is placed before or after the vowels or semi-vowels. Before the vowels, there is no nasalization; after the vowels, there is nasalization of sounds. Ex. na, ne, no, nou; sen, machin; an, en, on, oun.

4.3.15 The MBP rule: Do not place m before M, B, or P. The n is never replaced by the m before m, b or p as it is in most other languages. Examples: imigrasyon (immigration), enbesil (imbecile, stupid).

4.3.16 Never use the letter r at the end of a Creole word. Also, the letter r is not used in the middle of a word that has the or/ar/ir combinations: important: enpòtan; particular: patikilye; interrogative: entèwogatif.

4.3.17 The letter s and z are pronounced differently. The sound of one letter cannot replace the other.

5.3.18 The sound gn or ng. The ng is replaced by the letter "y" such as: siy (instead of sign); reny (instead of rèng, kingdom); beny (instead of bengn, bath); peny, peigne, senyen instead of saigner. The digraph ng is used in words such as: miting, planing, bilding, ti zing (meeting, planning, building, a tiny piece).

4.3.19 The use of ou/w: At the beginning of a word, they are used indistinctly. W is used instead of ou when the sound is short (at the end of a word or a sentence.

4.3.20 R/w: the sound ou before or after a vowel is written always w. Examples: Twa (three); watè (bathroom), pa w (yours). There is a dilemma when writing R or W at the beginning of a noun such as: Wolan or Rolan. It is facultative, and in both cases, the sounds are almost alike. In general, put r at the beginning of a syllable or before the letters a, e, è, i; put w before the letters o, ò, on, ou.

4.3.21 Note byen son kreyòl w: Watè, lakwa, wanga, wete, dwe, kwen, kwi, wòl, wont, fwonte, woule, mikalaw

4.3.22 Son y: "Y" se yon demi-vwayèl: Li aji pafwa tankou yon vwayèl; lòt fwa, li jwe wòl yon konsòn: gaya, pyas, yanvalou, pyan, peye, pyete, kretyen, ayè, koyo, konfyolo, miyò, bouyon, pay, chany, beny, bòy, zòbòy, kòkòy, koukouy, elt.

4.3.23 Gen yon dilèm ant "an" vs "ann" devan yon seri non: An Ayiti; ann Ayiti; an avan ou annavan...

4.3.24 Gen yon dilèm ant si yon mo ki gen plizyè pati (mo konpoze) dwe ekri an yon sèl mo konpoze oubyen an plizyè pati: Poukisa vs Pou ki sa; kounye a vs kounyeya; t ap vs tap; jodi a vs jodya; lemoun vs le moun, lemond ou mond lan, etc. Anpil lòt itilize mo a an blòk oubyen yo itilize yon espas (annavan; machin nan). Se menm jan tou pou mo konpoze yo ak kèk lòt ekspresyon. Pafwa, se tout on fraz franse ki pase anblòk an kreyòl (resite yon nòtrepè ak twa jevousalimari; alafilendyèn. Nan liv sa a, nou itilize yon espas pou ranplase apostròf ak tirè oubyen nou itilize mo a an blòk. Pou mo konpoze separe ou an blòk, nou espere Akademi kreyòl la ap bay dizon l sou sa : N ap ou nap ; w ap ou wap ; t ap ou tap ; k ap ou kap, elatriye.

4.3.25 An kreyòl, pa gen doub lèt tankou nou jwenn sa an franse, angle ou espanyòl, eksepte doub n (ann, onn): Egzanp: abrevyasyon, aksan; leson; apatman.

4.3.26 Pa gen konbinezon sa yo nan kreyòl la: ph, sh, ght, or th tankou nan mo sa yo: orthograph; slash; bought; ville; homme; bonne; maisonnette.

4.3.27 Aksan an Kreyòl. An kreyòl, gen yon aksan

sèlman: aksan grav ou aksan fòs: à, À è, È, ò,Ò.

4.3.28 Lèt dj e lèt tch pa fè pati òtograf ofisyèl kreyòl.

4.3.21 Note the Creole sound w. Watè, lakwa, wanga, wete, dwe, kwen, kwi, wòl, wont, fwonte, woule, mikalaw

4.3.22 The sound y: The y is a semi-vowel; it sounds sometimes like a vowel, other times, like a consonant: gaya, pyas, yanvalou, pyan, peye, pyete, kretyen, ayè, koyo, konfyolo, miyò, bouyon, pay, chany, beny, bòy, zòbòy, kòkòy, koukouy, elt.

4.3.23 There is a dilemma between the use of AN vs ANN: an Ayiti ou ann Ayiti

4.3.24 There is a dilemma between the writing of a word in one or several parts: Poukisa vs Pou ki sa; kounye a vs kounyeya; t ap vs tap; jodi a vs jodya; lemoun vs lemond vs mond lan, etc. Sometimes, they put a complete French expression in one word: Resite yon nòtrepè ak twa **jevousalimari; alafilendyèn**: in line). In this document, we use the space between a word and its determiner instead of an apostrophe or a dash: L ap travay; yo t ap travay; machann nan. Often, the determiner is combined with the word: Lap travay; yo tap travay.

4.3.25 In Creole, there are no double letters as in French, English, or Spanish, except the double n (ann, onn): abbreviation (abrevyasyon); accent (aksan), lesson (leson), apartment (apatman).

4.3.26 There are no such combination in Creole: ph, sh, ght, or th as in orthograph; sh as in slash, ght as in bought; ll like in ville; mm as in homme; nn as in bonne; tt like in maisonnette.

4.3.27 The Creole Accent. In Creole, there is only one accent (aksan grav ou aksan fòs): à, À è, È, ò, Ò

4.3.28 The letters dj and tch are not part of the official orthograph of Creole language.

4.3.29 Pa gen aksan espesyal tankou: ï, ë, â, ä, ç, ê, î,ì, æ,ô,ö,û,ù, ¿...

4.3.29 There are not ï as in French word maïs (mayi) or ë as in Noël (Nowèl or Nwèl)...

4.3.30 Pou anpeche de vwayèl rankontre, kreyòl la entwodui lèt Y ou W nan yon mo: kounyeya, ayewopò, kawoutchou, etc.

4.3.30 To avoid two vowels to meet, the Creole introduces the letters y (ie sound) or w (ou sound) in a word: kounyeya, ayewopò, kawoutchou, etc.

4.3.31 Gen kèk konsòn ki mache ansanm an kreyòl. (Wè tab la)

4.3.31 Some consonants are found together in Creole (see the list in 4.6)

4.3.32 An jeneral, mo kreyòl yo fini ak yon sèl konsòn: tab, pòv, lwès (e non tabl, pòvr, lwèst). Dapre pwononsyasyon an, kapab genyen kèk eksepsyon.

4.3.32 In general, Creole words are never finished with a double consonnant: tab, pòv, lwès (but not tabl, pòvr, lwèst). There are some exceptions for the pronunciation purpose.

4.3.33 Apostwòf, espas ak tire. Kèk otè itilize apostròf (') oubyen tire (-) pou separe detèminan ak non yo: l'ap mache; l-ap mache; yo t'ap travay; machin-nan; m-ap; ann-avan, eks.

4.3.33 Apostrophe, space, and dash: Some authors use apostrophe ('), space, or a dash (-) between a noun and its determiner: l'ap mache; l-ap mache; yo t'ap travay; machin-nan; m-ap; ann-avan, eks.

4.4 Kreyòl ak Konpitè

Pou nou kapab mete aksan sou lèt a, e ak o an kreyòl, nou dwe mete klavye a (keyboard la) sou sistèm entènasyonal. Pou n fè sa, se pou nou ale nan "Control Panel" e chanje langaj la. Tout bagay ap depann de ki vèsyon Windows ou genyen.

Nou kapab toujou itilize fòmil pi ba yo pou mete aksan yo. Men kòman nou ka jwenn lèt sa yo nan konpitè a:

à= alt +133 or ctl+ `+ a
À=ctl+ `+A
è= alt +138 or ctl+ `+ e
È=ctl+ `+ E
ò= alt +149 or ctl+ `+ o
Ò=ctl+ `+O

4.4 Creole and Computer:

It is necessary to change the keyboard into the international system before being able to put the Creole accents on letters a, e, and o. To do so, you may go to Control Panel and make the changes, all depend on the version of the Windows. You may still use the following keys to put the accents in Creole.

à= alt +133 or ctl+ `+ a
À=ctl+ `+A
è= alt +138 or ctl+ `+ e
È=ctl+ `+ E
ò= alt +149 or ctl+ `+ o
Ò=ctl+ `+O

4.5 Kalite alfabè kreyòl

Archer (1988) distinge sis (6) kalite oubyen vèsyon alfabè kreyòl ayisyen :

a) kreyòl afro-neo latín (Ayiti, Kanada, etc.).
b) kreyòl anglo sakson (Ameriken yo enpoze kreyòl sa a nan nò, nòdwès ak lwès peyi d Ayiti)
c) kreyòl jèmanik (se fondasyon Misereor ki pote l nan pati santral Ayiti ak nan plenn Kildesak)
d) kreyòl ebrayik (se pèp jideyo-israyelit yo ki te fasilite kreyòl sa a nan zòn sid la)
e) kreyòl chinwa (nan zòn latibonit)
f) Alfabè espanyòl (akoz vwazinaj nou ak Repiblik Dominikèn ak Kiba).

4.5 Archer consideres six types of Creole alphabets: Afro-neo Latin, Anglo-Saxon, Germanic, Hebraic, Chinese, and Spanish.

Atansyon: nan mo sa yo: kann, vann, jenn, nou gen lèt "an+n" oubyen lèt en+ n. Nou pa genyen de lèt n; nou genyen an+n and en+n

4.6 Kijan konsòn kreyòl yo mache? Men kijan konsòn yo mache nan silab kreyòl la (okòmansman oubyen nan mitan mo sèlman)

LÈT	KONSÒN KI FÒME YON SÈL SILAB	LÈT	KONSÒN KI FÒME PLIZYÈ SILAB
BL	Ble, blan, tablo, bliye, blanchi, rablabla	GB	Legba
BR	Bravo, brital, brannen, brinding	GZ	Egzamen
DL	Dlo, dlololo	KS	Aksan, aksidan
DJ	Djòb, djakout, djanni, djigèt, djòlè, djake, djak, djòk	KT	Oktòb, fòktòp
DR	Dra, drive, avadra, tivoudra	LB	Kalbende, malbourik, kolboto
FL	Florida, flannè, flanke	LF	Vilfò, alfò, kalfou, kòmilfo
FR	Frè, fronmi, fredi	LK	Alkòl, kèlkonk
GL	Glwa, glise, glase	LM	Kalman, reyèlman, dwòlman
GR	Grandi, grosi, graje	LS	Wilsonn, Vilsen
KL	Klas, klaksòn	LT	Bèlte, salte, dekòlte
KR	Kriye, kribich	PT	Pwòpte, kapte
KS	Fiks, viks	SK	Eskiz, paske
PL	Plan, ploge, plante, plise	SL	Islam, Jislèn
PR	Priyè, pran, prete	SM	Kosmetik, asmatik
TCH	Tcheke, tchaka mayi	SP	Espageti, espanyòl, espante, respetab

TR	Travay, tren, trennen	SPR	Espri, lespri, sentespri
VL	Vle, vlope	ST	Estènen, chastete, restavèk, estomake
VR	Vre, kouvreli	TL	Ketli
		VN	Evna, avni, ovni

4.7 Lekti mo pou pwononse lèt yo. Ekri yon fraz avèk mo a

pap**a** **(a)**	Papa Jan rele Mena
manm**an** **(an)**	
be**be** **(be)**	
ma**che** **(che)**	
man**de** **(de)**	
a**dje**! (**dje**)	
kalkil**e** **(e)**	
k**è** **(è)**	
lanm**en** **(en)**	
disnè**f** **(f)**	
man**je** **(je)**	
vac**h** **(h)**	
red**i** **(i)**	
a**ji** **(j)**	
tra**ka** (**k**)	
Kay**èl** **(l)**	
bat**èm** **(m)**	
bal**èn** **(n)**	
dl**o** (**o**)	
kòd**on** **(on)**	
fou! **(ou)**	
granm**oun** **(oun)**	
ja**pe** **(p)**	
"hamburge<u>r</u>" **r** **(r)**	
feblè**s** **(s)**	
te **(t)**	
le**ve** **(v)**	
<u>double v</u> **(w)**	
<u>i grèk</u> **(y)**	
<u>zèd</u> **(z)**	

4.8. Pwononsyasyon konbinezon vokal yo / Pronounce the following combinations of letters.

na, ne, nè, ni, no, nò, nou: natirèl, sinema, onè respè, nivo, nòt, Nounoun
an, en, èn, in, on, òn, oun: dan, fennen, rèn, machin, bonbon, mòn, moun
wa, we, wè, wi, wo, wò, wou: watè, wete, Wilma, kwi, wotè, wòl, wouye
ya, ye, yè, yi, yo, yò, you: Yaya, metye, ayè, miyò, Youyou
Y: pay, ayayay, piyay, lakay, detay
ui: pwodui, tradui, detui, kuizin

4.9. Pwononsyasyon e idantifikasyon lèt ak konbinezon lèt / Ponounce the following sounds.

Son a: papa, kaba, apa, kapab, leta, ane, alèz, kasab, malè, chita, atansyon, traka...

Son an: anvi, annavan, anyen, lank, panyen, zandolit, zannanna, andjable, anmwe, satan, manman...

Son ann: kann, anfannkè, antann, sispann, rann, sanzatann, dasomann, zanmann, grògmann, vyann, desann

Son àn: pàn, bekàn, soutàn, avwàn, lamàn, Antwàn, Miragwàn

Son anm: fanm, enganm, wetanm metanm, banm, manm, chanmòt, sektanm, novanm, desanm, yanm...

Son i: mari, piti, jodi, mouri, fini, toupizi, anglouti, mimi, avi, pati, toudi, santi...

Son in, im: dodin, machin, farin, tantin, kantin, lachin, izin, pwatrin, vitamin, volim, viktim, santim, larim...

Son e: moute, ponpe, wouze, mare, lage, devire, sanzave, dikte, etranje, bege...

Son è, èn, èm, enm: Anbègè, Bègèkin, erè, bonè, piyajè, karèm, bakonyè, amblèm, fèzè, fè, fèy, fèt, batèm, zòrèy, fidèl, klè, menm, nevèn, nevyèm, balèn...

Son en, : chen, maten, nonmen, kouzen, lanmen, limen, maspinen, masonnen, siyen, kreten...

Son enn: lapenn, fontenn, grenn pwonmennen, jenn, okenn, venn.

Son o: orijin, otèl, dlo, amoni, fo, mato, komite, koze, modi, mayo, panno, kochon, zoklo, solokoto...

Son ò, òn, òm: òklò, eskanmòtè, motè, lekòl, bòlèt, kapòt, lanmò, divinò, jefò, kòmande, lezòt, lòm, makòn, siklòn, diplòm, mikwofòn, saksofòn, tribòbabò...

Son on: bonbon, kapon, lanmidon, janbon, mouton, lontan, savon, sezon, salon, zonbi...

Son ou: Bouki, mouri, pouri, lanmou, toutou, bouke, antouka, tounen, douz, foumi, goumen, joumou, kajou, kafou, klou, koud, koukouyoukou...

Son oun, oum: granmoun, Foufoun, Choucoun, madougou, lemoun, grozouzoun, katchoumboumbe...

Son wa, we, wè, wou etc: wanga, wounou wounou, woywoy, woulib, watè, wondonmon, wòch, wòwòt, wouj...

Son tch: tchatcha, tchoul, tchouboum, tcheke, tchoulon, tchanpan, tchotcho...

Son ch, chw: chapo, chokola, chemiz, chou, chabon, chache, chadèk, chalbari, chandèl, chanjman, chans, cheri, chwal, chwazi, chwichwi, chosèt...

Son dj: djak, djakout, djanni, djondjon, djòb, djòlè, djanm...

Son v: vomi, vodou, van, vivan, volim, vlope, volan, vitès, volkan, vaksen, vakans, valiz...

Son y, yen, yon: yanm, youn, Yiyi, avyon, divizyon, atansyon, benyen, manyen, kretyen, yoyo, irigasyon, Okay, bagay, piyay...

Son z: zonyon, zo, okazyon, zanmi, zanno, ze, zèl, zenglendo, zagribay, zepi, zidòl, zong, zòrèy, zoranj, zwazo, zotobre.

4.10 Entonasyon an kreyòl / Intonation in kreyòl: An kreyòl, menm jan nan tout lòt lang, jan yon moun pale vo plis pase sa li di a. Egzanp: map /ba/yo/ sa/ yo/ me/ri/te/ (I will give them what they deserve); ou-pa-ka-pa-la (you have to be there). Mezanmi / gad / on/ so/vè/ Bon/dye/ vo/ye /ban/nou!

K	L	E	P		
K	R	E	Y	O	L

EGZESIS-DEVWA / ASSIGNMENT

Saktefèt(revizyon)?	
Sakafèt (pwogram)? **Sakpralfèt (pwojè)?**	

A. Egzèsis ak devwa pou revizyon, refleksyon ou diskisyon.

Kreyòl	English (answers)
1) Ki lèt nou jwenn nan alfabè kreyòl la ki absan nan alfabè anglè a? 2) Ki lèt nou jwenn nan alfabè anglè a e ki absan nan alfabè kreyòl la? 3) Ki aksan nou jwenn nan lang kreyòl la? Sou ki lèt nou kapab mete l? 4) Sa lèt "a" ki nan fen mo sa yo vle di: sila a; nèg sa a 5) Ki son yon moun ki konn franse kapab gen pwoblèm pou pwononse an kreyòl? Kòman yo rele move pwononsyasyon sa a?	

(1) The missing letters are replaced respectively by: ________
(2) The ten basic Creole sounds are: ________
(3) The oral sounds are: ________
(4) The nazal sounds are: ________
(5) The four semi-vowels are: ________
(6) The sounds ie, ia, ien, io are written in Creole as: ________
(7) What letter is not used at the end of any word? ________
(8) The digraph gn or ng is replaced by the letter: ________
(9) W is used instead of ou when the sound is ________
(10) The sound ou before or after a vowel is written always ________
(11) In general, the letter ________ is used at the beginning of a syllable or before the letters a, e, è, i, while the letter ________ is used w before the letters o, ò, on, ou (choose among: gn, r, w, and y).
(12) To avoid two vowels to meet, the Creole introduces the letters: ________ or ________ in a word like ________ and ________.

B. Di ki mwayen nou pito itilize pou nou koute lang kreyòl la: pwofesè nou, manm fanmi nou, vwazen nou, kondisip nou, zanmi nou, konpanyon travay nou, moun kap pase nan lari a, emisyon radyo, televizyon, k-7, sidi, Youtoub, DVD, dokimantè, fim, vwayaje nan peyi kote yo pale lang lan... Poukisa koute yon lang enpòtan anpil? Nou pa gen pwoblèm konprann kreyòl?

C. Ki kote, kijan nou kapab li kreyòl la? Liv klas kreyòl la, jounal kreyòl, revi, woman, mesaj nan lari (grafiti, piblisite, avi, afich,...), powèm, liv chan d esperans, liv: Nap regle tout bagay an chantan, labib, dokiman, editoryal, enfòmasyon, entènèt (imel, fesbouk, tèks mesaj...). Eske yo byen ekri?

D. Kisa nou konn ekri oubyen vle ekri oubyen transkri an kreyòl? Devwa, lèt, atik, refleksyon, liv, mesaj imel, pwogram legliz, avi, diskou, powèm, editoryal, nouvèl.

E. Ki kote, kilè, kòman nou konn oubyen nou vle pale kreyòl? Nan klas la, lakay nou, laplaj, legliz, nan mache a, ak zanmi nou, nan fèt, nan aktivite, konferans, reyinyon, antrevi, dyalòg...

F. Fè egzèsis sa yo:

1) Koute e apresye sou youtoub: manman cheri.
2) Chwazi e kopye yon tèks an kreyòl de omwen yon paj. Pa bliye mete tout aksan yo epi suiv règ òtograf kreyòl la.
3) Chèche kèk tèks, anons, pwogram legliz an kreyòl. Pote yo nan klas la e apresye jan yo ekri.
4) Kijan nou kapab prepare òdinatè nou pou nou kapab ekri kreyòl la jan sa dwa?
5) Prepare yon lis konplè chòtkòt pou mete aksan an kreyòl lè wap ekri nan òdinatè.

G. Ann koute. Pwononse mo ak ekspresyon sa yo. Ekri ekivalan anglè yo nan kolòn ki adwat la

SON (SOUN)	MO	TRANSLATION TO ENGLISH
A	Bacha, Anita, leta, lota, eta, malanga, machacha	
An	Mitan, pandan, letan, dan, pridan, amizan, swadizan, amizman, medizan	
E	Leve, gade, gede, mize, pale, touche, vire, koze	
È	Ouvè, bèkèkè, malè, motè, odè, lidè, atè miyò	
En	Genyen, kreten, men, jaden, lafimen, denmen, malen, fen, vwazen, konnen, grennen, penpennen, benyen, fennen	
I	Mouri, fini, avi, modi, vomi, pini, santi, mi, mimi	
O	Zoklo, mato, poto mitan, moso, oto, loto, pito, solokoto, blokotow, pow	
Ò	Òklò, miyò, bòzò, lò, kalòj, pòz, kè pòpòz, òlòj, kwatchòkò, maldjòk	
On	Bonbon, wondonmon, don, won, madichon, kapon, pongongon, koton, vagabon, leson, lanmidon	
Ou	Mou, joumou, dou, doukounou, moun fou, foufou, azoumounou, pou, poupou, wounouwounou, goudougoudou, rapadou.	
In	Dodin, machin, bekin, izin, pisin, kantin, tantin, pin, bobbin	
Oun	Choukoun, moun, lemoun, Mamoun, gwo zouzoun	
Ui	Bui, uit, zuit, dizuit, luil, pwodui, fui, andui	
Gn	Beny, peny, reny, fenyan, ponya, benywa, Antonya	
Èy	Boutèy, fèy, ògèy, bèl mèvèy, rekèy, zòtèy	
Ye	Premye, eskalye, dosye, metye, prizonye, mwatye	
R vs w, h	Rolan (Wolan), ro (wo); rad (had)	
Ou vs w	Pou w, pa w, ba w	
Yen	Endyen, penyen, benyen, tenyen, antretyen, anyen, yenyen, ansyen	

Yon	Losyon, vizyon, kamyon, linyon fè lafòs
Enn	Okenn, lapenn, grenn, jenn, etenn
Oy	Woyoyoy, woy woy
Òy	Kichòy, pòy
Ay	Ayayay, bitay, fritay, kay pay, loray, fetay kay, tay

H. Choose twenty words or expressions above and find their equivalent in English

I. Obsève byen kijan mo sa yo ekri. Li a hot vwa.

1. Nou dwe benyen anvan n penyen.
2. Kamyon an an reta.
3. Byen sou latè pa dire.
4. Ou twò kripya, manyè pataje ak frè ou.
5. Sekretarya a fèmen jodi a.
6. Li se yon nèg debyen, men li tchak anpil; li tèlman tchak, li pa manje anyen ki frèt.
7. Li se yon bon matcho. Tchaka mayi a gou anpil.
8. Echèk pa dwe dekouraje nou nan lavi a.
9. Edike, enstrui, di, mou, soule
10. Egzamen, egzèsis, eskiz, egzanp, fiks
11. Lòm, omisid, Hench
12. Rimè, vaksen, medsin, vwazen, devenn, lò, moun
13. Enbesil, anpil, imigrasyon, kalanbè, pòm
14. Reta, ba, gita, motè, otè, eskanmòtè, manje, fini
15. Pwason pa pwazon; divizyon pa adisyon. Si ou mache ès-ès, ou pap pri nan zen.
16. Mitin, ti zing, planin, zong, peng, bilding; reny, peny, tenyen, penyen, manyen, yenyen.
17. Wolan /Rolan; wòch/ ròch; woule / roule; woulib; woulibè; wete; metye; mwatye; wetanm metanm.
18. Filozofi, Jozèf, òtograf, fotokopi, filantròp
19. Rach, hont / wont, mwen, swen, bezwen

J. Repete e ranplase: Kay la laba (boul la; chemiz lan; radyo a; bisiklèt la; moto a; pou la)

K. Ann koute. Koute e aji: Jodi a, m gen de nouvèl pou nou. Yon bòn nouvèl, yon movèz nouvèl. Ki sa nou vle anvan? (Envante nouvèl yo).

L. Ann ekri. Maladi nou konn soufri. Prepare yon tèks an kreyòl. Itilize mo ak ekspresyon sa yo: sewòm, pran piki, alèji ak aspirin, gen lafyèv, pa ka respire, nan koma, trè grav, ap touse, pa fè mye, chèch kon kaw, fè pwogrè, pa grav, toujou entène, anpire, replete, yo bay egzeyat, geri, ap suiv tretman, anfòm.

M. Ekri yon fraz ak chak mo an kreyòl.

Kreyòl	English	Ekivalans mo a an kreyòl
Konte	To count	Lè n ap konte, nou di en anvan n di de.
Anri		

Izabèl	
Jakòb	
Nikola	
Fè	
Animal	
Xavye	
Jozèf	
Mari	
Jou	
Pawas	
Nwèl	
Trankilite	
Leson	
Lòm	
Zakari	
Elefan	
Klotil	
Timoun	
Pitit	
Pèp	
Richès	
Senp	
Piti	
Milat	
Jòn	
Zèklè	
Rich	
Ridikil	
Radyo	
Dlo	

N. Pronounce the following letters and their combinations

1. **Pronounce according to the final endings**
   a-an-ann-àn-k; b-ch-d-dj-e-g-p-tch-v-w; è-f-l-m-n-r-s-z; èn-enn.
   i-ui-in-y; ou-oun; on-onn.
2. Mono and bi syllabic **combinations**

a.	**Wòb la blan**
b.	**Dlo a sal**

c. Mayi a mi
d. Krab la gra
e. Kle a nan pòt la
f. Plim nan pa ekri
g. Pran devan, map suiv ou
h. Tren an ap pase lòtbò a
i. Vle pa vle, m ap jwenn avè ou[3]
j. Vrè ou fo, mwen tande yon rimè
k. Grenn mayi a pouri
l. Kann nan pa dous
m. Papa legba, ouvri bayè pou mwen
n. Pa fè m twòp egzijans.
o. Almanak sa a bèl anpil
p. Palto a byen pase.
q. Moun ki apsan gen tò
r. Nèg sa a sanble yon espyon

O. Combination of consonants and vowels (a, e, i, o, ou etc.). Read the combinations and then underline any word with meaning. Example: ba: low.

LETRA "A"	LETRA "E"	LETRA "I"	LETRA "O"
Ba cha da dja fa ga ha ja ka la	Be che de dje fe ge he je ke le	Bi chi di dji fi gi hi ji ki li	Bo cho do djo fo go ho jo ko lo
Ma na pa ra sa ta va za	Me ne pe re se te ve ze	Mi ni pi ri si ti vi zi	Mo no po ro so to vo zo
Ba cha da dja fa ga ha ja ka la	Be che de dje fe ge he je ke le	Bi chi di dji fi gi hi ji ki li	Bo cho do djo fo go ho jo ko lo
Ma na pa ra sa ta va za	Me ne pe re se te ve ze	Mi ni pi ri si ti vi zi	Mo no po ro so to vo zo

P. Exercises of pronunciation. Repeat them loudly.

1. Ana chita lakay san l pa travay.
2. Ala traka papa.
3. Frè Pyè wè zèv Pè Jèvè fè.
4. Nap travay jous sa kaba.
5. Lawouze (dew) fè chèlbè (to show off) toutan solèy poko leve.
6. Kay Loulou plen chou.
7. Mwen menm se grenn pwonmennen.[4]

[3] This is a promise of revenge
[4] Grennpwonmennen means: to walk anywhere

8. Se nan chimen jennen yo kenbe chwal malen.
9. Pè Pyè pase pa Pilat an pèpè pou preche pou lapè e kont lamizè[5]
10. Piti (small) pa di pitimi (millet) pou sa.
11. Sèt tèt chat nan sèt sak se pawòl mazora pa ka di rapid.

Q. **Pronounce these English words** and compare the English pronunciation with their Creole equivalent. Continue the list.

1. Island (lil)
2. Peter (Pyè)
3. Computer (konpitè)
4. People (pèp)
5. Potato (ponmtè)
6. Apple (pòm)
7. Continue the list…
8. ____________________
9. ____________________
10. ____________________
11. ____________________
12. ____________________

R. Aktivite Revèy (Be alert): Annou chante an kè ak tonton Bouki (musical note: C)
[Tonton Bouki (bis), w ap dòmi (bis), leve pou bat tanbou (bis), ding, deng, dong (bis)] (bis)

S. Mo ak ekspresyon kreyòl ki difisil pou pwononse oubyen pou ekri

Anpil nan mo sa yo soti nan lang franse ou nan kèk lòt lang. Pafwa, se son lang sa yo ki pase kareman an kreyòl. Egzanp: Année grégorienne, exactement; shine; compte d'épargne…

MO OU EKSPRESYON	WORDS OR EXPRESSIONS IN ENGLISH
A ak metye	Arts and professions
An Ayiti (ann Ayiti)	
Ane gregoryèn	
Bous d etid (Bous detid)	
Chany (chan-y)	
Egzatman (egzateman)	
Evènman	
Inè (1 è)	
Istwa d Ayiti	
Jeròm (Jewòm)	

5 The priest Peter passes by Pilate in blue pants to preach for peace, but against poverty.

Kont d epay (kont depay)	
Lanbè (non Lambè)	
Pakinsonn	
Peny (pen-y)	
Ponyèt (Pon-yèt)	
Prizonye (prison-ye)	
Reny (no re-ny)	
Sa koute m lèzye de la tèt	
Sen Franswa d Asiz	
Sent Odil (sen Odil)	
Sen Savinyen	
Sent Iv (Sentiv)	
Sent Adriyen	
To d enterè	
Uitè di maten	
Vwazen	
Vwazin	

T. Annou li: Li fraz sa yo a hot vwa/Read these sentences loudly. Do you understand them? Translate them into English.

KREYÒL	ENGLISH EQUIVALENCE
a) Mwen ale	I am going
b) Yo pa la	
c) Yo se fanm vanyan	
d) Kote yo soti?	
e) Ki lè l ye?	
f) Li pè pran piki	
g) Si ou pa koupab, ou inosan	
h) Kay la gen twa chanm	
i) Enjenyè a pèdi lisans li	
j) Malad la endispoze	
k) Jonas lopital depi maten	
k) Mwen la anvan lè.	
l) Yo sanble tèt koupe.	
m) Yo se de marasa	

n) M al dòmi (tou grangou, tou swaf, bonè, ta…)	
o) M mache pou m al nan mache	
p) Pa fòse m!	
q) Manje a gen anpil grès	
r) Ala ti nèg cho, papa	
s) La pou la, yo yo pran lajan an sou li.	

U. Ann ekri

KREYÒL		ENGLISH
Mete chak konsòn devan vwayèl la e pwononse mo a. Eske ou wè gen diferans nan pwononsyasyon an? Eske mo a vle di yon bagay pou ou? Si wi, souliye tout mo ki gen sans pou ou.		Put each consonant before the vowel and pronounce the word. Do you observe the difference in pronunciation? Does the word have a meaning to you? If yes, underline it.
CONSONANTS	VOWELS	POSSIBLE MEANING
B, f, g, j, k, l, m, n, p, r, s, t, v, w, y, z	A	<u>Ba</u>, <u>fa</u>, ga, <u>ja</u>, <u>ka</u>, <u>la</u>, <u>ma</u>, na, <u>pa</u>, <u>ra</u>, <u>sa</u>, <u>ta</u>, <u>va</u>, <u>wa</u>, ya, za
B, f, g, j, k, l, m, n, p, r, s, t, v, w, y, z	An	
B, f, g, j, k, l, m, n, p, r, s, t, v, w, y, z	E	
B, f, g, j, k, l, m, n, p, r, s, t, v, w, y, z	È	
B, f, g, j, k, l, m, n, p, r, s, t, v, w, y, z	En	
B, f, g, j, k, l, m, n, p, r, s, t, v, w, y, z	I	
B, f, g, j, k, l, m, n, p, r, s, t, v, w, y, z	O	
B, f, g, j, k, l, m, n, p, r, s, t, v, w, y, z	Ò	
B, f, g, j, k, l, m, n, p, r, s, t, v, w, y, z	On	
B, f, g, j, k, l, m, n, p, r, s, t, v, w, y, z	Ou	

V. Ann pale

Ki pi bon moman ou te pase nan lavi ou? Tradui fraz ki adwat yo an kreyòl e kòmante.

1. Tonbe damou [pou yon moun]
2. ______________________
3. ______________________
4. ______________________
5. ______________________
6. ______________________

What is the most beautiful moment in your life?

1. To fall in love
2. To laugh; to split oneself laughting
3. To listen to one's favorite music.
4. To be asleep when it is raining
5. To pass one's last exam
6. To participate in an interesting conversation

7. ____________ 8. ____________ 9. ____________ 10. ____________ 11. ____________ 12. ____________ 13. ____________ 14. ____________	15. To find money in your unused pants. 16. To laugh at yourself 17. To observe the sunset or the sunrise 18. To receive or give the first kiss 19. To chat or hang out with your best friends 20. To win an important sum of money 21. To receive an unexpected gift for one's birthdate 22. To help some people in difficulties. 23) What are the worst moments in your life?

W. Òtograf kreyòl. Konpare pawòl yon etidyan an ak pawòl ki nan dezyèm kolonn nan pandan wap konplete tablo a. Ki kòmantè ou ka fè? (Compare the incorrect words with the words in the second column after completing the table. What is your comment?)

Olye de (instead of)	**Nou ekri (we write)**	**Sa vle di (That means)**
Accounting	Kontablite	Accounting
An a bwè un ti kafe	Ann al bwè yon ti kafe	Let's go to drink a coffee
Ansamble	Ansanm	
Ashte yon chapo	Achte yon chapo	
Assiste		
Awopòt	Ayewopò	
Balè	Bale	
Biffet	Bifè	
Brandwòl ofrand lan	Panye ofrann nan	
Cinema	Sinema	
Deboutonnen vès m	Deboutonnen vès mwen	
Dozèn flè	Douzèn flè	
Estoraj	Depo	
Egzamen	Egzamen	
Fèr manje	Fè manje	
Fè papie	Fè paye; ekri papye	
Grad	Nòt	
Gym lan	Djim nan	
Jist	Jis	
Mezon an	Kay la	
Ki lajè pye ou	Ki mezi pye ou / ki nimewo pye ou?	
Kijan ou mezire	Konbyen ou mezire / ki otè ou?	
Kilè ou reve lakay la	Kilè ou rive lakay la?	

Lakay m	Lakay mwen
Lè m rive kay m	Lè m rive lakay mwen
Lekol du dimanch	Lekòl di dimanch
Li ale ak m	Li ale ak mwen
M ale epi achte pwovizyon	M al achte pwovizyon
M grangou ak fatige	M grangou e m fatige
M pral nan kay doktè a	M pral lakay doktè a
M vle resevwa yon bon grad	M vle pran bon nòt
Mathematics	Matematik
Merci	Mèsi
Mèsye	Mesye
Motre	Mountre / montre
Mwen te grangou ak fatige	M te grangou e fatige
Nan ki mwa fèt ou	Nan ki mwa ou fèt
No li pa la	Non, li pa la
North Campus	Kanpis nò
Pa jam fè sa	Pa janm fè sa
Parle	Pale
Reme	Renmen
Sa se chemiz m	Sa se chemiz mwen
Se se m ou ye	Se sè m ou ye
Si ou pa bizi	Si ou pa okipe
Siye sandal m	Siye sandal mwen
Sous pwa	Sòs pwa
Spòr	Espò
Statistik	Estatistik
Visitè	Vizitè

X. Circle the oral vowels, underline the nasal vowels, and double underline the semi-vowels.

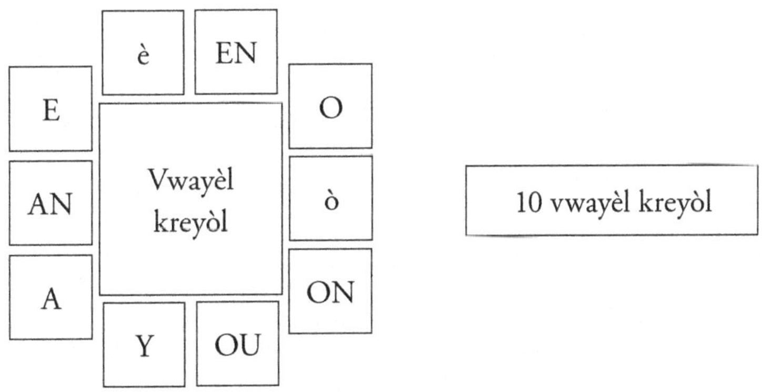

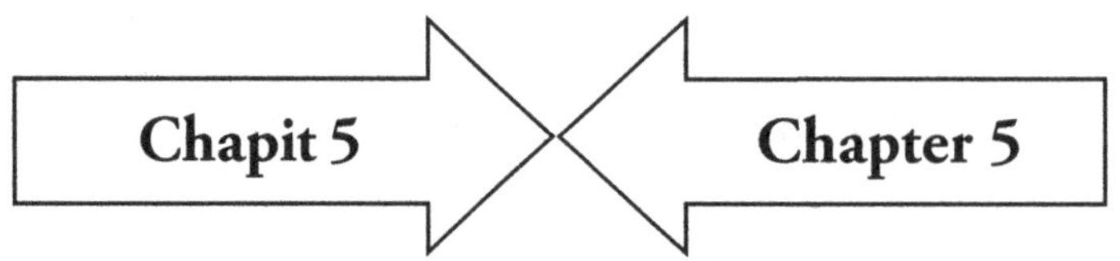

Konesans de baz pou aprann kreyòl ayisyen an

5.1 Mo Abreje an kreyòl

LANG KREYÒL LA GEN ANPIL MO ABREJE			
NO	KREYÒL (LONG FORM)	ABREVYASYON (SHORT FORM)	FRAZ /SENTENCE
1	Ake	Ak	Vini ak mwen / come with me
2	Ale	Al	
3	Ape	Ap	
4	Ava, va	Av, v	
5	Bay	Ba, ban	
6	Elatriye	Elt.	
7	Fini	Fin	
8	Gade	Gad	
9	Gen + yon	G on	
10	Genyen	Gen	
11	Janmen	Janm	
12	Kapab	K ap, ka	
13	Ki	K	
14	Konnen	Konn	
15	Li	L, i	
16	Mwen	M	
17	Mwen ale	M al	
18	Nou	N	
19	Nou ape...	N ap	
20	Ou	W	
21	Oubyen	Ou	
22	Pa	P	
23	Pa + ap	P ap	

24	Pa + te	Pat	
25	Prale	Pral	
26	Rete	Ret	
27	Se yon	S on	
28	Soti	Sot	
29	Tankou	Kou, kon	
30	Tank	Tan k	
31	Te	T	
32	Te ale	T al	
33	Vini	Vin	
34	Yo ale	Y al	
35	Yo ape	Y ap	

Atansyon: pafwa, kontraksyon an kapab pwodui konfizyon: li bow sou bouch # li bo w sou bouch; sò w di se sak pou fèt # sè w di se sa ki pou fèt.

5.2 Ekspresyon Kreyòl Ak "M"

	KREYÒL 1) M + adjektif oubyen lòt vèb ki endike eta pèmanan 2) M +adjektif oubyen lòt vèb ki endike eta tanporè 3) M +s advèb de lye 4) M + adjektif idantifikasyon, metye oubyen pwofesyon ak nasyonalite. 5) Fòm pwogresiv (ING form)	ENGLISH 1) M +ADJETIVE OR VERB OF PERMANENT STATE 2) M + ADJECTIVE OR VERB OF TEMPORARY STATE 3) M + ADVERB OF PLACE 4) M+IDENTIFICATION ADJECTIVE, PROFESSION, OR NATIONALITY 5) PROGRESSIVE FORM	CATEGORY
1	M an reta	I am late	ING form (1)
2	M an sante	I am healthy.	M +adjektif eta tanporè (2)
3	M antrave	I am in trouble	
4	M bèl	I am pretty.	
5	M blèm	I am idle	
6	M bwè l	I give up	

7	M entelijan	I am smart.	
8	M etone	I am astonished	
9	M fache	I am angry.	
10	M fatige	I am tired.	
11	M fouti	I am in trouble	
12	M gen dòmi	I am sleepy.	
13	M gen sèlman	I have but	
14	M gen ventan	I am twenty years old	
15	M grangou	I am hungry	
16	M gwo	I am fat.	
17	M jèn	I am young.	
18	M kontan	I am happy.	
19	M kout	I am short.	
20	M malad	I am sick.	
21	M mande tèt mwen	I wonder myself, I ask myself	
22	M marye	I am married.	
23	M mens	I am thin.	
24	M nan wòl mwen	I am in trouble	
25	M nan zen	I am in trouble	
26	M pa	I am not	
27	M pa genyen	I have not	
28	M pa marye	I am not married (I am single)	
29	M pap travay	I am unemployed.	
30	M pòv	I am poor.	
31	M pri	I am in trouble	
32	M pwòp	I am clean	
33	M reveye	I am awake	
34	M rich	I am rich.	
35	M sal	I am dirty.	
36	M se…	I am	
37	M se (yon) granmoun	I am an adult	
38	M se ameriken	I am an American	
39	M se ayisyen	I am Haitian	
40	M se machann	I am a salesman.	
41	M se manman	I am a mother.	

42	M se papa ti nèg la	I am the boy's father.	
43	M se pwotestan	I am a protestant	
44	M se sèl doktè isit la	I am the only doctor here.	
45	M se sèlman	I am but...	
46	M se yon bebisitè (map gade ti moun)	I am a babysitter.	
47	M se yon boksè	I am a boxer.	
48	M se yon bon doktè	I am a good doctor.	
49	M se yon demachè	I am an undertaker.	
50	M se yon doktè legal	I am a lawful doctor.	
51	M se yon foutbolè	I am a football player	
52	M se yon manadjè serye	I am a careful Manager	
53	M se yon pyanis	I am an organ-player.	
54	M sezi	I am afraid, astonished	
55	M swaf	I am thirsty	
56	M ta renmen konnen	I would like to know	
57	M trankil	I am quiet.	
58	M tris	I am sad.	
59	M tronpe m	I am mistaken	
60	M twouble	I am confused.	
61	M vini	I have come	
62	M wont	I am ashamed	
63	Map dòmi	I am sleeping.	
64	Map ekri	I am writing.	
65	Map gade TV	I am watching tv.	
66	Map kondui	I am driving.	
67	Map mache	I am walking.	
68	Map manje	I am eating.	
69	Map travay	I am working.	

5.3 Konparezon abrevyasyon anglè-kreyòl

	ENGLISH	KREYÒL	FRAZ AN KREYÒL
1	Ain't = am not/are not/is Not	M pa, ou pa	M pa konprann sa w ap di a.
2	Aren't	Yo pa	
3	Can't	Pa kapab	

4	Couldn't	Pat kapab	
5	Daren't	Yo pa t oze	
6	Didn't	Pa t	
7	Doesn't	Pa t	
8	Don't	Pa t	
9	Gimme = give me	Banm	
10	Going to= gonna	Ap ale (ap al)	
11	Gotta = (have) got a	[M] pral gen	
12	Hadn't	Pa t genyen	
13	Hasn't	Pa t genyen	
14	Haven't	Pa t genyen	
15	He'd	Li ta	
16	He'll	L ap	
17	Here's	me, men	
18	He's	Li se, li ye	
19	How's	Kòman... se, kòman... ye	
20	I'd	M te gen	
21	I'd've thought so	M te panse sa	
22	I'll	Map	
23	I'm	M se, m ye	
24	Isn't	Se pa; pa ye	
25	It'll	L ap (neuter)	
26	It's	Se, ye	
27	I've	M gen	
28	Kinda = kind of	Kalite	
29	Lemme = let me	Kite m	
30	Mayn't	Pa t kapab	
31	Mightn't	Pa t kapab	
32	Mustn't	Pa t gen dwa	
33	Needn't	Pa t bezwen	
34	O'er (over)	Sou; anwo	
35	Oughtn't	Pa t oblije	
36	Shan't	Se pa t, pa t... ye	
37	She'd	Li ta	
38	She'll	L ap	

39	She's	Li ta	
40	Shouldn't	Pa t kapab	
41	That'll	Sa ap	
42	That's	Sa vle di	
43	There'll	Ap genyen	
44	There's	Genyen	
45	They'd	Yo ta	
46	They'll	Yap	
47	They're	Yo se	
48	They've	Yo genyen	
49	Wasn't	Se pa t, pa t ye	
50	We'd	Nou ta	
51	We'll	N ap	
52	We're	N ap	
53	Weren't	Yo pa t, pa t ye	
54	We've	Nou genyen	
55	Whatcha = what are you	Ki sa w ap	
56	What'll	Sa k ap	
57	What's	Sa ki	
58	When's	Kilè …	
59	Where's	Kote …ye	
60	Who'd	Ki moun ki ta	
61	Who'll	Ki moun kap	
62	Who's	Ki (moun) ki	
63	Won't	P ap kapab	
64	Wouldn't	Pa t kapab	
65	Ya = you	Ou	
66	You'd	Ou ta	
67	You'll	W ap	
68	You're	Ou se; ou ye	
69	You've	Ou gen	

5.4 Mo ou konstriksyon pou mete plis aksan/ Creole words for emphasis

Kreyòl se yon lang imaje. Gen plis pase yon ventèn mo ak ekspresyon ayisyen itilize pou bay yon fraz **plis jarèt, plis fòs.** Anpil nan mo ak ekspresyon sa yo toujou plase nan fen fraz la. Li pa fasil pou tradui yo. Anpil fwa, yo sèvi pou yon kesyon de respè, de edikasyon, de obeyisans. Anplis, chanjman ki fèt nan yon fraz kapab ba li plis fòs tou.

5.4.1 Chanje mo yo plas (Fronting): Yo lekòl la; lekòl la yo ye; se lekòl la yo ye, wi. Yo nan mache a; nan mache a yo ye; se nan mache a yo ye, wi. Li rele Maryàn: Maryàn li rele: se Maryàn li rele [wi].

5.4.2 Repetisyon vèb oubyen adjektif:

a. L ap pale tout lajounen: se pale l ap pale tout lajounen.
b. Kon li vini, li tonbe joure: Vini li vini, li tonbe joure: vini li vini, se joure li tonbe joure.
c. Li t ap fè manje lè moun yo te rive: Se manje l t ap fè lè moun yo te rive.
d. L ap manje: Se manje l ap manje
e. Li malad: se malad li malad;
f. Li dekouraje: se dekouraje li dekouraje.
g. Li bèl: se pa ti bèl li bèl; mwen grangou: se pa ti grangou m grangou: ala grangou m grangou.
h. Li tris: li tris anpil: se pa de tris li tris: Ala tris li tris.
i. Li kontan: se pa de kontan li kontan.
j. Van ap vante: se pa de vante van an ap vante.
k. Lapli ap tonbe: Se pa de lapli kap tonbe. Se pa ti lapli kap tonbe.
l. Dlo desann: Se pa de dlo ki desann.
m. Li ale ale l.

5.4.3 Itilizasyon yon seri mo tankou: menm, apa, gade kijan

a. Mwen di sa: Se mwen menm ki di sa.
b. Okenn moun pa vini: Menm yon chat pa pase la.
c. Yo pa menm banm manje pou m manje, ale wè se dlo yo ta banmwen: Menm dlo yo pa ban mwen (pa menm dlo yo pa banmwen).
d. Sa ou di a pa bon: Menm sa ou di a pa bon. Menm Jezikri te jwenn move tretman nan men lòm (lòm kapab maltrete tout moun).
e. Ou pa vini: apa ou pa vini.
f. Ou manje tout manje a: Apa ou manje tout manje a!
g. Ou mechan: gade kijan ou mechan!
h. Ou di anpil: Gade kijan ou di! Ala di ou di

5.4.4	ala+ repetition of words	Ala kontan m kontan! Ala kriye ki pral genyen
5.4.5	en; anye	Ki koze sa, en! Granmèt, Pitye, anye!
5.4.6	gentan (much)	Ou gentan bèl!
5.4.7	konsa (so, in this way)	Sa ou di konsa!
5.4.8	kont kò / pou kont kò (much)	Li redi (pou) kont (kò) li
5.4.9	kwè se (to believe	Ou kwè se po! Ou kwè se jwèt! Ou kwè se rans!
5.4.10	la a (now, in this case)	Sa k pase la a!
5.4.11	menm (same, no way)	Se ou menm ki di sa ; m pa la menm
5.4.12	non (no)	Pa kite m, non!

5.4.13	Papa (father)	Sa ou di la, papa!
5.4.14	se pa de + yon mo (much)	Se pa de **sezi** m **sezi**!
5.4.15	se pa de twa (much)	Se pa de twa moun ki la!
5.4.16	se pa ti kras + mo (much)	Se pa ti kras **bèl** ou **bèl**!
5.4.17	tande (Listen!)	Monchè, al fè wout ou, tande!
5.4.18	wi (si)	Me mwen, wi
5.4.19	yon +mo (much)	Li fò yon fò! Li frekan yon frekan!

5.6 Teknik pou aprann mo nouvo an kreyòl. Note byen genyen eksepsyon nan obsèvasyon jeneral sa yo (techniques to learn new Creole words. Note that there are exceptions to the general observation. Most of these techniques are cognates, which will be defined later).

5.6.1 English words in -ary

Kreyòl	English	Ekri yon fraz an kreyòl
Anivèsè	Anniversary	**Today is his birthday**
Diksyonè	Dictionary	
Disiplinè	Disciplinary	
Itinerè	Itinerary	
Literè	Literary	
Nesesè	Necessary	
Òdinè	Ordinary	
Salè	Salary	
Vokabilè	**Vocabulary**	

5.6.2 English words in -ty

Kreyòl	English	Ekri yon fraz
Difikilte	Difficulty	**I have difficulty to write in Creole**
Enfimite	Infirmity	
Fòmalite	Formality	
Inivèsite	University	
Kominote	Community	
Nesesite	Necessity	
Otorite	Authority	
Piblisite	Publicity	
Pwosperite	Prosperity	
Site (vil)	City	
Vitès	**Velocity**	

5.6.3 English words in –ic. Complete the table

Kreyòl	English	Ekri yon fraz
Atlantik	Atlantic	
Demokratik	Democratic	
Didaktik	Didactic	
Eskolastik	Scholastic	
Fanatik	Fanatic	
Jimnastik	Gymnastic	
Lengwistik	Linguistic	
Linatik	Lunatic	
Optimistik	Optimistic	
Otomatik	Automatic	
Patriyotik	Patriotic	
Romantik	Romantic	

5.6.4 English words in –cal. Complete the table.

Kreyòl	English	Ekri yon fraz
Elektrik	Electrical	Kouran elektrik enpòtan nan devlopman yon peyi.
Fizik	Physical	
Inik	Unique	
Isterik	Hysterical	
Klasik	Classical	
Komik	Comical	
Mayifik	Magnifical	
Metodik	Methodical	
Peryodik	Periodical	
Politik	Political	
Pratik	Practical	
Sikolojik	Psychological	
Teknik	Technical	

5.6.5 English words in –ent. Complete the table

Kreyòl	English	Ekri yon fraz
Ajan	Agent	
Ekivalan	Equivalent	
Endiferan	Indifferent	
Entelijan	Intelligent	

Kliyan	Patent	
Puisan	Client	
Sifizan	Potent	
	Sufficient	

5.6.6 English words in –ly

Kreyòl	English	Ekri yon fraz
Egzateman	Exactly	
Erezman	Fortunately	
Espesyalman	Specially	
Finalman	Finally	
Jeneralman	Generally	
Klèman	Obviously	
Kòrèkteman	Correctly	
Malerezman	Fortunately	
Moralman	Morally	
Natirèlman	Naturally	
Rapidman	Rapidly	

5.6.7 English words in -ment

Kreyòl	English	Ekri yon fraz
Agiman	Argument	
Moniman	Monument	
Sakreman	Sacrament	
Santiman	Sentiment	
Sipleman	Supplement	
Trètman	Treatment	

5.6.8 English words in –al

Kreyòl	English	Ekri yon fraz
Animal	Animal	
Anyèl	Annual	
Espesyal	Special	
Intelektyèl	Intellectual	
Izyèl	Usual	
Jeneral	General	
Kapital	Capital	
Komèsyal	Commercial	

Lokal	Local	
Lopital	Hospital	
Ofisyèl	Official	
Orijinèl	Original	
Pèsonèl	Personal	
Pwofesyonèl	Professional	
Santral	Central	
Total	Total	

5.6.9 English words in –ance or ence

Kreyòl	**English**	**Ekri yon fraz**
Abondans	Abundance	
Absans	Absence	
Defans	Defense	
Distans	Distance	
Eksperyans	Experience	
Enpòtans	Importance	
Enstans	Instance	
Konsyans	Conscience	
Obeyisans	Obedience	
Pèmanans	Permanence	
Sikonstans	Circumstances	
Tolerans	Tolerance	

5.6.10 English words in –ant

Kreyòl	**English**	**Ekri yon fraz**
Abondan	Abundant	
Elegan	Elegant	
Enpòtan	Important	
Etidyan	Student	
Konstan	Constant	
Restoran	Restaurant	
Siyifyan	Significant	

5.6.11 English words in -ous

Kreyòl	**English**	**Ekri yon fraz**
Anbisye	Ambitious	
Delisye	Delicious	

Entelijan	Ingenious	
Fame	Famous	
Glorye	Glorious	
Kirye	Curious	
Laborye	Laborious	
Anpil	Numerous	
Relijye	Religious	

5.6.12 English words in –y

Kreyòl	English	Ekri yon fraz
Aristokrasi	Aristocracy	
Demokrasi	Democracy	
Efikasite	Efficacy	
Famasi	Pharmacy	
Fanmiy (fanmi)	Family	
Ijans	Urgency	
Istwa	History	
Konpayi	Company	
Remèd	Remedy	
Sikoloji	Psychology	

5.6.13 English words in –or

Kreyòl	English	Ekri yon fraz
Aktè	Actor	
Direktè	Director	
Doktè	Doctor	
Erè	Error	
Imè	Humor	
Koulè	Color	
Motè	Motor	
Otè	Author	
Pwofesè	Professor	

5.6.14 English words in –ist

Kreyòl	English	Ekri yon fraz
Atis	Artist	
Floris	Florist	
Moralis	Moralist	

Pyanis	Pianist	
Touris	Tourist	
Resepsyonis	Receptionist	

5.6.15. English words in –less

Kreyòl	English	Ekri yon fraz
Enpuisan, san pouvwa	Powerless	
San pawòl	Speechless	
San vwa	Voiceless	
San mouvman	Montionless	
San fil	Wireless	
San efò	Effortless	

5.6.16. English expressions with –very or –ful

Kreyòl	English	Ekri yon fraz
Trè kontan	Very happy	
Trè entelijan	Very intelligent	
Trè fidèl	Faithful	
Trè anmè	Very bitter	
Trè bèl	Beautiful	
Trè klè	Very clear	

5.6.17 English words meaning field of

Kreyòl	English	Ekri yon fraz
Chan mayi	Corn field	
Chan ble		
Chan kann		
Chan pyebwa		
Chan zèb		

5.6.18 English words meaning –hit, strike

Kreyòl	English	Ekri yon fraz
Kout manchèt	A hit with a machete	
Kout baton		
Kou d eta		
Kout ponyèt		
Kout tèt		
Kout ponya		

5.6.17. English word en "-ful"

Kreyòl	**English**	**Ekri yon fraz**
Plen pitye	Pitiful	
Rekonesan, plen rekonesans	Grateful	
Puisan, plen pouvwa	Powerful	
Pechè, plen peche	Sinful	
Gen swen	Careful	
Plen sans	Meaningful	
Douloure, plen doulè	Painful	

5.7. Tab rekapitilatif tèminezon yo. Ajoute plis egzanp. Summary of the desinence English-Creole words. Add more examples.

	KREYÒL	ENGLISH	MO KREYÒL	ENGLISH WORD
1	-al / èl	-al		
2	-è	**-ary**	Òdinè	
3	Ib	**-ble**		
4	-ans	-ence/ance		
5	-an	**-ent**		
6	-ant	**-ent**		
78	-ik	**-ic / ical**		
9	-is	-ism	Teworis	
10	Is	-ist		
11	-man	**-ly**		
12	-è	-or		
13	-ye	**-ous**		
14	-te	-ty		
15	I	-y		
16	-yon	-ion	Pasyon	Passion
17	-te	-ty	Trankilite, charite	Tranquility, charity
18	-syans	-ience	Pasyans; konsyans	Patience; conscience
19	-kout	Hit with	Kout manchèt	Hit with a "machette"
20	-chan	Field of	Chan kann	Field of sugar cane
21	San …	-less	San pawòl	Speechless
22	Plen [de]…	-ful	Plen pouvwa	Powerful

5.8 Ki sa nou konnen de yon mo? What do we know about a word?

Kijan yon moun konnen yon mo vre?	
Pou yon moun rive konnen yon mo vre, li dwe konnen estrikti entèn mo a, e kijan li fòme. Pou sa, li dwe konnen omwen 16 enfòmasyon sou mo a.	To understand well a word, it is necessary to study its internal structure, and the rules by which they are formed. To know a word, it is necessary to know at least 16 elements about it:

1. òtograf mo a 2. pwononsyasyon mo a 3. definisyon mo a 4. klasman mo a (non, atik…)	9. ki mo ki sonnen memn jan ak li 10. ki mo ki ekri menm jan ak li 11. ki mo ki vle di menm bagay ak li 12. ki mo ki opoze a li
5. istwa mo a 6. ki kalite mo li ye (estanda ou non) 7. eske mo a vilgè ou non 8. eske mo a ansyen ou non	13. ki mo ki sanble avè l 14. eske se yon mo senp ou konpoze 15. eske se yon mo maskilen 16. eske se yon mo feminen

5.9 Teknik pou n aprann yon mo pi fasil?
Gen plizyè metòd ki pèmèt moun aprann mo pi fasil. Pi ba a, n ap prezante de nan yo.

a) Metòd fraz (Sentence method). Si nou dwe aprann yon mo pi fasil, nou kapab fè fraz avè l. Ann gade kòman sa fèt ak mo konpa. Nou ta ka pran lòt mo tankou : tchouboum, komatiboulout, tonnèkrazechen…

Konpa	**konpa** se non yo bay mizik ayisyen an
Konpa se	**konpa** se non yo bay mizik ayisyen
Konpa se non	**konpa** se non yo bay mizik
Konpa se non yo	**konpa** se non yo bay
Konpa se non yo bay	**konpa** se non yo
Konpa se non yo bay mizik	**konpa** se non
Konpa se non yo bay mizik ayisyen	**konpa** se
Konpa se non yo bay mizik ayisyen an	**konpa**

b) Mo etwale. Chwazi yon mo; mete l nan yon wonn. Se mo sa a ki alonè: se yon mo-etwal. Ansuit, apre yon tanpèt lide, mete toutotou li tout mo sinonim, antonim oubyen tout ekspresyon kourant ki gen rapò a mo orijinal la e ki gen sans. Nan premye egzanp lan, nou genyen mo tèt ki antoure ak lòt mo tankou: tèt mato, tèt cho, tèt frèt, tèt di, tèt nèg, tèt kale, tèt nan sak, tèt gridap, and so on.

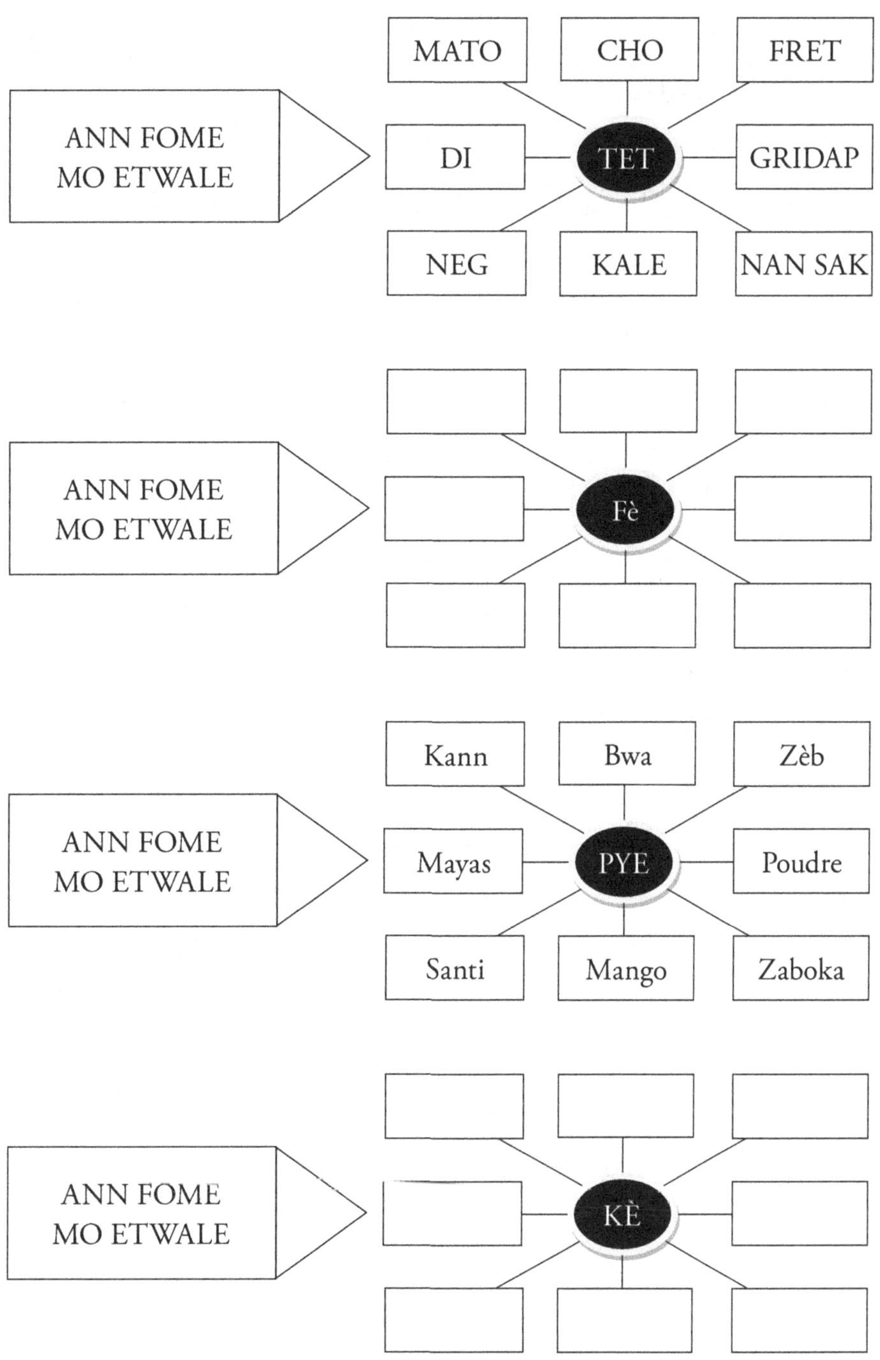

5.10 Mo etranje nou jwenn nan kreyòl la[6]. Konplete tab la.

Kreyòl	English	Fraz pa ou
Babay (adye)	Bye bye	
Biznis	Business	
Blakawout	Blackout	

[6] See Savain (1995)

Blo (vag)	To blow someone away	
Bouldozè	Buldozer	
Chanpou	Shampoo	
Dilè	Dealer	
Djòb	Job	
Ekondisyone	Air conditioning	
Entènèt	Internet	
Faks	Fax	
Faktori	Factory	
Flach	Flash	
Foul	Crowd	
Imel	E-mail	
Koul	Cool	
Mòflè	Moffler	
Otdòg	Hot dog	
Patnè	Partner	
Pikòp	Pick-up	
Plwayoud	Plywood	
Rilaks	Relax	
Sidi	CD	
Swetè	Sweater	
Tikè	Ticket	
Tchòbòl	Trouble	
Wikenn	Weekend	
Flòch	Flush	

5.11 Konya kreyòl-anglè/Cognates Creole-English

Kreyòl	English
Konya se mo ki idantik nan plizyè lang. Pwononsyasyon mo Konya yo kapab yon ti jan diferan paske langaj la gen pwòp patikilarite règ fonolojik li. Pa egzanp, nou gen konya ant panyòl e franse; ant panyòl ak angle; ant franse e angle. Konya se yonn nan pi bon mwayen pou aprann yon dezyèm lang. Gen twa kalite Konya: vrè konya, fo konya e konya an pati (vre ou fo)	Cognates are similar words in different languages[7]. The pronunciation of the cognates differs somewhat because every language has its own particular phonological rules. Examples: canyon (from the Spanish: cañon); mitín (from the English: meeting); etiqueta (from the French: etiquette). Cognates are excellent tools for learning a second language. There are three types of cognates: true cognates, false cognates, and part cognates.

5.11.1True cognates Creole-English

KREYÒL	ENGLISH	EKRI YON FRAZ
Edikasyon	Education	
Animal	Animal	
Fame (renome)	Famous	
Radyo	Radio	
Ide / lide	Idea	

5.11.2 False cognates Creole-English

KREYÒL	ENGLISH	EKRI YON FRAZ
Kounye a	Actually	
Kazwèl: parese	Casualty	
Ansent (gwòs/ gwovant)	Embarrass	
Malè	Disgrace	

5.11.3 Some false-true cognates

KREYÒL	ENGLISH	FRAZ AN KREYÒL
Adrès	Direction	
Kay, lakay	Address	

[7] Cognate means: related by family; related in origin; having the same root.

Politik	Politics	
Abitid	Policy	
Lin	Line	
Kòd oubyen fil	Line	
Pran nòt	Mark	
Korije	Mark	
Make yon telefòn	Dial	
Make	Take note (to make = fè)	

5.11.4 Creole-English cognates

In the following tables, we will find numerous examples of Creole-English cognates.

5.11.5 Mo kreyòl an -syon

KREYOL	ENGLISH	FRAZ KREYÒL
Aksyon	Action	
Atansyon	Attention	
Distenksyon	Distinction	
Divizyon	Division	
Entansyon	Intention	
Leson	Lesson	
Okipasyon	Occupation	
Opozisyon	Opposition	
Redaksyon	Redaction	
Rediksyon	Reduction	
Seleksyon	Selection	
Solisyon	Solution	
Tansyon	Tension	

5.11.6 Mo kreyòl an –te / Creole words in -te

Bonte	Goodness	Bonte se yon bon bagay.
Charite	Charity	
Fratènite	Fraternity	
Egalite	Equality	
Legalite	Legality	

Libète	Liberty	
Mechanste	Badness	
Opòtinite	Opportunity	
Totalite	Totality	
Verasite	Veracity	
Verite	Truth	

5.11.7 Mo ki vle di "kou de"/ Creole words meaning hit, strike

Kreyòl	**English**	**Ekri yon fraz**
Kout bal	A shot or a wound by a ball	
Kout baton	A blow or stroke given with a stick	
Kout kòf fizi	A gun or musket-shot	
Kou d eta	Stroke of policy; a coup d'état	
Kout manchèt	A blow with a cutlass	
Kout boul	A blow or stroke with a ball	
Kout ponyèt	A blow with the shut fist	
Kout dan	A bite	
Kout pitit	Unfaithful (in marriage)	
Koudèy	A glance	

5.12.Creole-English and French Cognates

Konya Kreyòl-Anglè	Cognates Creole-English
Konya se mo ki sanble oubyen prèske sanble nan de lang. Ekri mo kreyòl la e ansuit fè yon fraz.	Cognates are words that are similar in two different languages. Write Creole words and then, a sentence

No	Creole	English	No	Creole	English
1	Abandon	Abandon	128	Destinasyon	Destination
2		Abattoir	129		Dialogue
3		Abdominal	130		Direction
4		Abolition	131		Director
5		Abominable	132		Disciple
6		Absence	133		Discipline
7		Absent	134		Distance
8		Abstinence	135		Divorce

9		Accent	136		Docile
10		Accident	137		Domino
11		Accolade	138		Drive
12		Accord	139		Duel
13		Action	149		Durable
14		Adaptation	150		Dynamite
15		Addition	151		Effort
16		Administration	152		Embargo
17		Admiration	153		Encouragement
18		Admission	154		Engagement
19		Adoption	155		Estimation
20		Agenda	156		Exact
21		Agent	157		Excellence
22		Agile	158		Excellent
23		Agitation	159		Exception
24		Album	160		Excuse
25		Alliance	161		Exhortation
26		Alphabet	162		Existence
27		Ambulance	163		Exploitation
28		Anecdote	164		Exportation
29		Animal	165		Expression
30		Animation	166		Fable
31		Antique	167		Façade
32		Antisocial	168		Face
33		Apocalypse	169		Fax
34		Apostrophe	170		Federal
35		Apparent	171		Festival
36		Apparition	172		Film
37		Applicable	173		Filtration
38		Application	174		Finance
39		Archives	175		Fiscal
40		Argument	178		Flamboyant
41		Arrogance	179		Flatter
42		Arrogant	180		Folklore
43		Artisan	181		Fort
44		Ascension	182		Fortification
45		Aspiration	183		Fraction
46		Assassin	184		Fragile
47		Assistance	185		General

48		Association	186		Globe
49		Atlas	187		Gradation
50		Attention	188		Habitation
51		Attitude	189		Horizon
52		Attraction	190		Identification
53		Attribution	191		Ignorance
54		Audit	192		Ignorant
55		Audition	193		Image
56		Augmentation	194		Imitation
57		Automation	195		Immense
58		Automobile	196		Immobile
59		Aviation	197		Impression
60		Balance	198		Inauguration
61		Ballet	199		Independence
62		Bandit	200		Infection
63		Banjo	201		Innocent
64		Banquet	202		Intelligent
65		Barbecue	203		Intention
66		Barrage	204		International
67		Barricade	205		Interrogation
68		Base	206		Introduction
69		Bastion	207		Invention
70		Bible	208		Invitation
71		Bicarbonate	209		Jazz
72		Bile	210		Job
73		Biscuit	211		Jury
74		Boulevard	212		Lieutenant
75		Bouquet	213		Liqueur
76		Bourgeois	214		Malnutrition
77		Boycot	215		Manifestation
78		Bracelet	216		Massacre
79		Brave	217		Microphone
80		Bravo	218		Microscope
81		Brigand	219		Miracle
82		Brochure	220		Monument
83		Brutal	221		Moral
84		Brute	222		Morgue
85		Budget	223		Motivation
86		Bus	224		Moustache

87		Calcium	225		Nation
88		Calorie	226		National
89		Campus	227		Novice
90		Canal	228		Obligation
91		Cancer	229		Oral
92		Capital	230		Paraphrase
93		Cardinal	231		Parasite
94		Caricature	232		Patience
95		Casino	233		Patient
96		Cassette	234		Pizza
97		Champion	235		Politics
98		Cigarette	236		Pollution
99		Collection	237		Population
100		Commerce	238		Possession
101		Commission	239		Postal
102		Communication	240		Protection
103		Communion	241		Questionnaire
104		Compliment	242		Radiation
105		Composite	243		Radio
106		Composition	244		Ratification
107		Conclusion	245		Reconstruction
108		Concordance	246		Referendum
109		Condition	247		Sacrifice
110		Conference	248		Sanatorium
111		Confession	249		Sanctification
112		Conservation	250		Sentiment
113		Constitution	251		Situation
114		Consul	252		Social
115		Contradiction	253		Suggestion
116		Convention	254		Suicide
117		Convergence	255		Technique
118		Courage	256		Tradition
119		Cousin	257		Transmission
120		Credo	258		Urgent
121		Crime	259		Vagabond
122		Crocodile	260		Verdict
123		Cruel	261		Weekend
124		Danger	262		Zone
125		Date	263		Glass

126		Dealer	264		Melody
127		Débâcle	265		Recession

5.13 Siy de ponktiyasyon / Punctuation marks

NO	MARKS	KREYÒL	ENGLISH EQUIVALENT
1	**&**	Anpèsand	Ampersand
2	,	Apostròf	Apostrophe
3	*	Asteris	Asterisk
4	@	A komèsyal	At
5	\	Baklach	Backslash
6	[], {}, < >	Kwochèt	Brackets or parentheses
7	•	Boulèt	Bullet
8	^	Karèt	Caret
9	:	De pwen	Colon
10	,	Vigil	Comma
11	-	Tirè	Dash
12	°	Degre	Degree
13	...	Twa pwen sispansyon	Ellipsis
14	!	Pwen eksklamasyon	Exclamation mark
15	.	Pwen	Full stop/period
16	« »; ‘ ’; “”	Gimè (giymè)	Guillemets, quotation marks
17	-	Tirè	Hyphen
18	¡ (in Spanish)	Pwen eksklamasyon ranvèse	Inverted exclamation point
19	¿ (in Spanish)	Pwen entèwogasyon ranvèse	Inverted question mark
20	#	Siy nimewo	Number sign
21	%	Pousantay	Percent
22	¶	Pilkwo	Pilcrow
23	?	Pwen entèwogasyon	Question mark
24	§	Siy seksyon	Section sign
25	;	Pwen vigil	Semi-colon
26	/	Eslach (ba)	Slash
27	()	Parantèz	Parentheses
28	~	Tilde	Tilde/swung dash
29	¨	Trema	Umlaut/diaeresis

30	___	Siy pou souliye	Underscore/understrike
31	§	Paragraf	Paragraph

5.14 Silab an kreyòl

5.14.1 Lè nap pale oubyen ekri, nou itilize mo ak fraz plizoumwen konplèks. Men, **chak mo kapab divize an silab, an lèt, an fonèm e an mòfèm.**

Egzanp de silab: anganman (an-gan-man); annavan (an-na-van); chany (chan-y), annantye (an-nan-tye); benyen (ben-yen), zon-bi mann-man-nan, etc.

Note byen: Gen silab ki kenbe pwrononsyasyon fransè a: Gonayiv (Go-na-yiv); an Ayiti; dlo (de l'eau); diven (du vin, wine); zam (les armes); lezo (les eaux), eks. Kanta pou fraz yo menm, yo kapab gen plizyè estriti.

5.14.1 When we speak, or write, we use words and simple or complex sentences. Each Word is divided into letters, phonemes, and morphemes.

Examples: anganman (an-gan-man); annavan (an-na-van); chany (chan-y), annantye (an-nan-tye); benyen (ben-yen), zon-bi mann-man-nan, etc

Note the syllables in Creole words that keep the French pronunciation such as: Gonayiv (Go-na-yiv); an Ayiti; dlo (de l'eau: water); diven (du vin, wine); zam, "les armes" (the weapons); lezo, "les eaux" (the waters), and so on. The sentences may have different structures

C) Fòmasyon fraz an kreyòl

5.15 Analiz [de] yon fraz kreyòl	5.15 Creole sentence analysis
An jeneral, yon fraz konplè gen de pati prensipal: sijè ak predikaman. Kreyòl ak angle se de lang SVO, sa vle di: ki gen fòm **<u>Sijè, Vèb ak Objè</u>** (ou konpleman). Yon fraz kòmanse toujou ak yon lèt majiskil e l fini ak yon pwen. Dapre estrikti li, yon fraz kreyòl kapab senp, konpoze, konplèks oubyen konpoze-konplèks. Dapre bi li, yon fraz kreyòl kapab deklaratif, entèwogatif ou eksklamatif...	Each sentence has two basic parts: the subject and the predicate. Creole and English are both SVO languages, that is, languages of the types: Subject-Verb-Object. A sentence begins with a capital letter and ends with a full stop. According to its structure, a sentence may be simple, compound, complex, and compound-complex. According to its purpose, a sentence may be declarative, interrogative, or exclamative...

5.16 Fraz kreyòl dapre estrikti yo

Kalite fraz	English sentences
1) Fraz senp: Mwen renmen pwason	
2) Fraz konpoze: Mwen renmen pwason e m renmen manje l ak diri	
3) Fraz konplèks: mwen renmen pwason paske l bon pou sante	
4) Fraz konpoze–konplèks: M renmen pwason paske l gou, li bon pou sante e m renmen manje l ak diri blan	

5.17 Fraz dapre bi yo.

1) Fraz deklaratif: M renmen chokola	
2) Fraz entèwogatif: èske m renmen chokola?	
3) Fraz eksklamatif: M bezwen oksijèn!	
4) Fraz enperatif: Fè m jwenn lajan pou demen	

5.18 Fraz kondisyonèl

Fraz kondisyonèl. Si m te gen lajan, m ta bati yon chato an Ayiti	

5.19 Fraz positif ou negatif. Put them in English

KREYÒL	ENGLISH
Mwen kontan	
Mwen pa kontan	
Kreyòl se lang ki fasil	
Kreyòl se pa lang ki fasil	
Nou di wi	
Nou pa di wi	
Nap manje anpil	
Nou pap manje anpil	
Nap di ou mèsi	
Nou pap di ou mèsi	
Yo pat al nan sinema	
Nou pat jwenn pwason	

5.20 Obsèvasyon wòl yon mo nan yon fraz. Obsève e kòmante.

KREYÒL	
M fini travay la (COD)	
Li tiye poul la (COD)	
Bondye koute vwa mwen (COD)	
Li ban mwen (COI) yon kado (COD)	
Li dòmi atè a (CC)	
Ki kote ou te ale? (CC)	
Antre nan pòt prensipal la (CC)	

5.21 Negasyon an kreyòl : non=no

Pa=no

a) Fòmasyon negasyon = Negasyon=pa+endikatè+vèb

NB: pa + ap=pap
Pa + te = pat
Pa+Pral + ale=pa pral(e)

Pa [fout] jete fatra la a!
Li pa ni pou Pyè, ni pou Jak.
Pa melanje lèt ak sitwon, ji a va tounen
Pa mete m nan zen!
Se pa mele m sa!
Zafè kabrit pa zafè mouton
Pa anmède m…

b) Doub negasyon avèk pa (double negation with pa)

KREYÒL	EGZANP
Pa… okenn	M pa wè okenn moun lakay la
Pa janm…	Pa janm di m sa ankò ; pèsonn pa janm al di yo sa
Pa…anyen	Sa pa fè anyen
Pa ankò (pako, poko)	Sa ki pou fè m pè a poko fèt
Pa menm	Soulye sa yo pa menm; yo de paman. Ou pa menm ka manje, wap voye lajan jete.
Pa…ni…	Li pa ni nan sal la, ni nan biliyotèk la
Pa… pèsòn	M pa wè pèsòn
Pa…non	Pa di m ou pa gen lajan, non!
Pa fouti	M pa fouti fini travay la
Apali papa!	Apa li papa! Me oto a! M reyisi achte l tou nèf.
Pa…nenpòt	Li se pa kenpòt moun
pa…menm (ditou)	Ou pa menm nan sijè m ap pale a.

fò w pa janm di sa la
ou pa dwe janm di sa la a

c) **Fo negasyon**

Kreyòl	Bay yon lòt egzanp ak negasyon
Pinga= do not.	Egzanp: (1) Pinga seren; (2) rete sou pinga ou
pa manke + non= afimasyon.	Egzanp: (1) Pa manke vini non; (2) Ou pa manke frekan! (3) Pa manke salye Ana pou mwen
Pa ka pa=obligasyon: Egzanp Li pa ka pa nan reyinyon an; li pa ka pa la	
Pa banmwen!(pa di mwen)	
Pa di m non!	

5.22 Salitasyon an kreyòl /

Ayisyen itilize yon ventèn ekspresyon salitasyon pou reponn kesyon sa yo: Kòman ou ye? Ki jan ou ye? Sa k pase? Sa nèg ap fè? Ki jan bagay yo ye? Sa k ap fèt? Ban m nouvèl ou? Ki jan nèg ye?

	EKSPRESYON	English Equivalent
1	M byen [wi]	
2	M la [wi]	
3	M pa pi mal [non]	
4	M ap lite [wi]	
5	M ap kenbe [wi]	
6	M ap boule [wi]	
7	M ap gade [wi]	
8	M ap bat dlo pou m fè bè	
9	Nèg ap gade [wi]	
10	M ap debat [wi]	
11	N ap naje pou n soti	
12	N ap trip	
13	N ap gade san pran	
14	M malad	
15	M gen lafyèv	
16	M gen grip	
17	M fatige	
18	A! nèg sou beton an!	
19	Nèg ap pran gagann	
20	Kloròks lap fin avè nou!	
21	Nèg pa fè bri!	

22	Nèg anba pay!	
23	Nèg ap goumen	
24	A! Afè nèg pa bon!	
25	M djanm	

5.23 Mo ou ekspresyon tipik oubyen kouran an kreyòl / Common Creole words or expressions

No	Mo ou ekspresyon	Egzanp
1	About (tired)	M about avè w
2	Ale + noun	Ale bwachat= ale nan peyi san chapo=mouri
3	Annik (uniquely, simply, merely, just, only)	Li annik rive, li pati ; m annik ouvri bouch mwen, ou kouri avè m. M annik kòmanse, ou di m ale.
4	Apa (here, isn' it, isn' t that, is there not)	Apa ou pa vini! Apa li papa ! apa li ki di m sa
5	Bezwen	m bezwen achte yon lin. M bezwen achte yon linèt tou nèf
6	Bouke (fed up; tired)	M bouke manje diri ak pwa
7	Fè +noun or pwonoun+another verb = to have something done by someone	Fè pitit la bwè lèt la
8	Fè kenken (there are many)	Moun fè kenken nan fèt la
9	Nèg pa m (my dear)	Nèg pa m, vyen m pale w
10	Jan w wè l la	It is like you see it
11	Prèske (almost)	M prèske fini
12	Resi (finally)	M resi deboulonnen (boulon an)
13	Se (do/ se dwe	
14	Tou (well, already, once and for all, seize the moment)	ou tou konn sa ; tou pran lajan an pandan l poko depanse
15	Wè (wi) monchè (that is ok!)	Wè monchè, m kwè w
16	An tan [ke]=kòm	
17	Anna bay mennaj li yon joli (bèl) kado	
18	Asosyason an nonmen Roland meyè manm ane a	
19	Byen si	
20	Bagay la mangonmen	
21	Byenantandi	
22	Elizabèt kouri	
23	Eske manman ou se koutiryèz?	

24	Fò n ale	
25	Gen yon paj ki blanch	
26	Gitaris la kontan aktivite a	
27	Hellen se yon atis enteresan	
28	Jak ak Edgard vwayaje ansanm	
29	Jan rakonte istwa	
30	Jan ak Gilbert ap pale	
31	Jan la	
32	Kay la gen kat ti chanm	
33	Kè m fè m mal pou li	
34	Len di lòt	
35	Li entèdi	
36	Li gen yon mont	
37	Li klè	
38	Manman m souri	
39	Mari kriye	
40	Me plim ou a	
41	Moun pa ka konprann	
42	Nou gen chans	
43	Nou nan klas	
44	Nou oblije wè	
45	Nou pa bezwen di	
46	Nou pa ka viv san	
47	Ou bèl	
48	Lavi a koute tèt nèg	
49	Ou entelijan	
50	Alina chite	
51	Ou isit la	
52	Pòto Riko se yon Il (zile) anchantman	
53	Repiblik d Ayiti gen prèske onz milyon abitan	
54	Se vre	
55	Sèlman moun ki fèt nan peyi a ak moun ki rezidan kap gen aksè e ki kapab jwe.	
56	Vi [ke] =etandone, kòm	
57	Yo an Frans	

58	Yo lolo l pou yo lala l	
59	Ou ta di li bliye !	
60	Vòlè vòlè vòlè	

5.24 Obsèvasyon tradiksyon mo ak ekspresyon sa yo

Kreyòl	English	Sentence
De fraz separe pa "ke"		Moun ['ke' pa ladan l] ou wè a vle pale avè ou
Sa		Sa sa ye sa
Te, ta		Si m te milyonè, m ta achte yon chato
Kapab		Ou kapab pati
Mèt		Ou mèt pati
Pito		M pito bwè ji pase dlo
Vle		M vle ale nan fèt la
Genyen		Li genyen toutan nan jwèt la
Se / ye		Ki moun ou ye? M se entèl.

K	L	E	P		
K	R	E	Y	O	L

EGZESIS-DEVWA / ASSIGNMENT

Saktefèt(revizyon)?
Sakafèt (pwogram)?
Sakpralfèt (pwojè)?

A. Egzèsis pou revizyon

1) Chwazi yonn ou plizyè asosye. Ansanm, prepare yon konvèsasyon sou yon tèm nou pito. Fòk li gen omwen twa paj. Prezante konvèsasyon an (pèfòme) nan klas la.
2) Chwazi yon mo. Ekri l sou tablo a, e mande ki moun ki kapab jwenn yon lòt mo ki kòmanse ak dènye silab mo pa ou la. Kontinye jouskaske nou pa kapab jwenn okenn lòt mo ki kòmanse ak silab la.
3) Chwazi yon mo, mete l nan yon wonn. Chèche tout lòt mo ki sinonim li. Fè menm jan tou pou mo ki kontrè li.

B. Ann ekri. Words in -syon. Translate and complete the table

Kreyòl	English	Fè yon fraz
Aksyon		
Atansyon		
Divizyon		
Entansyon		
Leson		
Losyon		
Okipasyon		
Redaksyon		
Seleksyon		
Solisyon		

C. Ann li e ekri. Read, comment if posible, and translate. What is your observation.

KREYÒL	English	
Bonte		
Chante		
Charite		
Fratènite		
Legalite		
Libète		
Mechanste		
Mete		
Opòtinite		
Totalite		

D. Ann ekri. Find the equivalent of the words and then make a sentence.

Mo	FRAZ
Aksyon	
Atansyon	
Distenksyon	
Entansyon	
Leson	
Tansyon	
Okipasyon	

Redaksyon	
Seleksyon	
Solisyon	
Bonte	
Charite	
Fratènite	
Legalite	
Egalite	
Libète	
Mechanste	
Totalite	
Verite	
Kout pye	
Kout chèz	
Kout balon	

E. Translate them in Creole.

Kout manchèt ____________________

Opòtinite ____________________

Klate ____________________

Rediksyon ____________________

Okipasyon ____________________

Divizyon ____________________

Opozisyon ____________________

Egzanpsyon ____________________

Aksyon ____________________

Entèraksyon ____________________

F. Make the difference between these pairs of words

Mo	**Siyifikasyon**	**Mo**	**Meaning (Kreyòl or English)**
L ap		**Lap**	
T ap		**Tap**	
Y ap		**Yap**	
M ap		**Map**	
Sa ap		**Sap**	
W ap		**Wap**	
N ap		**Nap**	
K ap		**Kap**	
P ap		**Pap**	

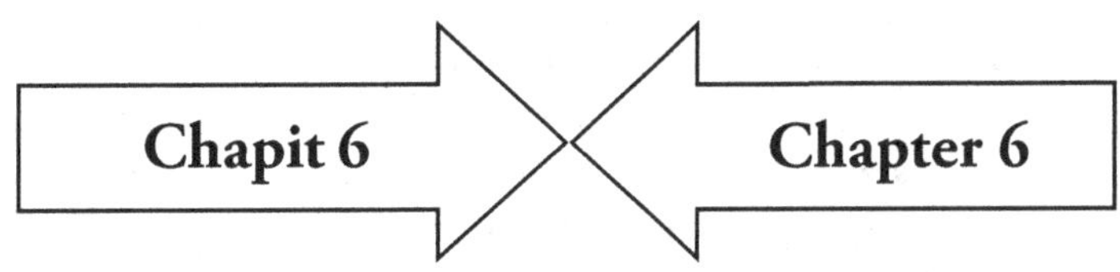

Règ Gramè Kreyòl / The Creole Grammatical Rules

6.1 **Kat règ de baz pou aprann kreyòl/** Four principles to learn the Creole language

Dapre Dejean (1986), yon lengwis ayisyen, lang kreyòl la fasil pou aprann si yon moun suiv kat prensip sa yo ki rezime konsa.

Prensip	Principles	Exception
6.1.1 Chak lèt jwe yon sèl wòl: li reprezante yon sèl son	6.1.1 Each letter plays a single role (represents only one Creole sound)	This is a general principle
6.1.2 Chak son ekri menm jan (yon siy pou chak son)	6.1.2 Each sound is written the same manner	y, w, ou, an, en, on, ò, ui
6.1.3 Pa gen lèt ki bèbè (sof lèt n pafwa)	6.1.3 There is no silent letter	n (sometimes)
6.1.4 Chak lèt reprezante yon sèl son oubyen yon sèl bui. Chak fwa "a", "o", "e" reyini ak n; lè o mete ansanm ak u; lè c mete ansanm ak h, nou jwenn yon son diferan de chak lèt sa yo, si nou pran yo chak apa.	6.1.4 Each letter represents only one sound or noise. This principle comes from the former ones.	a, e, h, n, o, etc.

KREYÒL KONPARE (Kreyòl-Spanish-English-French)

6.2 Analiz konstrastif / Creole Contrastive Analysis: Learning Creole from the contrastive point of view **(Kreyòl-English-Spanish-French)**

NO	CONSIDERATIONS	CREOLE	ENGLISH	SPANISH	FRENCH
1	Alfabè (Alphabet, alfabeto, alphabet)	**32 lèt (10/22)**	**26 letters (6/20)**	27 letras (6/21) y 5 dígrafos	26 (6/20)
2	Akò (Agreement, acuerdo, accord)	**No. Medam m te wè yo ansent**	**No. The ladies that I have seen are pregnant**	Si. Las mujeres que he visto están encin<u>tas</u>	Oui. Les femmes que j'ai **vues** sont **encein<u>tes</u>**

3	Majiskil (capital letter, letra mayúscula ; lettre majuscule)	**Non jou, mwa, ane, syèk, sezon… pa ekri an lèt majiskil, sof si yo se premye mo nan yon fraz**	**The names of the days, months, years, centuries, seasons… are capitalized, even in the middle of a sentence**	Los nombres de los días, meses, años, siglos, estaciones… no se escriben con letras mayúsculas en el medio de una sentencia	Les noms des jours, des mois, des années, des siècles, des saisons… ne prennent pas de lettre majuscule au milieu d'une phrase.
4	Chif (digit, dígito, chiffre)	**Tout chif ki ka ekri an yonn ou de mo ekri an lèt. Tout rès yo ekri an chif, menm jan ak dat yo.**	**All numbers that can be written in one or two words are written en letters. The others, including the dates, are written in numbers.**	Todos los digitos que pueden ser escritos en una o dos palabras se escriben en letras. Los demás números, incluyendo las fechas, se escriben en cifras.	Même règles pour l'espagnol. En outre, il y a des règles spéciales pour cent et mille.
5	Atik (article, artículo, article)	**La, lan, a, an, nan, kèk, yo**	**The, a, an**	El, la, los, las, un, unos, una, unas.	Le, la les, un, une, des, du, de la, des
6	Adjektif (adjective, adjetivo, adjectif)	**Yo pa pran mak pliryèl: Moun yo bèl**	**Do not receive the plural markers: Ex.:They are beautiful**	Reciben la marca del plural: Ellos son bonitos	Reçoivent les marquent du pluriel **: Ils sont beaux.**
7	O & I	**Pa ekri an majiskil nan mitan yon fraz**	**O and I are always written in capital letters, even in the middle of a sentence**	Se escriben en letras minúsculas, a menos que empiezan una oración.	Ne sont pas écrits avec des lettres majuscules, à moins qu'ils commencent une phrase
8	Plas pwonon (place of pronoun)	**Mwen ak ou**	**You and me**	Tú y yo (usted y yo)	Toi et moi (vous et moi)
9	Vèb (verb, verbo, verbe)	**Yo pa genyen tèminezon espesifik**	**They do not have specific endings**	Terminan en ar, er ir como en: cantar, comer, bendecir	Terminent en: **er, ir, re** (chanter, finir, vendre)
10	Advèb (adverb, adverbio, adverbe)	**Advèb de manyè fini an –man kòm nan Dousman**	**Adverbs of manner end in –ly: slowly**	Los adverbios de manera terminan en –mente: suavemente	Les dverbes de manière terminent en **–ment** : doucement

11	Plas adjektif yo (place of adjectives, lugar de los adjetivos, place des adjectifs)	**Adjektif kalifikatif yo plase apre mo yo detèmine a, eksepte adjektif nimeral yo ak atik endefini "yon".**	**They are placed before or after. Ex.: A beautiful car; an expensive car**	Tiene varias colocaciones: Un coche bello; un coche caro	Plusieurs endroits. Ex. :Une belle voiture, une voiture chère
12	Jan (gender, género, genre)	**Nou pa kapab mete mo kreyòl yo o feminen, sof kèk eksepsyon**	**Few words are put in feminine gender: a beautiful man; A beautiful lady**	Las palabras reciben la marca del femenino: un hombre lindo, una muchacha linda (o~a)	Les mots changent au féminin : un homme **joli,** une femme **jolie (ajouter la lettre e)**
13	Nonb (number, némero, nombre)	**Nou pa kapab mete mo kreyòl yo o pliriyèl; se kèk mo ki endike si yo sengilye oubyen pliriyèl: yon plim; de plim.**	**Words receive the plural markers: A pen, two pens (check the rules)**	Las palabras reciben la marca del plural: un bolígrafo; dos bolígrafos.	Les mots prennent la marque du pluriel: Plume; deux plumes.
14	Ka posesif (possessive case, caso posesivo, cas possessif)	**Bagay la + mèt bagay la + atik ki konvenab : kay Jan an**	**Article + possessor + possessed thing: (The) John's house.**	Artículo + la cosa poseída + el nombre del poseedor: La casa de Juan	L'article, la chose possédée et le nom du possesseur: La maison de Jean
16	Negasyon (negation, negación, négation)	**Sijè + pa + vèb+ konpleman : Yo pa renmen travay nan biwo**	**Subject + do not (does not) + verb : they do not like to work in the office**	No + verbo + complemento: No quieren trabajar en la oficina	Sujet + ne + verbe + pas + complément. Ils n'aiment pas travailler au bureau
17	Omisyon sijè a (omission of the subject, omisión del sujeto, omission du sujet)	**Non. Pa gen omisyon sijè : Mwen manje**	**Non. There is no omission of the subject. Ex.: I eat**	Se puede omitir el sujeto. En el verbo está el sujeto: (Yo) como	Non, on ne peut pas omettre le sujet: Je mange
18	Oksilyè (auxiliary, auxiliar, auxiliaire)	**Genyen, se, ye**	**To have, to be**	Tener, haber	Avoir, être

19	Siy ponktiyasyon (punctuation marks, signos de puntuaciones, signes de ponctuations)	**Genyen tout siy yo sof pwen entèwogasyon ak eksklamasyon ranvèse**	**There are all the signs, except the inverse interrogative and exclamative signs**	Hay todos los signos más los signos de interrogación y exclamación (admiración) invertidos (¿?, ¡!)	Il y a tous les signes, excepté ceux d'interrogation et d'exclamation renversés.
20	Decimal (nonb)	**An kreyòl tankou an franse, se yon pwen ki distenge pati antye a de pati desimal la : 3,200.00 Goud**	**The decimal part is indicated by the dot: $3,200.00**	Está indicado mediante una coma:3.200,00 pesos	Est indiqué moyennant un point : 3,200.00 Euros
21	Tag kesyon (tag question)	**(Se) pa vre?**	**Isn't it? aren't they**	No (verdad?)	N'est-ce pas?
22	Pwononsyasyon (pronunciation, pronunciación, prononciation)	**Tout lèt pwononse: Lil Lagonav**	**Some letters are not pronounced; others have different pronunciations. T, d sometimes lacks dental stops: the Gonave Island**	Todas las letras se pronuncian. A veces, los españoles no pronuncian la letra d final. Ej. Sacado se pronuncia como sacao. La isla de la Gonâve	Certaines lettres sont muettes. Certaines lettres telles que p, t sont muettes à la fin d'un mot : compte se lit conte. L'île de la Gonâve.
24	Estrikti fraz yo (sentence structure, estructura de oración, structure d'une phrase)	**Sijè, vèb, objè (SVO)**	**Subject, verb, object (SVO)**	Sujeto, verbo, objeto (SVO)	Sujet, verbe, objet (SVO)
25	Konbinezon konsòn (Consonant cluster, combinación de consonantes, combinaison des consonnes)	**Mo kreyòl yo pa fini ak doub konsòn: Abstrak; espesifik; sikoloji**	**There is Consonant Cluster (CC) at the beginning and final of words. English allows more CC than Spanish (ex. Abstract; specific; psychology)**	No hay CC al final de las palabras. Solo se terminan con las letras SNLRJD (SeNeLeReJeD). No hay sílabas que empiezan con la letra s, p : abstracto; específico; sicología	Les mots peuvent finir par plusieurs consonnes et peuvent commencer par la lettre s ou p : Abstract; spéficique; psychologie

26	Lèt S (letter s, la letra s, la letter s)	**Lèt s toujou pwononse kòm s e lèt z, kòm z**	**Sometimes, s is pronounced as z**	S nunca se pronuncia como zeta.	Parfois, s est prononcée comme z quand elle se trouve entre deux voyelles
27	Lèt h (Letter h, la letra h, la lettre h)	**Lèt h pa itilize souvan**	**H is aspired**	La letra h es muda en español	La lettre h peut être muette ou aspirée
28	Pwononsyasyon difisil (Difficult pronunciation pronunciación difícil, prononciation difficile)	**Chany; annavan**	**Debt; forecastle, island, knee. Light, bought,**	Condado, callado (not to be generalized); bacalao, asopao	Tu es, il est; nous sommes; ils viennent, island, les héros

6.3 KIJAN POU ENDIKE LÈ, LÒD /RAN AK LAJ

6.3.1 What time is it? **Ann konte, ann di ki lè li ye, ann di ki laj nou genyen. Konplete tablo ansanm ak mèt la.**

NIMEWO	JAN L PWONONSE	LÈ	LÒD /RAN	ADVÈB	LAJ
0	Zewo				
1	En, youn	Inè	Premye	Premyèman	Ennan
2	De	Dezè	Dezyèm	Dezyèm-man	Dezan
3	Twa	Twazè	Twazyèm	Twazyèm-mam	Twazan
4	Kat	Katrè	Katriyèm	Katriyèm-man	Katran
5	Senk	Senkè	Senkyèm	Syenkyèm-man	
6	Sis	Size	Sizyèm	Sizyèm-man	
7	Sèt	Setè	Setyèm	Setyèm-man	
8	Uit	Uitè			
9	Nèf	Nevè			
10	Dis	Dizè			
11	Onz	Onzè			
12	Douz	Douzè			

6.4 Mo ak ekspresyon pou poze kesyon an kreyòl / Question words in Creole

Gen twa fason prensipal pou moun poze kesyon an kreyòl: 1) leve e varye nivo vwa ou: Ou malad? (repons lan se wi ou non). 2) itilize mo: èske: èske ou byen? (repons lan se wi ou non). 3) itilize lòt mo tankou: ki, pouki, kòman, elatriye

NO	Kreyòl	English	Fraz an kreyòl
1	A ki moun	With whom	A ki moun ou pale
2	A ki lè	At what time	
3	Ak ki kle ou louvri?	With what key did you open	
4	Ak ki moun ou vini?	With whom	
5	Ak ki...	With what	
6	Bò ki moun ou chita	Next to	
7	Chak konbyen tan	How often	
8	De ki moun w ap pale?	Whom	
9	De ki prevyen, de ki mannigans ou fè sa?	Why	
10	Depi kilè	Since when	
11	Depi konbyen tan	Since how much/ many	
12	Eske ou [se... ; gen...]	Do you	
13	jous ki bò	Until where	
14	jous ki kote	Until where	
15	jous ki lè	Until when, at what time	
16	Ki	Who, what, which	
17	Ki laj ou?	What	
18	ki bò	Where	
19	ki gwosè	How big	
20	Ki jan ou fè...?	How	
21	Ki jodi m pa wè ou!	Long time ago	
22	Ki kote / ki bò ou ye?	Where	
23	ki lajè	How tall	
24	Ki lè li ye?	What time	
25	Ki lès nan yo	Whom of them	
26	ki mele m ak...	It does not matter ...	
27	Ki moun ki la?	Who	
28	ki pwa	What is the weight	
29	Ki sa ou di la a ?	What	

30	Ki sa sa ye?	What	
31	ki tay	What is the size	
32	ki wotè,	What is the height	
33	Kijan	How	
34	Kilè	When	
35	Kilès nan yo ou pi pito?	Who, which	
36	Kimoun	Who	
37	Kiyès, kilès	Who, what, which	
38	kiyès ki la a?	Who who is there?	
39	Kòman / kouman nou ye?	How	
40	Kòman [ou] fè	How is it that/ how come	
41	Konbyen / konbè/ konben pat fig la?	How much, how many	
42	Konbyen [fwa…]	How often	
43	Kote rad mwen?	Where is	
44	Kote manje pa m	Where is my portion of food?	
45	Kote ou ye la a?	Where	
46	Kouman / kòman	How	
47	Nan ki sa m ye la a?	In what trouble I find myself now?	
48	Nan ki pòt ou pase?	In what	
49	Nèspa	Isn' it	
50	Ou fatige?	Are you	
51	Ou malad! Èske ou malad?	Are you?	
52	Ou pa t etidye?	Did you	
53	Pou ki moun kado sa a?	Whose	
54	Pou kilès	For whom	
55	Pou kiyès moun	For whom	
56	Pou konbyen tan	For how long	
57	Pouki	Why	
58	Pouki bagay	Why	
59	Pouki rezon	For what reason	
60	Poukisa ou vini nan biwo a?	Why	
61	Sa ap fè la a?	What	
62	Sa ki	What	

63	Sa ki fè w ap manke m dega konsa?	What is the reason	
64	Sa sa vle di	What that means	
65	Sa sa ye [sa]	What is this	
66	sak fè, (sa kif è)	What, why	
67	[Se] pa vre	Isn't it	
68	Sou ki moun w ap gade?	Upon whom	

K	L	E	P		
K	R	E	Y	O	L

EGZESIS-DEVWA / ASSIGNMENT

Saktefèt(revizyon)?

Sakafèt (pwogram)?
Sakpralfèt (pwojè)?

A. Ann pale. Itilize pwòp mo pa w pou eksplike 4 prensip de baz pou aprann kreyòl.

B. Egzèsis oral. Di ki lè li ye?

LI (FÈ)	**LI (FÈ)**	**LI (FÈ)**	**LI (FÈ)**
Inè	Setè	Inè senk	Setè trannsenk / uitè mwen vennsenk
Dezè	Uitè	Dezè dis	Uitè karant / nevè mwen ven
Twazè	Nevè	Twazè kenz / eka	Dizè karannsenk / onzè mwen ka
Katrè	Dizè	Katrè ven	Onzè senkant / douzè mwen dis
Senkè	Onzè	Senkè vennsenk	Douzè / minui
Sizè	Douzè / midi	Sizè trant / edmi	Dizè mwen ka

C. Ann repete e ekri

Kreyòl	*English*
Kilè li ye?	What time is it?
Li fè inè pil / egzat / won kon boul	
Li (fè) dezè di maten	
Li uitè e ka	
Li nevè edmi	
Li midi	
Li twa zè mwen ka	
Li sizè mwen sis	

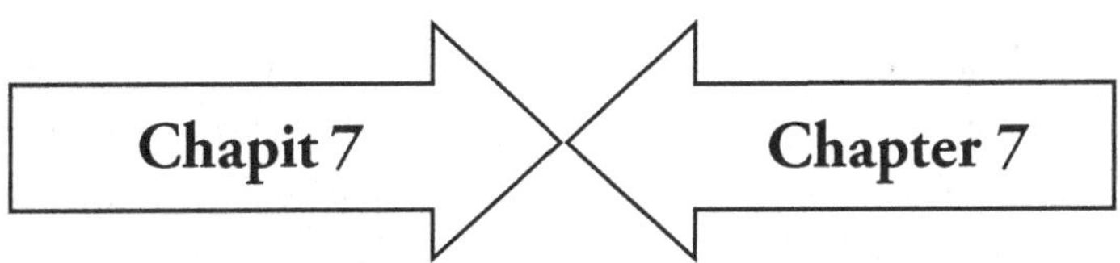

Pati diskou yo / The parts of speech

Kreyòl	English
1) **Atik**	1) **Article**
2) **Non**	2) **Noun**
3) **Pwonon**	3) **Pronoun**
4) **Adjektif**	4) **Adjective**
5) **Vèb**	5) **Verb**
6) **Prepozisyon**	6) **Preposition**
7) **Konjonksyon**	7) **Conjunction**
8) **Advèb**	8) **Adverb**
9) **Entèjeksyon E**	9) **Interjection**

7.1. Detèminan an kreyòl. Ki kote yo plase?/ place of the Creole determiners

Yon detèminan se yon mo ki plase akote yon lòt mo pou modifye oubyen pou ba li plis sans. Kòm detèminan, nou kapab site: atik ak adjektif. An jeneral, detèminan yo plase anvan mo yo modifye a. Men, an kreyòl, yo plase pito apre mo yo modifye a. Gen eksepsyon a règ sa a.	

7.1.1 ATIK

7.2.1 Konsiderasyon jeneral. Lè n ap pale de atik, gen plizyè bagay pou nou sonje:

1) Lèt kreyòl yo divize an vwayèl (gen vwayèl oral oubyen vwayèl bouch e vwayèl nazal oubyen vwayèl nen) e an konsòn (gen konsòn oral ou konsòn bouch e konsòn nazal oubyen konsòn nen).
2) tout mo ki fini an: m, n, nm genyen pwòp atik pa yo.

We have to consider several things when we talk about the Creole articles:

1) Creole letters are divided into vowels and into consonants (they are also oral and nasal)
2) the words ending in m, n, and nm have their own articles: nan

3) Gen twa kalite atik: atik define (a, an, la, lan, nan, yo); atik endefini (yon) e atik patitif (kèk).
4) Pliriyèl tout atik yo se: Yo
5) Atik define yo toujou plase apre mo a, tandiske atik endefini e atik patitif yo toujou plase devan mo a.
6) Pou konnen ki atik ou dwe itilize, ou dwe gade ak ki lèt (ann di pito ak ki silab oubyen segman) mo a fini.
7) "en" ak "an" se lèt yo ye. Yo pa fini ak lèt n.

3) there are three types of articles: definite articles (a,an, la, lan, nan, yo); indefinite articles (yon), and partitive articles (kèk)
4) the plural of all the articles is: YO
5) the definite articles are placed always after the Word; the indefinite articles are placed always before the word they modified.
6) to determine the correct article to be used, it is necessary to observe the last letter or the last syllable of the word to be modified.
7) "en" and "an" are letters; they are not ended in n.

7.1.2 Tab rezime atik yo (Summary)

JAN MO A FINI	ATIK SENGILYE/ PLIRIYÈL		EGZANP	EXAMPLES
1) Vwayèl ak Silab oral (silab bouch)	A	YO	Dife a; tab yo; tè a; limyè a; lanmò; Piki a; biwo a, konpitè a; fi a; papa a; fou a; oto a;	The fire, the tables, the earth, the light, the death, the injection
2) Vwayèl ak Silab nasal (silab nen)	AN	YO	Dan an; mi an; mi an, bonbon an; pen an; entansyon an	The tooth, the wall
3) Konsòn ak silab oral (konsòn ak silab bouch):	LA	YO	Tab la, Pip la, pòt la, valiz la; lekòl la; kay la; chèz la; liv la; poul la; pòtab la	The table; the pipe; the door, the suitcase; the school.
4) Konsòn ak silab nasal (konsòn ak silab nen)	LAN	YO	Zong lan, mont lan; lanp lan; mont lan	The fingernail, the watch
5) M, N (lèt n nan dwe pwononse)	NAN	YO	Enfim nan; dodin nan, bekin nan, volim nan; chanm nan; machin nan; farin nan; machin nan; plim nan; moun nan; kann nan; goyin nan; chanm yo; machin yo; moun yo.	The disable; the armchair, the crutch, the volume, the room; the car; the room

6) Atik endefini	Yon (you) on:		yon pantalon; on dife; yon pitit Bondye; yon bagay…	Trousers; a fire; a God's child; an object
7) Atik patitif	Kèk, nan…yo		m manje kèk mang; m vle kèk liv; banm nan kado sa yo, non.	I ate some mangoes; I want some books; give me some of these gifts.

7.1.3 Mo kreyòl ki kapab gen (pran) de atik, tou depan si mo a gen yon sans jeneral oubyen yon sans patikilye.

Konsiderasyon general

An kreyòl, gen plizyè non ki pa pran atik, paske yo deja genyen atik la kole nan yo. Nan ka sa a, mo a kapab genyen doub atik, men gen yonn ki kole ladan l: egzanp: **dife a, dlo a, zile a, lezo a, diri a, zaboka a, zepina a, zanmi an, zanimo a, ze a, zetwal la, zèklè a, zo a, zonyon an, zwazo a…An general, mo sa yo soti nan lang franse a.**

Pafwa, chanjman plas atik la fè mo a chanje sans tou: lakay; kay la.

An jeneral, yon non franse mete ansanm ak atik ki devan l lan pou fòme yon sèl mo, si mo a pran nan sans jeneral. Si mo a itilize nan sans konkrè, se apre li atik la plase.

General Consideration

In Creole, some nouns are used without article, since they already have the article attached in them. They come from French. In this case, they may receive a double article, but one article is attached to the word. Sometimes, the position of the article may imply a change in meaning of the noun.

Generally, the French noun, preceded by an article, is joined by this article to form one word. In Creole, the articles that come from the plural formation in French or that keep relation with that language, are placed before the noun they determine, only and only if the noun has a **general meaning**. If, otherwise, the noun is taken in a specific and **concrete meaning**, the article is placed after the noun.

7.2.3 Nòt sou atik yo

1) Atik ak abrevyasyon nan langaj oral (articles and abbreviations in the oral language)

Y on = on : banm on bagay la, non!
se yon=s on, son : son fanm ki gen bon kalite
genyen yon= g on, gon : gon moun kap chache ou deyò a.
si yon=son : s on moun fè sa, l ap pini
fè yon=fon : f on jan pou rive a lè.

2) **Itilizasyon atik yo nan ka posesif.** Atik la akòde ak non moun ki posede a: Kay Dodlin nan; machin Reynaldo a; kreyon Bensen nan

2) In the possessive case, the article is used according to the person who possesses the thing: Kay Dodlin nan; machin Reynaldo a; kreyon Bensen nan

Pa bliye / do not forget

Si « ou », « i » oubyen « w » pa gen son nazalize, se atik « a » pou nou itilize olye de « la » : jou a ; peyi w la ; moumou ou lan ; amou an ; joumou an ; fi a ; joumou w lan. Put the article 'a' after ou, i, w if they have oral sounds.

7.2.4 Tab mo ki kapab pran doub atik

	GENERL MEANING	SPECIFIC MEANING	
		Sengilye	Pliriyèl (pliryèl)
1	Lajan	Lajan an (the money)	Lajan yo (the monies)
2	Lalin	lin nan (the moon)	lin yo (the moons)
3	Lajounen	jounen an (the day)	jounen yo (the days)
4	Laplenn	plenn nan (the plain)	plenn yo (the plains)
5	Lakay	kay la (the house)	kay yo (the houses)
6	Lanmò	mò a (the death, the dead)	mò yo (the deaths)
7	Lapriyè	Priyè a (the prayer)	priyè yo (the prayers)
8	Latè	Tè a (the earth)	tè yo (the earths)
9	Laverite	Verite a (the truth)	verite yo (the truths)
10	Labib	Bib la (the Bible)	bib yo (the Bibles)
11	Lavil	Vil la (the city)	vil yo (the cities)
12	Lari	ri a (the street)	ri yo (the streets)
13	Lannuit	nuit lan (the night)	Nuit yo (The nights)
14	Lalwa	Lwa a (the law)	lwa yo (the laws)
15	Lekòl	lekòl la (the school)	lekòl yo (the schools)
16	Legliz	legliz la (the church)	legliz yo (the churches)
17	Lèmò	mò a (the dead)	mò yo (the deaths, the deads)
18	Lèsen	sen an (the saint)	sen yo (the Saints)
19	Lèwa	wa a (the king)	wa yo (the kings)
20	Monnonk	nonk lan (the uncle)	nonk yo (the uncles)
21	Zo	zo a (the bone)	zo yo (the bones)

K	L	E	P		
K	R	E	Y	O	L

EGZESIS-DEVWA / ASSIGNMENT

Saktefèt(revizyon)?	
Sakafèt (pwogram)? **Sakpralfèt (pwojè)?**	

A. Ann ekri. Complete the table by using the appropriate article.

Word	Ending				Article	word	Ending				Article
Tablo	V	K	SO	SN	A	Lento	V	K	SO	SN	A
Elèv		X	X		La	Fetay kay					
Pwofesè	X		X		A	Sentiwon					
Chèz		X	X		La	Dèyè mòn					
Ban	X			X	An	Konsòn					
Biwo	X		X		A	Chanm					
Ekran	X			X	An	Ba					
Pwojektè	X		X		A	Mimi					
Liv		X	X		La	Pi					
Kreyon					An	Towo					
Kaye					A	Moun					
Revèy		X	X		La	Koukouy					
Mont		X		X	Lan	Reny					
Afich		X	X		La						
Konpitè											
Chifon											
Plim											
Kat jewografi											
Tay kreyon											
Tab konpitè											
Bouton radyo											
Radyo kasèt											
Kreyon koulè											
Fèy kaye											
Fèy bwa											
Jwèt Anòl											
Wou machin											
Gidon bekàn											
Wòb defen											
Chen vwazin											
Kay vwazen											
Moumou											
Pitimi											
Mò											

Note: v=vwayèl; k=konsòn; so=silab oral; sn=silab nazal

B. Ann ekri. Konplete tablo a:

KIJAN MO A FINI?	ATIK POU N ITILIZE	EGZANP
Konsòn / silab ki pa nazal		
Konsòn / silab ki nazal		
M, N		
Vwayèl / silab ki pa nazal		
Vwayèl / silab ki nazal		

C. Ann ekri. Ranpli tablo a pandan nap klase mo sa yo dapre jan yo fini: konsòn nazal; konsòn ki pa nazal (konsòn oral oubyen konsòn bouch); vwayèl nazal, vwayèl ki pa nazal (vwayèl oral oubyen vwayèl bouch); m, n.

Jan mo a fini / parte final de la palabra	Kreyòl	English
	Tab la, Pip la, pòt la, valiz la; lekòl la	
	Dan an; lanp lan	
	Enfim nan; dodin nan, bekin nan, volim nan; chanm nan; machin nan; farin nan; chanm yo; machin yo	
	Dife a; tab yo; tè a; limyè a; lanmò a ; Piki a	
	Zong lan, mont lan	

D. Mo kreyòl ki soti nan yon "atik +yon mo fransè". If you understand French, complete this table

Kreyòl	English	Kreyòl	English
Jechalòt		Zaboka	
Zandolit		zanj	
Zannimo		Zanno	
Zanpoud		zansèt	
Zarenyen		Ze	
Zèb		zegrè	
Zèl		Zepeng	
Zepi		zepina	
Zepòl		zetrenn	
Zetwal		Zo	
Zoranj		Zwazo	

E. Observe and comment

KREYÒL	English	Your comment
Tab la		
Tab yo		
Mont lan		
Mont yo		
Dam nan		
Dam yo		
Limyè a		
Limyè yo		
Ban an		
Ban yo		

F. Ann ekri. Mete atik ki konvenab devan chak mo e fè yon fraz ki konplè avèk yo:

bekàn______; bonbon______; dan______; dife______; dodin______elèv______ fanm______; fenèt______; fèt______; fot______; gon______; kann______; kèt______; kreten______; kreyon______; lajan______; lè______; limyè______; liv______; madanm______; mont______; motè______; pàn______; pisin______; pistch______; plim______; pon______; son______; tab______; tèt______.

G. Mete atik ki konvenab devan chak mo e fè yon fraz ki konplè avèk yo:

Bous ______. Telefòn Odèt ______; valiz Milèn ______; ti chenn bebe ______; pitit Jonas ______; biwo sekretè ______; chen Fredi ______; konpitè elèv ______; kalandriye mwa jen ______; pitit tout moun ______.

H. Mete atik ki kòrèk apre mo sa yo

Kominyon: ______________________________

Lafwa: ______________________________

Charite: ______________________________

Lamedisali: ______________________________

Lamès: ______________________________

Lami: ______________________________

Latousen: ______________________________

Lavyèj Mari: ______________________________

Lesperans: ______________________________

Lò:______________________________

Lotèl: ______________________________

Monsenyè: ______________________________

Pè: ____
Mè: ____
Sakristen: ______________________________________
Evèk: ____
Fidèl: ____
Dyak: ____
Anfannkè: ______________________________________

I. Itilize an/ann/ o/ nan oubyen pa mete anyen

________Kay	________Gromòn	________Gonayiv	________Jeremi
________Kap	________Pòdepè	________Hench	________Leyogàn
________Tigwav	________Jakmèl	________Nò	________Sid
________Lwès	________Lès	________Lagonav	________Wanament
________Twoudinò	________Lestè	________Ginen	________Lenbe
________Pilat	________Leyogàn	________Grangwav	________Miragwàn

J. The French speakers used to pronounce a french-creole. This sounds bad. The worst is that they tend to use the wrong article (according to the final syllable of the Word).

Complete the table and state your observation

French	Move atik	Bon atik	English	Fraz kreyòl
Magouilleur (scélérat)	la	a	The scoundrel	Ou se yon bon magouyè (selera)
Misère (mizè)	la	a		Mizè a di an Ayiti
Malheur (malè)				
Bonheur (bonè)				
Bord (bò)				
L'or (lò)				
La mer (lanmè)				
La terre (latè)				
Amour (lanmou)				
Lourd (lou)				
Cour (lakou)				
Tard (ta)				
Faux (fo)				
Peau (po)				
Ciel (syèl)				
Nuage (nyaj)				

Feuille (fèy)
Paille (pay)
Chemise (chemiz)
Piller (piye)
Médaille (meday)
Peur (pè)
Paix (lapè)
Habitant (abitan)
Psychologie (sikoloji)
Puce (pis)
Doigt (dwèt)
Muscle (mis)
Pomme (pòm)
Maison (mezon, kay)
Leçon (leson)
Moteur (motè)

K. Tradiksyon de "nan" plis advèb de lye: Use "nan" and the appropriate definite article, when it is necessary. Ex: M pral nan jaden botanik la.

Words or expressions	Creole sentences
Bal	Li soti nan bal (he comes from the dance party)
Biwo	
Dlo	
Fèt	
Fèt chanpèt	
Jaden Botanik	
Jimnazyòm	
Kan	
Labank / bank	
Ladwàn	
Lapèch	
Laplaj	
Lapòs	
Lavil	
Legliz	

Lopital	
Mache / makèt	
Match baskètbòl	
Match bezbòl	
Match foutbòl	
Match volebòl	
Mize d Atizay	
Mòn / montay	
Naje / banboche /	
Pak pou amizman	
Plas (piblik)	
Pwomnad	
Salon	
Sinema	
Vakans	

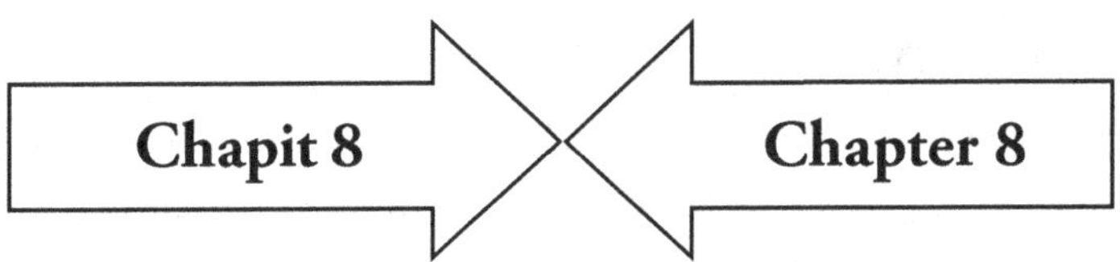

Non an kreyòl / Creole Nouns

8.1 Non an kreyòl	**8.1 The nouns in Creole**
8.1.1 Konsiderasyon jeneral. An kreyòl, tankou nan tout lang, yon non se yon mo ki reprezante yon moun, yon zannimo oubyen yon bagay.	8.1.1 In Creole language, as in any other language, a noun is a word that represents a person, animal, or a thing.
8.1.2 Klasifikasyon non yo. Gen non komen, non pwòp, non konkrè, non abstrè, non senp, non konpoze, non kolektif, non moun kapab konte ak non moun pa kap konte.	**8.1.2 Classification of the nouns**. They are common nouns, proper nouns, concrete nouns, abstract nouns, simple, compound, collective, count and noncount nouns.
8.1.3 Non komen ak non pwòp. Nou gen non pwòp tankou Pyè, Jak, Pòtoprens, Miami, Bondye, elt. An kreyòl, non pwòp yo komanse ekri ak lèt majiskil. Kenpòt non ki kòmanse yon fraz kapab ekri ak lèt majiskil tou.	**8.1.3 Common and Proper nouns.** In Creole, proper nouns are written with capital letter, even in the middle of a sentence. A noun or any letter that is at the beginning of a sentence is capitalized. In general, the proper nouns are not translated.
8.1.4 Non lang, jou, mwa, ane, dat..., lè yo nan mitan yon fraz, yo pa ekri ak lèt majiskil tankou sa fèt an anglè.	**8.1.4** The language names, day, month, year, date... are not capitalized in Creole.
8.1.5 Non konpoze. Tankou nan lòt lang, kreyòl la gen anpil mo konpoze tou. Nou ka site kòm egzanp: laviwonndede; kanpelwen; chenjanbe, malpouwont; tètdi, chemenkoupe, elt. Yo kapab ekri an yonn ou de mo. **Se Akademi kreyòl la ki dwe fikse òtograf mo konpoze yo.**	**8.1.5 Compound nouns.** As in the other languages, the Creole has a lot of compound nouns. For examples: laviwonndede; kanpelwen; chenjanbe, malpouwont; tètdi, chemenkoupe, elt. The Creole Academy would choose the final orthography of the Creole compound words. There is a debate on whether the compound words have to be written in one or two words.

8.1.6 NON PWOP AN KREYOL	8.1.6 THE PROPER NOUNS
An jeneral, non pwòp yo pa tradui. Menm lè yo pwononse an kreyòl, an jeneral, non yo toujou ekri an franse. An reyalite, se sitou non jwèt yo ki toujou an kreyòl an Ayiti (Petit Noel = Ti Nwèl oubyen Nènè ; Petit Jacques= Ti Jak, James, Tiwòch. Lè nou vle tradui non pwòp yo, se dapre pwononsyasyon yo pou nou fè sa. Nou pa dwe prese kouri tradui non pwòp yo, ni non jewografi ak lye piblik yo...	Proper Nouns in Creole. Generally, the proper nouns are not translated into Creole. However, some names used to be translated: Louis= Lwi; Jean= Jan; Montfort = Monfò. Even though they are pronounced in Creole, the names are still written in French. So, please do not rush in translating the proper nouns and the geographycal names of Haiti (City, town, plains, rivers...). Usually, it is the surnames that are translated: (Petit Noel = Ti Nwèl oubyen Nènè). If you have to translate them, please do it according to their ponunciation.

An Ayiti, non moun ak non plas jewografik yo an jeneral se an franse yo ye, paske franse se te sèl lang ofisyèl nasyon an. Lang kreyòl la devlope nan yon sitiyasyon difisil ki rele **diglosik. Yon sitiyasyon diglosik se kote gen de lang diferan kote youn jwi yon privilèj tandiske lòt la konsidere kòm enferyè.** Se konsa ke kreyòl la konsidere kòm lang enferyè para rapò a lang franse a. Poutan, an reyalite, se kreyòl ki vrè lang pèp la. Pa egzanp, si yon moun rele Joseph an franse, an kreyòl, yo rele l: Ti Djo, Ti Zo, or Jojo. Konsa, genyen Ti Pyè (Pierre). Men, nou jwenn tou yon seri non ki konplètman an kreyòl: **Amondye, Jimo, Ti Wòch, Ti Nowèl, Sedènye, Setout, Sapirèd, Samfèyo, Lento, Tibwa, Tisè, Senou, Selèy, Sovè, Sinanpwen, Sepanou, Samfèdye, Nanranyon, Fòknanpwen,** elatriye.

Anpil nan non sa yo se non pwen. Pwoblèm ki genyen ak non yo pase menm nan literati ayisyèn nan, lè nan **La Famille des Pitites Cailles**, yo te mande si yon non sofistike tankou "Themistocles Epaminondas Labasterre" se yon non vre. Lè yon non parèt twòp pou yon moun, yo bay zannimo li: **Sonjesa, fòknanpwen; potemak, samfèyo, bouchalèlè, panzou, jansòt, gadnanpa w, Nawèsa**, elatriye. Sa yo wi se pwen; se non daki, ki gen mesaj endirèk.

In Haiti, names of persons and geographical places are generally in French, possibly because French was the unique official language of the nation.

Creole language used to be developped in a diglossic situation (situation where one language is considered as inferior to the other one). However, in practice, it is the Creole that governs.

For example, if a person is called Joseph, his surname could be: Ti Djo, Ti Zo, or Jojo. So, we have Ti Pyè (Pierre). But, we can found also names completely creole: Amondye, Jimo, Ti Wòch, Ti Nowèl, Sedènye, Setout, Sapirèd, Samfèyo, Lento, Tibwa, Tisè, Senou, Selèy, Sovè, Sinanpwen, Sepanou, Samfèdye, Nanranyon, Fòknanpwent, elatriye.

The problems with names were even considered in the Haitian literature, when in La Famille des Pitites Cailles, it was asked if "Themistocles Epaminondas Labasterre" was a name! It was strange that a Haitian bears such a name. When the names are too loaded for persons, there are given to animals: Sonjesa, Fòknanpwen; Potemak, Samfèyo, Bouchalèlè, Panzou, Jansòt, Gadnanpa w, Nawèsa, etc.

8.1.7 Konparezon an kreyòl / Comparison in Creole

Mo de konparezon	**Egzanp**
Tankou (kou, kon, kouwè)	Nanpwen tankou magi; li dous kon siwo myèl
Pi, mwen + adjektif	Li pi ba pase m; m pi wo pase w; viv mwen chè pase vyann
Pi (mwen) pase	Jak pi entelijan pase Jan, men li mwen aplike
Pi+adj_nan tout…	Lajan pa meyè bagay nan tout sa ki egziste
Se+non+ki+pi+adj+nan tout…	Se nou menm ki pi demokrat nan tout pèp sou latè.

8.1.8 Maskilen ak feminen non an kreyòl.

Nan lang kreyòl la, pa gen afè maskilen ni feminen; pafwa atik yo pa menm ekri. E menm lè yo ekri, atik la pa detèmine nesesèman maskilen ou feminen.

8.1.8 Masculine and feminine of Creole noun

In Creole, there is no pertinent masculine or feminine gender; the article does not indicate necessarily the gender, since often, they are omitted. Also, in the English language, the article does indicate neither the gender nor the number.

8.1.9 Ka patikilye sou zafè maskilen ak feminen non yo ~

Maskilen ak feminen non	Gender and number of Creole nouns
Sèten non kreyòl ki fini an "en"chanje "en"an "in" o feminen; gen lòt ki fòme feminen yo kòm si sete an franse: en IN: vwazen, vwazin; kouzen, kouzin. Se yon kesyon de abitid. Gen lòt non ki fòme feminen yo toutafè diferan, men ki base sou abitid franse a tou.	Some Creole names ended in « en » change « en » in « in » at the feminine gender; as in French, some other nouns form their feminine gender quite differently (see the table below).

8.1.10 Tab Maskilen / feminen ~

	Kreyòl	English
1	Ayisyen/ ayisyèn	
2	Bèf (towo) / vach, manman bèf	
3	Bofis / bèlfiy	
4	Bòfrè/ bèlsè	
5	Bòpè / bèlmè	
6	Bouk (kabrit) /chèv	
7	Bourik / manman bourik	
8	Cheval (chwal) / jiman	
9	Enspektè / enspektriz	
10	Fiyèl / fiyèl	
11	Frè / sè	

1) Frè m ak sè m yo, bonjou…
2) Se jou aksyon de gras moun manje anpil kodenn.
3) Nèg ak nègès d Ayiti Toma leve, pou n chante lwanj pou Bondye pou jan li bon.
4) Si ou pa gen parenn ak marenn, ou pap batize.
5) Madansara se ti non jwèt yo bay machann peyizan ayisyen yo.

12	Gason / fi(y)	
13	Granpè / granmè	
14	Granpapa / granmè	
15	Janjak /matonn	
16	Kochon (koure) / tri kochon	
17	Kodenn / femèl kodenn	
18	Kòk / poul	
19	Kòmèsan / kòmèsant	
20	Kouzen / kouzin	
21	Makout (tonton)/ Fiyètlalo	
22	Mal/femèl	
23	Mari / madanm	
24	Mesye /madam	
25	Mèt / mètrès (mèt/madmwazèl)	
26	Mouton / femèl mouton	
27	Nèg / nègès	
28	Neve / nyès	
29	Nonk / tant	
30	Nonm / fanm	
31	Ougan /manbo	
32	Papa / manman	
33	Parenn / marenn	
34	Pitit gason / pitit fi	
35	Pitit pitit /pitit pitit	
36	Sèvitè / sèvant	
37	Tonton /tantin	
38	Vandè / vandèz	
39	Vwazen /vwazin	

6) An Ayiti, yon vwazen se tankou yon manm nan fanmi an.

8.1. 11 Number of nouns

In the plural form, Creole words do not change. The idea of plural is indicated by the following words: yo, anpil, yon pil, kèk, plizyè, dis, ven, san, mil, nou, yon bann, yon pakèt, latriye… (See also the words: papa, manman, potorik, kokenn chenn, a lot of…)

Ex. Moun nan, moun yo (the people); yo chante (they sing), anpil moun (a lot of people), kèk zaboka (some avocados), plizyè ane (various, several years), dis douzèn ze (ten dozen of eggs), ven liv (twenty books), san mouton (one hundred sheep), mil ane (one thousand years), nou se elèv (we are students), yon bann marengwen (a lot of mosquitos), yon pakèt manifestan (a package, a set, an aggregate of people reclaiming their rights).

Also, plural is indicated by the following words or expressions:

1) se pa tikras... Se pa ti kras kontan kè mwen kontan (I am very happy)
2) yon bann. Yon bann moun te ale vote (a bunch of people went to vote)
3) tout, dènye moun (everybody). Tout moun pa wè menm jan (not all the people see things in the same way)
4) yon pakèt. Yon pakèt lajan ap gaspiye deyò a (there are a lot of Money available to be winned in the world)
5) ...kou grenn lapli (often, without delay). Jak vide kou tankou grenn lapli sou Pyè (Jak beats Pyè a lot)
6) ...fè vè. Moun te fè vè nan fèt Senchal la
7) pit kou (kon) mawo, zannanna kou pengwenn. Pit kou mawo, zannanna kou pengwenn dwe pati byen bonè.
8) yon pli, yon vole, yon rado, yon chay. Si ou kontinye pale, map ba ou yon vole baton
9) yon dal, yon katafal, yon dividal. Yon dal moun kwè nan li.
10) De twa. Di mwen de twa mo sou sa non!

Note byen: Lide de gwo, gran, de sipriz oubyen imansite eksprime ak mo sa yo: papa; manman,

Pou endike lide pliriyèl, nou itilize mo oubyen ekspresyon sa yo: "Yo, anpil, kèk, plizyè, dis, ven, san, mil, nou, yon bann, yon pakèt, latriye, papa, manman, potorik, kokenn chenn...": **Ex. Moun nan, moun yo; yo chante, anpil moun; kèk zaboka; plizyè ane; dis douzèn ze; ven liv; san mouton; mil ane; nou se elèv; yon bann marengwen; yon pakèt manifestan.**

Nou itilize mo ak ekspresyon sa yo tou pou nou endike lide pliriyèl la:

1) se pa tikras... Se pa ti kras kontan kè mwen kontan
2) yon bann. Yon bann moun te ale vote
3) tout, dènye moun. Tout moun pa wè menm jan
4) yon pakèt. Yon pakèt lajan ap gaspiye deyò a
5) ...kou grenn lapli. Jak vide kou tankou grenn lapli sou Pyè potorik, kokenn chenn.
6) ...fè vè (like worms). Moun te fè vè nan fèt Senchal la (There were a lot of people in the St Charles celebration)
7) pit kou (kon) mawo, zannanna kou pengwenn (everybody). Pit kou mawo, zannanna kou pengwenn dwe pati byen bonè.
8) yon pli, yon vole, yon rado, yon chay (idea of sticks). Si ou kontinye pale, map ba ou yon vole baton (If you continue, I would beat you a lot)
9) yon dal, yon katafal (a lot of). Yon dal moun kwè nan li (a lot of people believe in him / her)
10) De twa (some). Di mwen de twa mo sou sa non! (tell me few words about that)

Note byen: The idea of bigness or hugeness, may be indicated by the following words: papa (father); manman (mother), potorik (hefty, big), kokenn chenn (very big).

8.1.12 Tab pliriyèl non an kreyòl ak ekspresyon de kantite / Table of expressions of quantity

KREYÒL	POSSIBLE MEANING	EXMPLE
a) se pa tikras..., se pa de…	a) lots of	Se pa ti kras kontan kè mwen kontan
b) yon bann.	b)	Yon bann moun te ale vote
c) tout, dènye moun (everybody).	c)	Tout moun pa wè menm jan
d) yon pakèt.	d)	Yon pakèt lajan ap gaspiye deyò a
e) ...kou grenn lapli.	e)	Jak vide kou sou grenn lapli sou Pyè
f) ...fè vè.	f)	Moun te fè vè nan fèt Senchal la
g) pit kou (kon) mawo, zannanna kou pengwenn.	g)	Pit kou mawo, zannanna kou pengwenn dwe pati byen bonè
h) yon pli, yon vole, yon rado, yon chay (idea of sticks).	h)	Si ou kontinye pale, map ba ou yon vole baton.
i) yon dal, yon katafal.	i)	Yon dal moun kwè nan li.
j) De twa (some).	j)	Di mwen de twa mo sou sa non!

8.1.13 Ka posesif / Possessive case

KREYÒL	**ENGLISH**
Bagay +mèt li + atik ki konvenab	**In Creole: thing + owner + appropriate article**
Chapo Anòl la	The Artnold's hat
Kay madanm nan	The lady's house
Jwèt bebe a	The baby's game
Kabrit papa yo	The father's goats
Machine Joujou an	Joujou's car
Chen Gasnè a	Gasner's dog

8.1.14 Mo ou ekspresyon sinonim / Synonym words or expressions

mo 1	**mo 2**	**Mo 3**	**mo 4**	**ENGLISH**
An dezòd	An gagòt	An deblozay	Yo pa nan plas yo	
Boukante	Chanje	Troke		
Fè banda	Fè chèlbè	Taye banda	Fè brodè	
Fouye	Chèche	Bouske	-	
Fent	Trik	Mannigèt	-	
Kèk	Yon ti	Enpe	Yon ti kras	

Kèk fwa	Pafwa	Dè fwa	Anpil fwa	
Nèt	Pwòp	Klin	Chik	
Kòkòtò	Chich	Chicha	Peng	
Kont	Sifi	Ase	-	
Kontre	Bare	Kwaze	Jwenn avè	
Koze	Bay odyans	Bay blag	Pale avèk	
Okipe	Pran swen	Pran ka	Fè ka	
Pete	Eksploze	Eklate	Gaye	
Pran prekosyon	Fè atansyon	Atansyon	Pinga	
Se sa k fè	Se pou sa	Se rezon k fè	Se poutèt sa	
Tan an mare	Tan an pare	Tan an maske	Tan an an demwazèl	
Ti gason	Ti nèg ; ti nonm	Ti flannè	Jènjan	
Yon pakèt	Yon chay	Yon dividal	Yon gran kantite ; yon bann ; yon rado	
Rebèl	Wondonmon	Tèti	Gen tèt di / tèt fè	
Tanpri	**Souple**	**Tanpri souple**	**M priye ou**	

8.2 Detèminan plis non ou non de peyi, kote nou soti, kote nou ye ou kote nou prale / Determiners plus nouns, country names, place where you go or you come from.

Devan non peyi yo, nou kapab mete **an** (ann), **o** **(oz)**, **nan** oubyen **zewo** prefiks. Tablo sa a ap montre nou kisa nou dwe mete nan chak ka. Sanble se memwa nou pou n fè travay.

M prale:

Prefiks an, ann	Prefiks O, oz (to, in)	Zewo prefiks	Prefik Nan
Ayiti	Japon	Jamayik	
Afrik	Brezil	Sendomeng	**Ginen**
Ajantin	Etazini	Pòto Riko	**Panyòl**
Bèljik	Meksik	Legliz	---
Bolivi	Chili	Kosta Rika	---
Chin	Zend	Kiba	---
Frans	Venezwela	---	---
Itali	----	---	---
Swis	---	---	---

8.3 Mo ki gen plizyè sans/ polysemous words

Mo	Meaning 1	Meaning 2	Meaning 3	Meaning 4	Meaning 5	Meaning 6	Meaning 7
Depi	Since	From	Ago	Repugnance	-	-	-
Fò	Intelligent	Strong / loud	Fortress	To have to	must	-	-
Genyen	To have	To win	There is/ there are	-	-	-	-
Konsa	Like that	Such a	So	About	Approximately	-	-
Men	Hand	Here is	-	-	-	-	-
Mèt	Teacher	Tape measure	Owner	Expert	Lawyer	May	To allow
Pa	Per	Not	Own	Step	-	-	-
Pase	To pass by	To pass	To spend	Because	To iron	Than	To turn on
Rive	To arrive	To happen	To go	To succeed	To reach	-	-
San	One hundred	Without	Blood	-	-	-	-
Nan	In	To	At	into	-	-	-
Sa	This	That	Can	-	-	-	-
Menm	Himself/ herself	Very	Exactly	At all	No way	-	-

K	L	E	P		
K	R	E	Y	O	L

EGZESIS-DEVWA / ASSIGNMENT

Saktefèt(revizyon)?

Sakafèt (pwogram)?
Sakpralfèt (pwojè)?

A. Egzèsis ak devwa pou revizyon, refleksyon ou diskisyon.

Kesyon	Repons
1) Eske non vil, zòn, katye ak lari ekri an kreyòl an Ayiti? **2) Eske non pwòp ki an kreyòl yo ekri an kreyòl? Site kèk nan yo.** **3) Fè koresponn chak mo ak sinonim li: Kòkòtò, fò, depi, mèt, se pa de... (entelijan, lahèn, chich, anpil, pwofesè...)**	

B. Ann ekri. Mo derive an kreyòl. Non kreyòl ki fòme ak sifiks

Sifiks	Mo kreyòl	English
Ay	kalbende, kalbenday o kalanje; kraponnen, kraponnay; fri, fritay ; swen, swenyay; zanmi, zanmitay.	
Ad	jiwomon, jiwomonad; sitwon, sitwonad, limonad; tenten, tentennad.	
Zon	soule, soulezon; sale, salezon; manje, manjezon.	
mann (agent)	gròg, grògmann; kawoutchou, kawoutchoumann.	
man (action, manner)	chagren, chagrenman; fran, franchman.	
Ri	brigan, brigandri; makak, makakri; grès, grèsri; bouzen, bouzendri	
zewo aksyon	beke, bèk: teke, tèk; zele, zèl.	
Lòt sifiks	makout, makouti: pawòl, pawoli; kabwa, kabwatye	

C. Plis mo derive an kreyòl. Ann ekri.

Mo original	Mo derive	English
Bon	Bonbon, bonbonyen, bonmas	
Tenten	Tentennad	
Repons	Repondong	
Malè	Malèk(y)è	
Bèbè	Bèkèkè	
Kokenn	Kokennchenn	
Chich	Chicha	
kraze	Krabinen	

D. Relasyon manm fanmi an. Konplete tablo a / Members family relationship. Complete the table.

NO	KREYÒL	FRAZ AN KREYÒL
1	Papa	Papa ale travay chak jou.
2	Kouzin	
3	Manman	
4	Pitit pitit	
5	Neve	
6	Pitit	

7	Nyès	
8	Frè	
9	Bòfrè	
10	Sè	
11	Bèlsè	
12	Mari	
13	Madanm	
14	Granpè	
15	Fiyanse	
16	Marye	
17	Granmè, gran	
18	Selibatè	
19	Bòpè	
20	Plase	
21	Bèlmè	
22	Tonton	
23	Bèlfi	
24	Bofis	
25	Tant	
26	Kouzen	
27	Parenn	
28	Marenn	
29	Fiyèl	
30	Konpè	
31	Kòmè	
32	Vwazen	
33	Zanmi	
34	Timoun	
35	Ti fi	
36	Ti gason	
37	Gason	
38	Jenn	
39	Jenn nonm	
40	Jenn fanm	
41	Granmoun	
42	Vyeya	
43	Fiyanse	
44	Mennaj (boubout)	

E. Ann pale. Kisa mo sa yo ye? Pale de yo. **Mo ki gen pou wè a vodou**:

Men kèk mo nou kapab rankontre pi souvan nan vodou: Ougan, bòkò, ounsi, ounsi kanzo, vèvè, wogatwa, lwa, manje lwa, envoke lwa, manje lèmò, gonbo, dwoge, pwen, wangatè, lafrik, Èzili Freda, Ayida Wedo, agwe Tawoyo, Papa Legba, Ogou Feray, Ogou Badagri, Ogou Balindjo, Danbala Wedo, Marasa, senp, Marasa Ginen, simbi nan dlo, badji... (Konsilte yon moun ki konnen)

F. Ann pale. **Obligasyon ak pèmisyon.** Genyen plizyè fason nou kapab eksplike obligasyon ak pèmisyon an kreyòl:

1) se pou, fò, fòk, ilfo, fo: se pou nou tout renmen
2) dwe: Nou dwe pwochen nou respè
3) bezwen: ou pa bezwen pè, map ede ou
4) gen dwa: nou gen dwa soti lè nou vle.
5) mèt: ou mèt ale a dizè
6) pa ka pa: ou pa ka pa vin nan fèt mwen.
7) oblije: ou oblije vin avè m.

G. Eske ou konn soufri youn nan maladi sa yo? Mal tèt oubyen tèt fè mal (mal dan, gòj, do, vant…), lafyèv, dyare, grip, tous; bra kase, fouli, antòch, ponyèt fè mal; fredi, tèt vire, sezisman. Konplete lis maladi a.

H. Ann li. Fraz avèk: Nan. Tradui e konpare.

Machin Elyàn nan nan garaj. M pral nan dlo, tandiske ou soti nan dlo. Li deja nan legliz la. Elèv yo nan klas la. Pitit moun nan pa nan rans ak moun. Dèyè do se nan ginen. Fanm nan mete m nan zen. Wòb Katrin nan nan klozèt la. Li kriye de ran dlo de ran larim lè l sot nan egzamen an.

I. LEKTI

Inite de mezi an Ayiti	English equivalent
An Ayiti, nou kapab achte yon glòs luil, yon galon gaz, yon lonn twal, yon mamit pwa, yon liv sik, yon sak diri, yon kiyè pat tomat, yon gode mayi moulen, yon boutèy vinèg, yon boutèy kola, yon barik kleren, yon liv vyann, de grenn pwason, yon sak pitimi, yon ba (brik) savon, yon lo patat, yon grenn bannann, yon pat fig mi, yon douzèn ze, yon chay chabon, yon bwat alimèt, yon sache disèl, yon grenn zaboka, yon rejin bannann, yon makòn mayi, elt. Pafwa, nou kapab achte mwatye oubyen mitan yon bagay (yon bò) ; nou kapab achte l tout antye oubyen ankè ; nou ka achte doub, sa vle di 2 fwa [lavalè]. Men, nou renmen mande ranje oubyen degi.	

J. Maskilen ak feminen kèk non (dapre lizaj)

Mo maskilen	Mo feminen	Explain
Ameriken	Amerikèn	**American (she)**
Amoure	Anmòrèz	**Lover (she)**
Ayisyen		
Chinwa		
Direktè		
Dominiken		
Gwo		
Kanadyen		
Kiben		
Lepè		
Malere		
Monchè		
Monitè		
Monkonpè		
Neve		
Pitit gason		
Vizitè		

K. Ann ekri. Konplete tablo sa a (see exercise X)

Kreyòl	English
Granchire	
Granfòma	
Granpanpan	
Grandizè	
Grannèg	
Granmanjè	
Granzòrèy	
Gwobwa	
Gwosoulye	
Machann flè	
Machann vyann	
Pye bwa	
Pye zanmann	
San lespri	

Sannen	
Sanwont	
Sankoutcha	
Sanmanman	
Sansantiman	
Sou dan	
Sou vant	
Vant deboutonnen	
Vant mennen, vant lib, vant pase	

L. Ann ekri. Konplete tab la ak mo sa yo / Complete the table with the following words: **alimantè, bannann, baton, disèl, dlo, dola, farin, fig, flè, fui, kabrit, kann, kle, konfiti, lajan ansyen, lapli, lèt, mouton, myèl, patat, pen, siman, soulye, twal, zaboka, ze, zèb.**

Expressions	Words	Complement
Yon jèb	Flè	**Li voye yon jèb flè nan ponp finèb la**
Yon touf		
Yon pwovizyon		
Yon moso		
Yon sak		
Yon santèn		
Yon pat (une botte)		
Bann (avalans)		
Yon vole		
Yon bokal		
Yon delij		
Yon kouran		
Yonb ranje		
Yon ponyen		
Yon douzèn		
Yon kès		
Yon twouso		
Yon koleksyon		
Yon pil		
Yon twoupo		
Yon pil		
Yon pè		

Yon rejiman		
Yon pè		
Yon panyen		
Yon pakèt		
Yon reyinyon		

M. Ann ekri. Ajoute dezyèm tè m nan e konplete tab la ak mo sa yo. Add the second term and complete the table with the following words: **Bourik, chabon, chen, dlo kòk, eponj, fèy, fou, glas (mab), Jòb, ki, Krezous, lafimen, lò, Mari Madlèn, mò, pi, rena, Salomon, Toma, zanj…**

KREYÒL	ENGLISH	COMPLEMENT
Fo kòm		
Travayè kòm		
Brav kòm		
Fyè kòm		
Elokan kòm		
Mechan pase		
Bèl kon		
Tris kon		
Manje tankou		
Pòv pase		
Fò kòm		
Dwat kon		
Ge kon		
Long pase		
Dòmi kon		
Sote kon		
Ava kon		
Travay kon		
Nwè pase		
Mantè kou		
Klè kon		
Bwè tankou		
Tranble kon		
Ri kòm moun		
Frèt tankou		

Soufri tankou		
Radi pase		
Rich kòm		
Disparèt kon		
Briye tankou		
Plere tankou		
Pal tankou		
Rize pase		
Saj tankou		
Enkredil kòm		
Chante tankou		

N. Ann ekri. Konplete avèk jou nan semèn nan

Avan yè [se] te ____________. Yè [se] te ___________; jodi a se___________. Demen ap ___________; apre demen ap____________________. Rès lòt jou nan semèn nan se ____________ ak ________________. Nou toujou di __________ se jou beseleve. ________ se jou repo. Jou fen semèn nan se ______________ ak ___________.

O. Ann ekri. Sa k antoure nou (our environment). Lè nou gade akote nou, kisa nou wè?

P. Ann ekri. Antouraj nou. Fè yon lis mo. Itilize tèm sa yo (make a list by using the themes)

a) Bagay ki antoure nou (the objects that are around us): ____________________
b) Lide ki nan tèt nou (the ideas that are in our head): ____________________
c) Sa nou wè (what we see): ____________________
d) Sa nou koute (what we listen to): ____________________
e) Sa nou santi (what we smell): ____________________
f) Sa nou touche (what we touch): ____________________
g) Sa nou goute (what we taste): ____________________

Q. Vocabulary (Holidays in Haiti). Jou ferye an Ayiti. Ki fèt ayisyen fete nan jou sa yo?

Premye janvye se fèt: ____________________
2 janvye se fèt: ____________________
12 janvye se: ____________________
Mas e avril: ____________________
14 fevriye: ____________________
18 me: ____________________
14 daou:____________________
17 oktòb: ____________________
Premye novanm: ____________________

2 novanm: ______________________________
18 novanm: ______________________________
5 desanm: ______________________________
25 desanm: ______________________________

R. Ki jou ki ferye Ozetazini? Ki lòt jou ferye ou konnen? Ki jou ki ferye nan peyi ou? **Di ki aktivite ki pi enpòtan nou fè nan chak mwa. Ki sezon ou pi pito?**

S. Ann ekri e kòmante. Kat sezon yo / the four seasons

KREYÒL	English	Date
Prentan		
Ete (lete)		
Otòn (lotòn)		
Ivè (livè)		

T. **Ann ekri e kòmante. Non kèk lang nan lemond**. Konbyen nan yo ou konprann, li, tande, ekri, pale? Kòmante / names of some languages. Appreciate their Reading and their orthography.

Kreyòl	English	Fraz
Alman	German	Alman se lang yo pale an Almay
Angle	English	
Arab	Arabic	
Katalann	Catalan	
Chinwa	Chinese	
Koreyen	Korean	
Kreyòl	Creole	
Danwa	Danish	
Panyòl	Spanish	
Franse	French	
Grèk	Greek	
Ebre	Hebrew	
Ilandè	Irish	
Italyen	Italian	
Japonè	Japanese	
Laten	Latin	
Peyiba	Netherlands	
Olandè	Dutch	

Polonè	Polish	
Pòtigè	Portuguese	
Ris	Russian	
Tik	Turkish	

U. Ann ekri. Kesyon. Konplete twazyèm kolonn pou fòme yon fraz konplè.

ENGLISH	KREYÒL 1	KREYÒL 2
	Èske ou se…	**frè Jak?**
	Èske ou gen:	**tan jodi a**
	Kòman, kijan	**ou rele?**
	Kijan ou fè:	**kenbe bagay cho sa a?**
	Ki distans	
	Konbyen tan	
	Konbyen:	
	Konbyen fwa	
	Se pa vre? Se pa li?	
	Ki lè li ye? Ki lè l fè	
	Kisa?	
	Sa sa ye sa? Ki sa sa ye?	
	Ki sa k…; Ki sa k pase?	
	Ki sòt (ki kalite)	
	Sa sa vle di?	
	Kan, kilè?	
	Ki kote?	
	Kote ou ye?	
	Moun ki kote ou ye? Ki kote ou soti?	
	Ki?	
	Ki moun? Ki moun ki? Kilès? Kilès ki? Kiyès? Kiyès ki?	
	Ki moun sa? Ki sa sa ye; sa sa ye sa?	
	A ki moun?	
	De ki moun?	
	Pouki?	
	Pouki sa ou vini?	
	Pouki ou pale konsa?	

V. Ann ekri. Mo kreyòl. Kijan kèk mo kreyòl fòme? Konplete tablo a /Complete the table

Mo original	**Mo derive**	**Your sentence**
Bon	bonbon, bonbonyen	Lè w twò bon, ou tounen bonbonyen.
Tenten	tentennad	
Repons	repondong	
Malè	malèk(y)è	
Bèbè	bèkèkè	
Kokenn	kokennchenn	
Chich	chichi	
Kraze	krabinen	

W. Ann ekri. Non konpoze: trouve orijin oubyen siyifikasyon mo ak ekspresyon sa yo. Can you find the origin and the meaning of the following words and expressions?

Non an blok[8]	Origen (French)	English
Lematen	Le matin	**Morning [each]**
Leswa		
Alafilendyèn		
Ankachèt		
Doubsis		
Luildoliv		
Machinalave		
Sizèdimaten		
Sizoka		
Lepremye		
Pakapala		
Palemwadsa		
Tekitizi		
Kòmkidire		
Jeretyen		
Kèlkilanswa		
Kòmsadwatèt		
Paspouki		
Sanzatann		
Toudenkou		
Dekiprevyen		

[8] For a complete list of this type of words, please see Pierre Vernet, Techniques d' Écriture du Créole Haïtien, p. 101.

Dekimannigans		
Ayayay		
Wololoy		
Malpouwont		
Anverite		
Alalong		
Komatiboulout		
Sanpèditan		

X. Ann ekri. Fòmasyon mo ak ekspresyon kreyòl ak: gran, gwo, machann, pye, san, sou, vant)

NO	KREYÒL	ENGLISH	SENTENCE
1	Granchire	Braggart, show-off	
2	Granfòma	Know-it-all, show-off	
3	Granpanpan	Pretentious person	
4	Grandizè	Braggart, show-off	
5	Grannèg	VIP	
6	Granmanjè (afre)	Gready; politicalcorruption	
7	Granzòrèy	Analphabet (big ears)	
8	Gwobwa	VIP (Very Important Person)	
9	Gwosoulye; gwosore	Grotesque	
10	Gwozouzoun	A rich person	
11	Machann lèt	Milkman	
12	Machann flè	Vendor of flowers	
13	Machann vyann	Butcher	
14	Pye bwa	Tree	
15	Pye zanmann	Almond tree	
16	San lespri	Foolish, stupid	
17	Sannen	Shameless, bashless	
18	Sanwont	Shameless, bashless	
19	Sankoutcha	Without decorum	
20	Sanmanman	Vagabond, wandering	
21	Sansantiman	Without modesty	
22	Sou dan	Be ill, be sick	
23	Sou vant (dòmi)	On the belly (without eating)	
24	vant deboutonnen	Full belly (to eat a lot)	
25	Vant mennen (vant lib, vant pase)	Diarrea	

Pwonon / Pronoun

Kalite pwonon

Gen sis kalite pwonon: pwonon pèsonèl (e reflechi), pwonon demonstratif, pwonon posesif, pwonon relatif, pwonon entèwogatif ak pwonon endefini.

Types of pronouns

There are six kinds of pronouns: personal pronouns (and reflective), demonstrative pronouns, possessive pronouns, relative pronouns, interrogative, and indefinite pronouns.

9.1 Pwonon pèsonèl /

KREYÒL		ENGLISH		
Fòm long	Fòm kout	Subject (nominative)	Complement (objective)	Possessive
Mwen	M			
Ou	W			
Li	L			
Li				
Li				
Nou	N			
Nou	N			
Yo	Y			

1. Li se mwen, mwen se li tou. Chat pati; li kouri, l kouri, l kouri jous li about.
2. M travay, ou rekòlte; li simen, ou ranmase; nou mete ansanm; wap peye sa; yo bannou panzou. Yap peye sa chè. Se yo menm kap peye.

9.2 Pwonon pèsonèl reflechi

Kreyòl	English
Mwen menm	
Ou menm	
Li menm	

Nou menm	
Nou menm	
Yo menm	

9.3 Rapèl sou **Pwonon pèsonèl**

Sijè	**Konpleman**	**Adj. posesif**	**Pwonon posesif**
Mwen (I)	Mwen (me)	Mwen (my)	Pa (pou) mwen (mine)
Ou (you)	Ou (you)	Ou (your)	Pa (pou) ou (yours)
Li (he/she, it)	Li (he/she, it)	Li (his, her, its)	Pa (pou) li (his, her, its)
Nou (we)	Nou (we)	Nou (our)	Pa (pou) nou (ours)
Nou (you)	Nou (you)	Nou (our)	Pa (pou) nou (ours)
Yo (they)	Yo (they)	Yo (they)	Pa (pou) yo (theirs)

9.4 Obsèvasyon sou pwonon yo

a) **li**=ni apre yon mo ki fini an « n » ; vann ni ; pann ni; reponn ni (se pa tout moun ki respete règ sa)

b) **mwen, ou, li** (ni) **nou, yo** a la fwa se pwonon pèsonèl, adjektif posesif e pwonon posesif (si yo plase apre mo pa).

c) **menm, pou kò, pou tèt**, se pwonon pèsonèl reflechi: Ou nèg pou kò ou !

d) Gen moun ki itilize **sa e sila** san distenksyon. Sa ta dwe deziye bagay ki pi pre; sila ta dwe deziye bagay ki pi lwen.

e) **Zòt** se pwonon endefini (gen moun ki di tou : ti mal)

9.5 Pwonon posesif yo. Konplete tablo a /Possessive pronoun. Complete the table.

MASKILEN / FEMINEN SENGILYE	ENGLISH	MASKILEN / FEMINEN PLIRIYÈL	ENGLISH
Pa mwen (pa m) ; kinan m	Mine	Pa mwen yo	Mine
Pa ou (pa w); kina w	Yours	Pa ou yo	Yours
Pa li (pa l); kina l		Pa li yo	
Pa ou (pa w); kina w		Pa ou yo	
Pa nou (pa n); kinan nou		Pa nou yo	
Pa yo; kina yo		Pa yo a	
Se machin Lina			
Se machin li			
Se pa li			
Machin Lina a			
Se pou li (se kina li)			

Note byen: Pafwa, moun nan nò peyi a ajoute yon atik apre dènye mo a: sa se pa mwen ; sa se pa mwen an ; sa se pa m nan; sa se kinan m, sa se kinan mwen an ; sa se kinan m nan.

Yo anplwaye de atik e yo menm chanje yo plas: Sa se kay mwen an; sa se kay an mwen; sa se kay anm; sa se fanm mwen; sa se fanm mwen an; sa se fanm anm. Lè sa a, moun nan lòt zòn peyi a kapab twouve fason pale sa a dwòl. Poutan, gen moun ki kwè se moun nan nò ki pale vrè kreyòl la, paske yo pa melanje l ak franse.

Notes: Sometimes, in the northern region of Haiti, people used to add an unnecessary article after the last word: Sa se pa mwen an (sa se pa m nan; sa se kinan m nan; sa se kay mwen an. Often, they use two articles and change the order of the words: Sa se kay mwen an; sa se kay an mwen an; sa se kay anm nan; sa se fanm mwen; sa se fanm mwen an; sa se fanm anm nan. This way of talking may appear inappropriate for the rest of the country. However, people believe it is in that region where the real Creole is spoken. There is less or no French mixture or interference.

9.6 Pwonon demonstratif / **9.6 Demonstrative pronoun**

Sa	Sila	This
Sa a	Sila a	That
Sa yo	Sila yo	These
Sa a yo	Sila a yo	Those
Zòt	Lezòt	Those

Egzanp: Moun ki manje nan pen sa a, ap gen lavi nètale. Moun sa a yo pito mouri, kay yo brile, lang yo sove. Zòt toujou ap pale an daki.

9.7 Pwonon relatif / Relative pronoun
Maskilen sengilye /Feminen sengilye; Maskilen pliryèl/Feminen pliriyèl

Pronouns	Kreyòl	FRAZ KREYOL
That	Sa ki, sa yo ki	Sa ki fache, anbake ; sa yo ki pa konnen, pa pale
Who	Ki, ki moun ki	Moun ki gen kè yo senp, y a monte jwenn Bondye
Which	Li mennm ki, yo menm ki	Machin nan menm ki an pàn nan dwe ale nan garaj
Whom	[A] ki moun, pou ki moun	Ki moun w ap bay kado sa a?
Whose	De ki, de ki moun,ki genyen…	Ki moun ki mèt liv sa a?
What	Ki, [ke]	Ki sa w di la a?

Note byen: Atansyon a KE. An reyalite, lang kreyòl la pa itilize pwonon "ke". Se sitou moun ki pale franse ki plis ap fè tradiksyon konsa. Jan pawòl la di: **Kreyòl la koupe tout "ke".** Egzanp: Jan ke m wè l la, lapli pral tonbe (enkòrèk); jan m wè l la, lapli pral tonbe (kòrèk).

1) Fraz ak ki: Obsève pwonon relatif sa yo (relative pronoun)

Kreyòl	English
Moun ki mouri zafè a yo.	
Sa ki vini, nap sèvi l	
Sa yo kap koute a dwe pran nòt	
Moun sa yo pito mouri, kay yo brile, nanm yo sove	
Se moun ki malad ki bwè grenn	
[Se] Sòt ki bay, enbesil ki pa pran	

9.8 Pwonon entèwogatif ak entèwonegatif

KREYÒL	ENGLISH	EGZANP
Ki moun?		Ki moun ki la a?
Ki?		Ki sa sa ye?
A ki moun? Pou ki moun?		Ak ki moun ou vini?
Kiyès, kilès nan...(sa) yo?		Kilès [nan nou] ki vle travay kòm volontè? Kilès nan sa yo ou vle?
Pou ki moun?		Pou ki moun laptop sa ye?
Ak ki moun?		Ak ki moun ou t ale?
Ak ki kle?		Ak ki kle ou louvri pòt la?
Se pa...sa ?		Se pa Magi sa?

9.9 Pwonon endefini. Try to understand and comment these sentences.

1. Tout moun ki sou tè a, dwe viv tankou pitit Bondye.
2. Pa gade sa lòt moun ap fè pou fè l tou.
3. Anpil moun pa konnen ki sa sa ye renmen.
4. Tanpri, fè kichòy pou mwen. Sa ou fè l a bon
5. Sa ou fè a, pa gen tankou l.
6. Pa jije pèsòn sou laparans. Rad pa moun.
7. Elèv sa yo entelijan anpil
8. Kote moun sa yo soti?
9. Chak moun gen yon grenn zanno kay òfèv.
10. Tout moun se moun
11. Pitit sòyèt pa gen tout chans pou l reyisi
12. Chak moun gen yon wòl pou l ranpli nan sosyete a.
13. Dènye moun ap plede di ala chans Mari genyen.
14. Se pou yonn renmen lòt menm jan Jezi renmen nou.
15. Gen kèk bagay ki pa nan plas yo.
16. Fò nou tout ansanm fè youn.

K	L	E	P		
K	R	E	Y	O	L

EGZESIS-DEVWA / ASSIGNMENT

Saktefèt(revizyon)?
Sakafèt (pwogram)?
Sakpralfèt (pwojè)?

A. Obsève e kòmante pwonon endefini sa yo. Observe and comment

NO	KREYÒL	ENGLISH	FRAZ AN KREYOL
1	Anpil		Anpil moun te vini nan konferans lan
2	Anyen		M pa gen anyen pou m ba ou; Pa gen anyen ki mal nan sa.
3	Chak moun		Bouch chak moun fann pou yo manje
4	Kèk		Kèk ane anvan, lavi a te pi fasil.
5	Kèk moun		Kèk moun pa dakò ak lide a
6	Ki; ki mèt, nenpòt ki moun; nenpòt ki bagay.		[sa] ki mèt kaye sa a?
7	Kichòy		Fè kichòy pou mwen souple
8	Lòt moun		Kite lòt moun di sa
9	Lòt, zòt (pi endefini)		Pa lage tout tò a sou zòt
10	Nenpòt (ki moun/ bagay)		M pa nenpòt moun, non.
11	Ni		Ni mwen ni ou, nap mouri yon jou
12	Okenn		Okenn moun pa di non
13	Pèsonn		M pa nan jwèt ak pèsonn!
14	Plis		Pi plis pase sa se lanmò
15	Plizyè		Si plizyè moun di l, sa kapab vre
16	Swa		[se] swa ou vini kounye a, swa ou rete nèt
17	Tankou		Diri madan Gougous pa gen tankou l
18	Tèl		Pa vin di m tèl bagay chòy (do not tell me such a type of things)
19	Ti		Ti patat fè chay (a little makes a mickle)
20	Toulede		Nou toulede mèt vini
21	Tout		Tout sa nou di yo enpòtan

22	Tout bagay		Tout bagay ap fini
23	Tout moun		Tout moun se moun
24	Yon moun		Yon moun ap mande pou ou deyò a
25	Youn (yonn); nou		Youn di lot (one person tells to the other)
26	Youn …lòt		Se pou yonn renmen lòt

Ki bagay sa? ______________________

Krik! Krak! Moun ki fè l vann li; moun ki achte l fè kado l; moun ki resevwa l pa sèvi avè l. Ki bagay sa?

B. Egzèsis ak devwa pou revizyon, refleksyon, diskisyon oubyen konplete.

KREYOL	Kòmantè
1) Eske pwonon yo chanje fòm yon vèb an kreyòl? 2) Kòmante fraz sa a dapre estrikti li: Kote ki gen kou pa gen chenn, kote ki gen chenn pa gen kou. 3) Kilè nou kapab abrevye pwonon yo? 4) Kòm _____, mwen, ou, nou, li, yo plase_______________. Kòm ________, to plase _____________________.	

C. Èske ou konn tande ekspresyon sa yo. Pawòl la di:

Pawoli (daki)	Possible meaning
Pito m mande pase m vòlè; mezanmi m pa fin dakò; pito m travay pase m mande.	
Chemen lajan pa gen pikan	
Lawouze fè chèlbè toutan solèy poko leve	
Pito n mouri kanpe pase pou n ap viv ajenou	
Kan je pran kou, nen kouri dlo.	
Tande ak wè se de	
Lè ou trò bon, ou tounen bonbonyen	
Chen ak chat pa janm byen	

D. Pran men ou (be careful)

KREYOL	ENGLISH
Nou di n ap mache ansanm, men n pa fè menm wout	
M ap al anwo, w ap al anba.	
Lè m vire adwat, ou vire agoch.	
Lè m gade anlè, ou gade atè.	
Lè m fè yon pa kita, ou fè yon pa nago.	
Lè m sou bò ou, ou pa sou bò m.	
Lè m sou kote ou, ou nan mitan.	
Lè m [bò] isit, ou [bò] lòtbò.	
Lè m devan, ou dèyè.	
Lè m bò tab la, ou anba tab la.	
Lè m wè solèy, ou wè zetwal.	
Lè m wè li nwa, ou wè li blan.	
"N ap fè lago lago ti sangle ».	
"Pase pran m, m a pase chache ou ».	
"Pase isit n a kontre lòtbò ».	
Ou ta di se lèt ak sitwon.	
Ou ta di se disèl ak kalomèn.	
Ou ta di se disèl ak zonbi.	
Ou ta di se lajounen ak lannuit.	
Ou ta di se djab ak lakwa…	
Si n ap fè wout la ansanm, nou dwe pale.	
Nou dwe gade nan menm direksyon. (Otè: Tercius Belfort)	

E. Ann ekri. Obsève ekspresyon sa yo e fè yon fraz an kreyòl

Kreyòl	English	Fraz an kreyòl
Pou tèt		Pa fè twòp lwanj pou tèt ou
Pou kont (pou kò)		
Mwen menm		
Ou menm		
Li menm		
Nou menm		

Nou menm		
Yo menm		
Mwen menm menm		
Map travay pou tèt mwen		
Yonn... lòt / youn... lòt		
Yo kite m pou kont mwen		
Se pou youn renmen lòt, menm jan mwen renmen nou		

F. Ann li.

Repete kòmante e ranplase	English equivalent summary
Repete a hot vwa an ranplasan mo ou ekspresyon ki souliye yo: M voye <u>yon gwo kout chapo</u> pou ou (yon bouke flè, di ou mèsi, yon kado pou ou ; mande ou eskiz; yon enfòmasyon…) Konplete: Pa banm (manti vèt pou mi, presyon, chalè). Pa (anmède m, fòse m; penchenn mwen; pichkannen m, toupizi m, gade m). Kòmante: Kijan ou konprann repetisyon sa yo: Yo manje tout manje a. Pale pale ou. Antann pou n antann nou. Li piti anpil anpil. Li mouye byen mouye. Li tranpe byen tranpe. Li vire vire l lale. Li manje manje bliye. Li joure m byen joure (she rips me apart). Li lave m byen lave (she runs me out). Si ou dwe chango se pou ou peye chango. Ou louvri pòt la gran louvri. Ou do (dwe) fou! Ou do anraje! M suiv sa m suiv la men m pa sa m suiv la. Li tèlman bon, li tounen bonbon. Bonbon fè bonbonyen. Yo kraze mche (fini ak; maspinen; krabinen, enfim…) byen kraze. Li tèlman sen, se legliz yo poko mete li.	

G. Li e kòmante: **Moun sa yo toujou nan hing hang (nan chire pit, ap voye baton sou timoun, nan diskisyon, ap pale anpil; nan meli melo, nan yon divizyon, nan yon rale mennen kase…)**

H. Konplete e repete**: Chak maten, li <u>mennen timoun nan nan gadri</u>, (leve bonè, fè lijyèn li…)**

I. Li, kòmante e konplete: **<u>Pinga</u> ou mele nan sa k pa pou ou (atansyon, danje, pran prekosyon; mete dlo nan diven ou…)**

J. Li, konpare e kontinye sou modèl sa yo: **Èske se timoun kap mennen granmoun oubyen se granmoun kap mennen timoun? (Is the dog wagging the tail or is the tail wagging the dog?). Èske se panse ki te la anvan pawòl o se pawòl ki te la anvan panse? Èske se lasyans ki pi enpòtan pase la teknik ou se la teknik ki pi enpòtan pase lasyans? Èske se bab ki pi enpòtan pase manton ou se manton ki pi enpòtan pase bab? Èske se kiyè ki pi enpòtan pase plat…**

Fè yon fraz kote chak mo sa yo parèt a lafen: wi, non, tande, papa, en, ou, monchè, ti pap, gason.

K. Kontinye konvèsasyon an: **Kleyàn mande / èske ou vle /kafe ak lèt (ti bonbon sèl; desè; mayi moulen; diri ak pwa; byè; likè; disèl; espageti; vyann; enpe dlo; aperitif; ji, manje, bwè, fimen, pale, rele, ale, pwonmennen, soti, dòmi, danse…)**

L. Ann ekri.

Itilize pwonon, lè sa nesesè	Tèks korije
Mari malad. Mari kouri prese prese ale lopital paske Mari pè mouri. Lè nou wè Mari apral lopital, nou pale k Mari. Nou di mari Mari a li pa bezwen pè nonplis, paske se pa tout maladi ki touye moun. Maladi sa a pa mòtèl. Se yon maladi tout moun ka genyen. Pa konsekan, Mari pa bezwen pè maladi sa a pou Mari kouri konsa ale lopital. Nou rive konprann Mari se yon tifi ki kapon anpil anpil. Nou kwè Mari ak Jozèf se de moun kapon. Mari ak Jozèf kouri lopital pou ti krik ti krak. Mari ak Jozèf pa pran san yo pou yo reflechi. Men, Mari menm toujou a plede di atansyon pa kapon e se mèt kò ki veye kò. Nan ka sa nou bay Mari ak Jozèf rezon.	

K. Ann ekri. Traduzca al kreyòl

a) I want to go to the hospital
b) Mary is beautiful
c) The English class is important
d) We do not know what you say
e) I am glad to meet you
f) Thank you very much
g) I love you a lot
h) Do not give up
i) I appreciate your visit
j) I am glad to see you

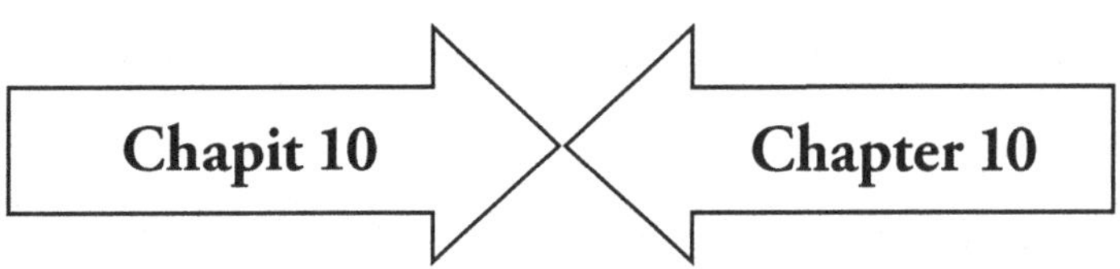

Adjectif / Adjective

10.1 Adjektif kalifikatif / Qualifier adjectives

Kreyòl

Adjektif se mo ki dekri ou modifye yon moun ou yon bagay nan yon fraz. Nan ka sa a, atik yo se adjektif tou.

Klasifikasyon. An kreyòl, dapre kote yo plase, yon adjektif kapab: **aderan, apozitif e prediktif...**

10.1.1 Adjektif aderan. Adjektif sa yo plase anvan non yo. Anpil nan yo kole (fè yon sèl) ak mo yo modifye a: bèl rad; dènye moun; monpè; jènjan; potorik gason; ansyen sèjan; bon gason; gwo soulye; gran manjè; lotrejou; moveje; ti kay; ti ratay gason; vye kay; malveyan; anpil moun.

10.1.2 Adjektif apozitif. Yo plase apre non yo, menm jan avèk atik define yo. Moun sòt; chemen koupe; jaden lwen; rad wouj.

10.1.3 Adjektif prediktif. Yo plase apre yon vèb. Li malad; manje a santi bon; se pou sa li koute chè.

10.1.4 Adjektif deskriptif. Yo plase apre non yo dekri a: Gason lakou; chen chas; gason kanson.

10.1.5 Adjektif pwòp. Yo se yon non pwòp ki itilize kòm adjektif: Yon liv **angle**; yon fanm **jakmèl**; moun **pòtoprens**.

English

Adjectives are words that describe or modify another person or thing in a sentence. The Articles are adjectives too.

According to their position, Creole adjectives can be: adherent, apositive, predictive, and descriptive. There are 7 types in total.

10.1.1 Adherent adjectives. There are placed before the nouns. Some of them are attached (adhered) to the main noun: bèl rad (beautiful dress); dènye moun (everybody); monpè (my father, my priest); jènjan (a young man); potorik gason (a big man); ansyen sèjan (old seargent); bon gason (a good man); gwo soulye (rude person); gran manjè (greedy); lotrejou (days ago); moveje (bad person); ti kay (little house); ti ratay gason (a short man); vye kay (old house), malveyan (a bad person); anpil moun (a bunch of people).

10.1.2 Apositive adjectives. They are placed after the nouns (as the definite articles). Moun sòt (silla persons); chemen koupe (shorter road); jaden lwen (far garden), gonbo di; rad wouj (red dress).

10.1.3 Predictive adjectives. They are also placed after the verbs (as the definite articles). Li malad (he is sick); manje a santi bon (the food smells good); se pou sa li koute chè (it is why it costs so much).

10.1.6 Adjektif komen. Yon rad ble; yon dola ayisyen; yon chemiz wouj.

10.1.7 Adjektif an –adò. Yo eksprime abitid e yo soti jeneralman nan lang panyòl: babye, babyadò; fouye, fouyadò (fouyapòt); bliye, bliyadò; mize, mizadò; pale, paladò; fimen, fimadò. (wè diksyonè an kat lang lan)

10.1.4 Descriptive adjectives: Gason lakou (the house guard); chen chas (the dog hunter); gason kanson (a wise, a total man).

10.1.5 Proper adjectives. Yon liv **angle** (an English book); yon fanm **jakmèl** (a Jacmelian wife); moun **pòtoprens** (a Port-au-Prince dweller).

10.1.6 Common adjectives. Yon rad ble (a blue dress); yon dola ayisyen (a Haitian dollar); yon chemiz wouj (a red shirt).

10.1.7 Adjectives in -adò. Some adjectives in –adò express habits; they come generally from the Spanish: babye, babyadò; fouye, fouyadò (fouyapòt); bliye, bliyadò; mize, mizadò; pale, paladò; fimen, fimadò.

Rapèl: a) Onz (11) Adjektif aderan (kolan) sa yo plase toujou anvan mo yo dekri yo:

Bèl	jèn...	bon	vye
Dènye	potorik	gwo	
Mon...	ansyen...	gran...	anpil

Note byen

Kreyòl

"Anpil" se adjektif lè l plase anvan yon non. "Anpil" se advèb lè l plase apre oubyen nan fen yon fraz: anoil moun; moun yo te anpil toutbon.

An kreyòl, menm jan ak anglè, adjektif kalifikatif yo pa chanje o feminen. Egzanp: Yon fi poli, yon gason poli.

English

When the word "anpil"is placed before a noun, it is adjective (egz.: M wè anpil moun); when it is placed after or at the end of a sentence, it is an adverb (moun yo te anpil vre), yo manje anpil

In Creole, as in English, qualifier adjectives do not change in the feminine gender. Yon fi poli, yon gason poli (a polite women, a polite man)

10.2 Konkòdans adjektif yo (agreement of the adjectives)

KREYÒL	ENGLISH
Adjektif kalifikatif pa chanje opliriyèl ni an kreyòl, ni an anglè. Ex. Jan ak Jak entelijan; mesye ak madanm sa yo byen edike.	Qualifier adjectives do not change in Creole, or in English. Jan ak Jak entelijan; mesye ak madanm sa yo byen edike (Jan and Jak are intelligent; this man and this woman are well educated)

Jan ak Janèt se de (2) gwo **parece**	Jean and Jeannette are two great lazy persons
Nwa e wouj se de koulè **diferan**	Black and red are two different colors
Chen ak chat pa janm **zanmi**	Dogs and cats are never good friends
Koulè drapo ayisyen an se ble e wouj	The colors of the Haitian flag are blue and red.
Yon bèl ti moun	A beautiful child
Bourik ak milèt se de bèt tèti	The ass and the mule are both stubborn
Fregat la travèse zòn yo ak yon fòs, yon vitès, ak yon rapidite pwodijyez	The boat crosses the airs with a prodigious impetu, velocity, and rapidity
M ta renmen manje kèk nwa oubyen kèk pòmdetè byen kuit	I would like to eat some nuts or a well done cooked potato
Chak moun ap chèche yon okipasyon oubyen yon pwofesyon ki bay lajan	Everyone looks for an occupation or a lucrative profession
Lòm, tankou lyon, se kanivò.	The man, as the lion, is a carnivorous

10.3 Konparezon adjektif yo. Comparison of qualifier adjectives

Kreyòl		English	Yon fraz
Pozitif	-		Ti Pòl gwo
Konparatif egalite	Osi…[ke]; menm jan ak	As...as	Ti Pòl osi gwo ke Jak
Konparatif enferyorite	Mwen (s) …[ke]:	Less ...than	Jak mwen gwo ke Pyè
Konparatif siperyorite	Pi (pli / s)…pase:	More...than	Leyon pi gwo pase Lina
Sipèlatif relatif	Anpil: anpil, anpil	A lot	Lina mens anpil anpil
Sipèlatif absoli	Anpil, anpil; trè:	The most, very much	Linda li menm trè trè mens.

Egzèsis de ranfò. Souliye mo ki fè konparezon adjektif nan chak fraz.

Kreyòl
Jano pi pwòp pase Jil
Jil mwen pwòp [ke] Jano
Jak osi pwòp [ke] Jano o Jak pwòp menm jan ak Jak
Jilbè se yon ti flannè ki trè pwòp
Manje a bon anpil anpil
Mwen wè yon bèl bèl otobis deyò a
Note byen: Mo sa yo bay sipèlatif la plis fòs; plis jarèt: **papa, manman, manman penba, katafal, potorik, kokennchenn** etc. Ej. A la yon istwa papa! (What history!); Gade yon manman bèf non! (how big is this cow!)

10.4 Adjektif iregilye. Fòm espesyal kèk adjektif (special forms of the adjectives)

KREYÒL	ENGLISH
Bon / byen; pi bon, miyò	Good, better, the best
Mal; pi mal	Bad, worst, the worst
Anpil, plis	Much, more
Piti, pi piti, mwens	Less, little, very tiny

10.5 Adjektif posesif /possessive adjectives

KREYÒL			EGZANP
Maskilen sengilye	Feminen sengilye	Pliriyèl (maskilen-feminen)	Maskilen, feminen, sengilye ou pliriyèl
-mwen (m)	-mwen (m)	-mwen (m) yo	Kay mwen, kay mwen an, kay mwen yo
-ou (w)	-ou (w)	-ou (w) yo	Kay ou, kay ou a, kay ou yo
-Li (l)	-Li (l)	-Li (l) yo	Kay li, kay li a, kay li yo
-Nou	-Nou	-Nou yo	Kay ou, kay ou a, kay ou yo
-Nou	-Nou	-Nou yo	Kay nou, kay nou an, kay nou yo
-Yo	-Yo	-Yo a	Kay yo, kay yo a, [kay a yo]

Radyo nasyonal se pa m, se pa ou, se pou nou tout!

10.6 Adjektif demonstratif /demonstrative adjectives

Kreyòl	
Sa; sa a	This
Sila, sila a	That
Sa yo; sa a yo	These, those
Sila yo, sila a yo	These, those
N.B. A, SA, SILA: a) An kreyòl **"a" itilize kòm ranfò.** Egzanp: Machin sa a chè; wòb sila a bèl; chen sa yo move anpil; kay sila a yo fèt an tòl. b) Kèk moun itilize "sa"olye de "sila" e **vice versa**. Lòt moun itilize "sa" oubyen sila jan yo vle. Se yon rejyonalis: zo sa a pa di.	**N.B:a) The particle "a" is used as reinforcement.** Ex.: This car is expensive; that skirt is beautiful; these dogs are very dangerous; those houses are covered with zinc. b) Some persons used "sa" instead of "sila" and vice versa. It is a regionalism.

10.7 Adjektif entèwogatif (interrogative adjective): Ki = what

KI…Konplete kesyon an
Ki moun: Ki moun ou ye? Ki moun ki la a? Ki moun ki voye w?
Ki bagay: Ki bagay ou vle?
Ki sa: Ki sa sa ye?
Ki jan: Ki jan w rele?
Ki kote: Ki kote w soti
Ki bò: Ki bò w mete kle a?
Ki sa k: Ki sa k pase?
Ki lè: Ki lè w ap vini?
Ki mele m: Ki mele m avèk pwoblèm ou?
Ki mele m ak: Ki mele m ak djòlalèlè yo?
Ki jou: Ki jou w ap pati?

10.8 Adjektif endefini. Ann konplete tablo a ansanm

	Kreyòl	English	Fè yon fraz
1	Anpil	Much, many, several	Anpil moun pa konnen sa sa ye renmen.
2	Chak	Each, every	
3	Kèk	Some	
4	Ki	What	
5	Kichòy, kèk bagay	Some, any, someone	
6	Kokenn	Very big	
7	Kokennchenn	Enormous	
8	Lòt (re); zòt	Other, others	
9	Menm	Same	
10	Nenpòt; nenpòt ki moun	Anyone, whoever, whatever, whichever, any, anyone	
11	Okenn	No one, nobody	
12	Plizyè	Several	
13	Sèten	Certain, some	
14	Tèl	Such	
15	Tout	All, every	

10.9 Koulè yo an kreyòl

Kreyòl	English
Blan	White
Ble	Blue
Jòn	Yellow
Jònabriko	Orange
Kaki	Tan
Kannèl	Rust-colored
Krèm	Cream
Mawon	Brown
Mov	Purple/lavender
Nwa	Black
Vyolèt	Violet
Wouj	Red
Wouj fonse	Deep red
Wouj grena	Burgundy
Wouj pal	Light red
Woz	Pink

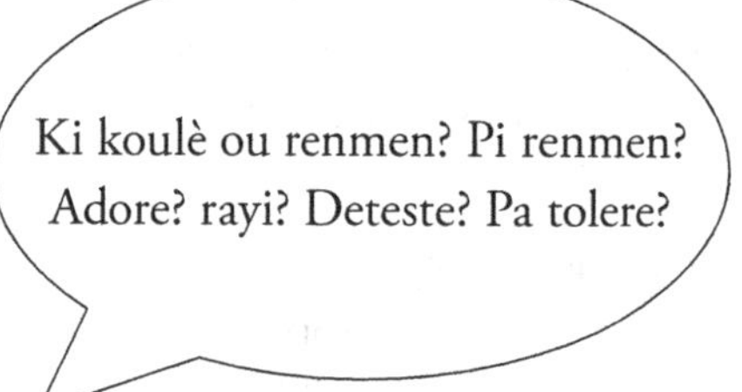

Reveye w. Ki koulè lakansyèl genyen? Sa sa vle di lè yon moun di ou an Ayiti lap fè ou wè sèt koulè lakansyèl?

10.10 Teyori Sapi-Wòf sou zafè koulè. Observe and discuss this theory.

Teyori Safi-Wòf sou zafè koulè a	Sapir-Whorf theory related to colors
Dapre teyori Safi ak Wòf, **nan lemonn antye, chak langaj genyen o mwen de koulè: nwa ak blan**. Men ki jan koulè yo parèt: Nwa, blan, wouj, vèt, jòn, ble, mawon, poup ak woz.	According to Sapir-Whorf's theory, universally, every language has at least two color words: black and white. Below is the table of colors, according to this theory.

COLOR	2 C	3 C	4 C	5 C	6 C	7 C	7+NC
2	Black &white						
3		2 +Red					
4			3 +Green or yellow				

5				4+ green and yellow			
6					5+blue	6+brown	
7							7+purple, pink, orange or gray
7+n							

10.11 Koulè ak koulè derive. Ki sa nou remake sou kijan adjektif yo fòme? Mete yo an anglè.

COLOR	KREYÒL	ENGLISH
Black	Nwarat	Blackish
Red	Roujat	
White	Blanchat	
Blue	Bleyat	
Yellow	Jonat	
White and yellow	Blan jonat	
Brown and yellow	Bren jonat / mawon jonat	
Green and yellow	Vè jonat	
Brown and grey	Bren grizat	

10.12 Nimewo kadinal (cardinal numbers). Kreyòl la di: De se kont, twa se peche. Lòm konte, Dye kalkile. Byen konte, mal kalkile.

KREYÒL			ENGLISH
Zero	0	-	Zero
en	1	I	One
de	2	II	Two
Twa	3	III	
Kat	4	IV	
Senk	5	V	
Sis	6	VI	
Sèt	7	VII	
Uit	8	VIII	
Nèf	9	IX	
Dis	10	X	

Onz	11	XI	
Douz	12	XII	
Trèz	13	XIII	
katòz	14	XIV	
kenz	15	XV	
Sèz	16	XVI	
Disèt	17	XVII	
Dizuit	18	XVIII	
Diznèf	19	XIX	
Ven	20	XX	
Venteyen	21	XXI	
Vennde	22	XXII	
Venntwa	23	XXIII	
Vennkat	24	XXIV	
Vennsenk	25	XXV	
Vennsis	26	XXVI	
Vennsèt	27	XXVII	
Ventuit	28	XXVIII	
Ventnèf	29	XXIX	
Trant	30	XXX	
Tranteyen	31	XXXI	
Trannde	32	XXXII	
Tranntwa	33	XXXIII	
Trannkat	34	XXXIV	
Trannsenk	35	XXXV	
Trannsis	36	XXXVI	
Trannsèt	37	XXXVII	
Trantuit	38	XXXVIII	
Trantnèf	39	XXXIX	
Karant	40	XL	
Karanteyen	41	XLI	
Karannde	42	XLII	
Karanntwa	43	XLII	
Karannkat	44	XLIV	
Karannsenk	45	XLV	

Karannsis	46	XLVI	
Karannsèt	47	XLII	
Karantuit	48	XLVIII	
Karantnèf	49	XLIX	
Senkant	50	L	
Senkanteyen	51	-	
Senkannde	52	-	
Senkanntwa	53	-	
Senkannkat	54	-	
Senkannsenk	55	-	
senkannsis	56	-	
Senkannsèt	57	-	
Senkantuit	58	-	
Senkantnèf	59	-	
Swasant	60	-	
Swasanteyen	61	-	
Swasannde	62	-	
Swasanntwa	63	-	
Swasannkat	64	-	
Swasannsenk	65	-	
Swasannsis	66	-	
Swasannsèt	67	-	
Swasantuit	68	-	
Swasantnèf	69	-	
Swasanndis	70	-	
Swasann onz	71	-	
Swasann douz	72	-	
Swasann trèz	73	-	
Swasann katòz	74	-	
Swasann kenz	75	-	
Swasannsèz	76	-	
Swasann disèt	77	-	
Swasanndizuit	78	-	
Swasanndiznèf	79	-	
Katreven	80	-	

Katreven en	81	-	
Katrevende	82	-	
Katreventwa	83	-	
Katreven kat	84	-	
Katreven senk	85	-	
Katreven sis	86	-	
Katreven sèt	87	-	
Katreven uit	88	-	
Katreven nèf	89	-	
Katrevendis	90	-	
Katreven onz	91	-	
Katreven douz	92	-	
Katreven trèz	93	-	
Katreven katòz	94	-	
Katreven kenz	95	-	
Katreven sèz	96	-	
Katreven disèt	97	-	
Katreven dizuit	98	-	
Katreven disnèf	99	-	
San	100	-	
San en	101	-	
San de	102	-	
San ven	120	-	
San vennsenk	125	-	
Sansenkant	150	-	
Sankatreven dis nèf	199	-	
De san	200	-	
De san en	201	-	
Twa san	300	-	
Twa san swasannkenz	375	-	
Kat san	400	-	
Senk san	500	-	
Sis san	600	-	
Set san	700	-	
Uisan	800	-	

Nèf san	900	-	
Mil	1000	-	
Mil san en	1101	-	
Mil kat san katreven douz	1492	-	
Mil uisan kat	1804	-	
Mil nèf san katreven kenz	1995	-	
Mil nèf san katreven dizuit	1998	-	
Lan de mil	2000	-	
De mil sèt	2007	-	
De mil dis	2010	-	
De mil trant	2030	-	
De mil karant	2040	-	

10.13 Adjektif nimeral òdinal (ordinal numbers). Konplete tablo a

KREYÒL	ENGLISH
Premye (1e)	**First**
Dezyèm (2èm)	**Second**
Twazyèm (3èm)	**Third**
Katriyèm (4èm)	
Senkyèm (5èm)	
Sizyèm (6èm)	
Setyèm (7èm)	
Uityèm (8èm)	
Nevyèm (9èm)	
Dizyèm (10èm)	
Onzyèm (11èm)	
Douzyèm (12èm)	
Trezyèm (13èm)	
Katòzyèm (14èm)	
Kenzyèm (15èm)	
Ventyèm (20èm)	
Trantyèm (30èm)	
Karantyèm (40èm)	
Santyèm (100èm)	

10.14 Obsèvasyon sistèm enimerasyon an kreyòl / About the enumeration in Creole.

Sum up by unit 1, 2, 3...	Units		Tens, eleven...		Sum up by ten, eleven...
20 (ven)	0	Zewo	10	Dis	70=60+10=70, 71...
30 (trant)	1	En, youn	11	Onz	71=70+1=71, 72...
40 (karant)	2	De	12	Douz	90=80+10=90, 91...
50 (senkant)	3	Twa	13	Trèz	91=90+11=91, 92...
60 (swasant)	4	Kat	14	Katòz	
80 (katreven)	5	Senk	15	Kenz	
	6	Sis	16	Sèz	
	7	Sèt	17	Disèt	
	8	Uit	18	Dizuit	
	9	Nèf	19	Disnèf	

Obsèvasyon: De 0 a 19 (li nòmalman). De 20 a 69 (ajoute en, de, twa...). De 70 a 79 (ajoute dis, onz...). De 80 a 89 (ajoute en, de, twa...). De 90 a 99 (ajoute 10, 11, 12...)

Food for thoughts: Repeat loudly the following chain of numbers:

1-11-21-31-41-51-61-71-81-91
2-12-22-32-42-52-62-72-82-92
3-13-23-33-43-53-63-73-83-93
4-14-24-34-44-54-64-74-84-94
5-15-25-35-45-55-65-75-85-95

6-16-26-36-46-56-66-76-86-96
7-17-27-37-47-57-67-77-87-97
8-18-28-38-48-58-68-78-88-98
9-19-29-39-49-59-69-79-89-99
0-10-20-30-40-50-60-70-80-90

10.15 Rule NT related to enumeration

KREYÒL

Obsève lèt t nan mo sa yo: veinteyen, ventuit, ventnè; tranteyen, trantuit, trantnèf; karanteyen, karantuit, karantnèf; senkanteyen, senkantuit, senkantnèf; swasanteyen, swasantuit, swasantnèf. Lèt **"t" a itilize devan 1, 8, 9.** Lèt «t» a chanje an «n» devan 2, 3, 4, 5, 6 e 7, ant 20 e 70. **Apre 80, lèt n nan pa sonnen.**

ENGLISH

Observe the Letter t in these words: veinteyen, ventuit, ventnè; tranteyen, trantuit, trantnèf; karanteyen, karantuit, karantnèf; senkanteyen, senkantuit, senkantnèf; swasanteyen, swasantuit, swasantnèf. The T is used before 1, 8 and 9. The letter "t" changes in "n" starting at 2, 3, 4, 5, 6 and 7, between twenty and seventy. This rule NT does not apply after eighty, because the n is not pronounced.

Summary of the rule NT

KREYÒL	ENGLISH
De 0 to 9 (zewo, en, de, twa, kat, senk ...)	N/A
De 10 to 19 (dis, onz...)	N/A
20, 21, 28, 29 (ven, venteye, ventuit ...)	From 22 to 27 (vennde, ventwa ... vennsèt)

30, 31, 38, 39 (trant, tranteyen... trantnèf)	From 32 al 37 (trannde, tranntwa...trannsèt)
40, 41, 48, 49 (karant, karantuit ...)	From 42 to 47 (karannde... karannsèt)
50, 51, 58, 59 (senkanteyen, senkantnèf...)	From 52 to 57 (senkannde... senkannsèt)
60, 61, 68, 69 (swasantuit, swasantnèf ...)	From 62 to 67 (swasannde, swasannsèt)
70, 71, 78, 79 (swasantonz...)	From 72 to 77 (swasanndouz ... swasanndisèt)
Fom 80 to 100	N/A

10.16 Operasyon matematik an kreyòl

10.16.1 Fraksyon (Fractions): ½ (en demi); 1/3 (en tyè); ¼ (en ka); 2/5 (de senkyèm); 1/6 (en sizyèm); 4/7 (kat setyèm); 1/8 (en uityèm); 1/9 (en nevyèm); 9/10 (nèf dizyèm); 1/20 (en ventyèm); 1/50 (en senkantyè) etc.

10.16.2 Miltip / multiple

KREYÒL	ENGLISH	EGZANP
Doub (2 fwa)	Double	
Trip (3 fwa)	Triple	
Kwadrip (4 fwa)	Quadruple	
Mitan (mwatye)	Half	
Yon tyè (1/3)	One third	
Yon ka (1/4)	One fourth	
Yon senkyèm (1/5)	One fith	

Plas adjektif kalifikatif yo an kreyòl vs an anglè **(THE 7 ROYAL ORDER OF ADJECTIVES:** DOSSACOMQN)

THE ROYAL ORDER OF ADJECTIVES									
Determiner	**Observation**	**Physical Description**				**Origin**	**Material**	**Qualifier**	**Noun**
		Size	**Shape**	**Age**	**Color**				
A	Beautiful	tiny	square	Old	black	Italian	iron	Touring	Car
An	Expensive	huge	round	Antique	white	American	silver		Mirror
Four	Gorgeous	thin	long-stemmed	new	red	Haitian	Silk	humid	roses
Her			short		black				hair
Our		Big		Old		English			sheepdog
Those			square				wooden	Hat	boxes
That	Dilapidated	Little						Hunting	cabin
Several	fast	Enormous		Young		American		basketball	players
Some	Delicious					Thai			food

Note byen: Adjektif yo pa okipe menm plas tankou sa fèt an angle. Ki kote adjektif kreyòl yo please?

K	L	E	P		
K	R	E	Y	O	L

EGZESIS-DEVWA / ASSIGNMENT

Saktefèt(revizyon)?
Sakafèt (pwogram)?
Sakpralfèt (pwojè)?

A. Ann ekri. Fè koresponn chak mo ki nan kare A ak yon mo ki nan kare B a dapre sans yo.

A	B
1. Legim nan	Dous
2. Zaboka a	fennen
3. Mang lan	fre
4. Zoranj lan	mi
5. Piman an	pare pou sa
6. Pwa a	pike
7. Sitwon an	santi bon
8. Manje a	sèch
9. Li	si
	vèt

B. Ann Ekri. Twouve opoze chak adjektif an kreyòl. Find the opposite for each adjective.

Kreyòl	Opoze	English	Opposite
An-aryè	Annavan	Behind	**Forward**
Ansyen	Resan, nouvo	Old	**New**
Asire	Pa sè sèten	Secure	**Insecure**
Atreyan			
Ba			
Bèl			
Bon			
Bon, kòrèk			
Briyan			
Byen			
Cho			

Danjere			
Di			
Difisil			
Dou, swa			
Dwòl			
Egi, file			
Entelijan			
Ennuiye			
Ere, kontan			
Estipid			
Etranj			
Etwa			
Fasil			
Fèb			
Fèmen			
Fewòs			
Fo			
Fò			
Fou			
Fre			
Frèt			
Goch			
Gran			
Gwo			
Gwosye			
Inosan			
Janti			
Jèn			
Kal			
Koupab			
Kout			
Kriyèl, mechan			
Lach			
Laj			

Lan			
Lèd			
Lejè			
Lis			
Long			
Lou			
Malad			
Maladwa			
Mens			
Mèveye			
Modèn			
Mouye			
Move			
Nòmal			
Nouvo			
Nwa			
Ouvè			
Piti			
Pòv			
Pwofon			
Pwòp			
Rans			
Rapid			
Repousan			
Reyèl			
Rich			
Sal			
San tach, imakile			
Sèk			
Sen, san pwoblèm			
Senp			
Sere			
Si, amè			
Ta			

Tache, gate			
Terenal, vilgè			
Tèrib			
Timid			
Trankil			
Vivan			
Vye, ansyen			
Wo (ro)			

C. Ann ekri. Chwazi nan lis ki pi ba a pou ranpli tablo a (Choose words in the list to complete the table) : **Avèg, bèbè, bege, bògn (boy), bwate, egare (sòt, enbesil), goche, inijanbis, kokobe, mancho, chòv, soud…**

DESKRIPSYON PWOBLEM NAN	EPITET YO BAY MOUN NAN	ENGLISH
Moun ki pa tande	Soud	A person who does not hear is deaf, dull
Moun ki pa mache byen		A person who does not walk well is lame, disabled, or scrippled
Moun ki pa wè		A person who does not see is blind
Moun ki pa pale		A person who does not speak is dumb
Moun ki pa kap mache		A person who does not walk is disabled
Moun ki pale ak difikilte		Stutterer, stammerer
Moun ki ekri ak men goch		A person who writes with the left hand is left-handed
Moun ki pa konprann anyen		A person who does not understand nothing is foolish, stupid
Moun ki gen yon sèl je		A person who has only one eye is one-eyed
Moun ki gen yon sèl bra		A person who has only one leg is one-armed, one-handed
Moun ki gen yon sèl pye		A person who has only one leg is one-legged

D. Ann ekri. Fòmasyon espesyal feminen adjektif yo / Special formation of the feminine of qualifier adjectives.

	KREYÒL	English	Example
1	Amonyak	Ammonia	
2	Ba	Low	
3	Bèl	Beautiful	
4	Blan / blanch	White	
5	Fatige	Tired	
6	SFavori	Favorite	
7	Fou, fòl	Crazy	
8	Fran / franch	Franck	
9	Fre / frèch	Fresh	
10	Gras	Fat	
11	Grèk	Greek	
12	Gwo, pwès, gwòs	Thick, big, pregnant	
13	Janti	Gentle, kind	
14	Jimo, jimèl	Twin	
15	Kapòt (machin)	Cover, hell lift	
16	Kreten	Silly	
17	Long	Long	
18	Malen	Malign	
19	Mou, mòl	Soft	
20	Nil	Null	
21	Nouvo / nouvèl	New	
22	Pa grav	Benign	
23	Pal	Pale	
24	Piblik	Public	
25	Rapid, eksprès	Express	
26	Raz	Plain, flat, smooth	
27	Rebèl	Rebelliousness	
28	Sèk / sèch	Dry	
29	Temwen	Witness	
30	Tik	Turk	
31	Twazyèm	Third	
32	**Vye, ansyen, vyeya**	Very old, obsolete	

E. Ann ekri. Fòmasyon espesyal feminen adjektif yo / Special formation of adjective. Match column A with column B.

A	B
1) Rayi chen, di dan l__________	Avoka
2) Li akouche, li fè de _________	Blan
3) Depi maten lap travay, li ________	Chanse
4) Li tèlman _________, li ______	Defigire
5) Gen moun ki renmen chita sou _______ machin nan.	Fatige
6) Ti fi a pa manke _______ papa; li pati e li pa janm tounen!	Fou
	Grangou
7) Yon tè ______, yon syèl _______; Jezi vini, tout bagay ________.	Jimo
	Kapòt
8) Poul la ______ anpil ; se pou sa nou pa kapab kenbe l.	Lib
9) Yon ________ kapab delivre ou, men li kapab kondane ou tou devan jij la.	Malen
	Nouvo
10) Pa okipe m. M ______, menm poko voye wòch.	

F. Ann pale. Konplete tab la. Complete the table

	Ekspresyon kreyòl	Expression in English
1	Ala yon bèl rad, papa!	
2	Ansyen sèjan sa ta touye ou ak kou	
3	Anvan w te vin yon potorik gason, se yon ti petevi w te ye	
4	Babyadò; (babye)	Someone who bubbles
5	Bèl fanm, bèl legede.	A nice woman is not necessarily a nice spouse
6	Bliyadò; (bliye)	Forgetfull
7	Chen chas	Hunting dog
8	Fimadò (fimen)	Smoker
9	Fouyapòt (fouye)	Researcher
10	Gad kalfou	The guardian of the corner
11	Gason kanson	A strong, clever, and total man
12	Gason lakou	The waiter of the house
13	Jaden lwen, gonbo di.	
14	Mizadò; (mize)	Who does not coming back soon
15	Monpè ak mamè ap sèvi legliz jous yo mouri	
16	Moun Mayami	The people of Miami
17	Pa konn li pa vle di moun sòt pou sa.	

18	Paladò (pale)	Talkative
19	Ti kochon ti san, gwo kochon, gwo san.	
20	Ti ratay gason sa a ap ale ak gwo konatra sa a.	
21	Wondonmon	
22	Yo di granmanjè leta yo pa konn pataje ak frè yo.	
23	Yon drapo ayisyen	
24	Yon fanm **Jakmèl**	
25	Yon liv **angle**	
26	Yon rad ble	

G. Ann ou li

1. Nan yon jou gen 24 è; inè gen 60 minit; yon minit gen 60 segond.
2. Yon ane òdinè gen 365 jou.
3. Kilè Kristòf Kolon te rive nan peyi sa yo: Lamerik, Pòto Riko, Ayiti, Kiba, La Dominik…?
4. Poukisa yo di 100 se nimewo ki pi mechan? 101 se nimewo Bouki; 103 se nimewo lanmou; 104 se nimewo vagabon; 105 se nimewo malere; 202 se nimewo Bondye ; 25 se nimewo yon soulye nèf.

H. Kiriyozite sou matematik:

- Valè absoli chif nan yon nonb plis 9 egal a valè absoli tout lòt chif yo san 9 la pa ladan l
- Nou jwenn tout chif yo nan 5 nimewo sa yo: 05-16-27-38-49
- Vwala se te yon lè, te gen yon ayisyen ki tap vizite Etazini. Li te ale nan yon reyinyon e yo te sèvi kafe ak lèt anvan fèt la. Li pran kafe a e li mete yon premye ti sache sik; li mete yon dezyèm sache, yon twazyèm, yon katriyèm, yon senkyèm, yon sizyèm, yon setyèm sache sik nan kafe a. Men gen yon kanmarad ki tap gade l ak kiriyozite. Tousuit apre, li kòmanse bwè kafe a. Kanmarad la di l konsa: Ey! Amitye, ou bliye yon bagay; ou bliye bwase kafe a wi! Li reponn kanmarad la: enben monchè, si m bwase l: l a twò dous! Yo di, an pasan, [ke] chak ayisyen se yon asko (HASCO).

I. Ann kòmante adjektif kouran sa yo

NO	Kreyòl	English	Sentence
1	Adorab	Adorable	
2	Agreyab, gou, delisye	Delightful, pleasant, agreeable	
3	Amikal	Friendly	
4	Amizan	Amusing	
5	An bwa	Wooden	

6	An lèn	Wooly	
7	An mwayèn, plizoumwen	Average	
8	Anbarase	Embarrassed	
9	Anchante	Enchanting	
10	Anfle, fè mal	Sore	
11	Anime, kontan	Cheerful	
12	Ankourajan	Encouraging	
13	Anmè	Bitter	
14	Annouye, anmède	Bored, annoyed	
15	Ansyen	Ancient, old	
16	Anvi, dezi	Eager	
17	Anvye	Envious	
18	Atache	Sticky	
19	Atantif	Alive	
20	Avilissan	Shameful	
21	Awogan	Arrogant	
22	Bèl, joli	Beautiful	
23	Blese	Hurt	
24	Blon	Blonde	
25	Bonè	Early	
26	Boulvèse	Upset	
27	Brav, kouraje, vanyan	Brave	
28	Brèf	Brief	
29	Briyan	Bright, noisy	
30	Chaman	Charming	
31	Chanse	Lucky	
32	Cho	Hot, warm	
33	Chokan, anfle	Bumpy	
34	Danjere	Dangerous	
35	Debachi	Used	
36	Defèt	Defeated	
37	Defi	Defiant	
38	Degoute	Disgusted	
39	Delisye	Delicious	

40	Demode	Old-fashioned	
41	Deprime	Depressed	
42	Detèmine	Determined	
43	Di	Hard	
44	Diferan	Different	
45	Difisil	Difficult	
46	Domestik	Homely	
47	Dosil	Tame	
48	Dou	Sweet	
49	Doute	Doubtful	
50	Dwa	Right, upright	
51	Efreye	Afraid	
52	Ekilibre	Poised	
53	Eksitan	Excited	
54	Elegan	Elegant	
55	Enèjik	Energetic	
56	Enfam	Infamous	
57	Enkapab, pòv	Helpless	
58	Enkyè (t)	Anxious	
59	Enposib	Impossible	
60	Enpòtan	Important	
61	Ensipid	Tasteless	
62	Ensolit	Unusual	
63	Entelijan	Clever	
64	Epè, pwès	Thick	
65	Epouvantab, tèrib	Frightful	
66	Eskape	Rough	
67	Estipid	Stupid	
68	Etenselan	Sparkling	
69	Etone, sezi	Frightened	
69	Etranj	Strange	
71	Etwat	Narrow	
72	Eveye	Alert	
73	Fache	Angry	
74	Fame	Famous	

75	Fantastik	Fantastic	
76	Fantezi, kaprisye	Fancy	
77	Fasil	Easy	
78	Fasinan, sòsye	Glamorous	
79	Fatige	Tired, weary	
80	Fèb	Weak	
81	Fèm	Steady	
82	Fen	Slim	
83	Fenyan	Coward	
84	Fewòs	Fierce	
85	File	Sharp	
86	Filgiran	Gleaming	
87	Fo	False	
88	Fò, robis	Robust, strong	
89	Fou, anraje	Crazy	
90	Fouyapòt	Inquisitive	
91	Frajil	Fragile	
92	Fre	Cool, fresh	
93	Frenetic, anraje	Franctic	
94	Frèt, jele	Chilly, cold, icy	
95	Frize	Curly	
96	Fyè, ògeye	Proud	
97	Gate	Damaged	
98	Glise	Slippery	
99	Gou	Tasty	
100	Gran	Big, tall	
101	Grangou (lafen)	Hungry	
102	Grasye	Graceful	
103	Grotèks	Grotesque	
104	Gwa	Fat	
105	Honte	Blushing, ashamed	
106	Imakile, san tach	Spotless	
107	Imid, mouye	Damp	
108	Imobil	Motionless	
109	Inegal	Uneven	

110	Initil	Helpless	
111	Enkyè	Worried	
112	Inosan	Innocent	
113	Inpè (enpè)	Uneven	
114	Jalou	Jealous	
115	Janti	Gentle	
116	Jèn (jenn)	Young	
117	Jigantès, enòm, trè gran	Huge, gigantic	
118	Jis, dwat	Fair	
119	Jite	Juicy	
120	Joli	Cute	
121	Kalm (kal)	Calm	
122	Kare	Square	
123	Kiriye	Curious	
124	Klè	Clear	
125	Kolore	Colourful	
126	Kondane	Condemned	
126	Konfonn, twouble	Confused, bewildered	
128	Konfòtab, alèz	Comfortable	
129	Konsènan, konsène	Concerned	
130	Kontan	Happy	
131	Kowoperatif	Cooperative	
132	Koube	Curved	
133	Koupab	Guilty	
134	Kout	Short	
135	Kraze, brize, fann, fele	Broken	
136	Lach	Loose	
137	Laj	Broad, large, wide	
138	Lan	Creepy, slow	
139	Lèd, dezagreyab, enfreyan	Ungly, unsightly	
140	Lejè	Light	
141	Long	Long	

142	Malad	Ill; sick	
143	Malpwòp	Sal, kochon, dirty	
144	Masif	Massive	
145	Mechan, moveje	Cruel, evil	
146	Mens	Thin	
147	Mèveye	Wonderful	
148	Mi	Ripe	
149	Modèn	Modern	
150	Monotòn	Monotonous	
151	Mou	Bland, fluffy, soft	
152	Mouri	Dead	
153	Mouye	Wet	
154	Move	Outrageous	
155	Move, dezobeyisan, malveyan	Bad, naughty, wicked	
156	Mwayen	Average	
157	Nèg ki gen sèvo	Brainy	
158	Nève	Nervous	
159	Nouvo	New	
160	Nwa	Dark	
161	Nyaje	Cloudy, misty	
162	Obeyisan	Obedient	
163	Ofansif	Obnoxious	
164	Ok	OK	
165	Okipe	Busy	
166	Opak	Dull	
167	Oraje	Stormy	
168	Ouvè	Open	
169	Pa izyèl	Unusual	
170	Pa kouran	Unusual, not common	
171	Pa mi, vèt	Unripe	
172	Pafè	Perfect	
173	Pè	Even	
174	Pike, brile	Spicy	
175	Piti	Miniature, little, small, tiny	

176	Plastik	Plastic	
177	Plat	Smooth	
178	Plen	Crowded	
179	Plen bave, glise	Slimy	
180	Plen grès	Greasy	
181	Plen labou	Muddy	
182	Plen pousyè	Dusty	
183	Plen pwèl	Fuzzy, shaggy	
184	Plen zepin, plen pikan	Prickly	
185	Pouri	Rotten	
186	Pòv	Poor	
187	Pwogresis	Forward	
188	Pwòp, nèt	Clean	
189	Puisan	Powerful	
190	Pwen ebilisyon	Boiling point	
191	Pwen egalite	Breakable	
192	Pwoblematik	Puzzled	
193	Pwofon	Deep	
194	Pwòp	Clean	
195	Ra, etranj	Quaint	
196	Rans	Stale	
197	Rape, grate	Scratchy	
198	Rapid	Fast, quick, rapid	
199	Regretan, penib	Grieving	
200	Remakab	Outstanding	
201	Repousan	Repulsive	
202	Reveye	Alert	
204	Revòltan	Revolting	
205	Reyèl	Real	
206	Rich	Rich	
207	Rilaks	Relaxed	
208	Rize	Fake	
209	Sal [kochon]	Dirty, grubby	
210	Sale	Salty	

211	San vwa	Voiceless	
212	Sanglan	Bloody	
213	Sayan, ouvè	Outgoing	
214	Sèk	Dry	
215	Sèl	Lonely, alone	
216	Sen	Sane, healthy, holy	
217	Senp	Plain	
218	Sere	Tight (dress)	
219	Sèvisyal, sèvyab	Helpful	
220	Sezi, etone	Scared	
221	Souke	Shaky	
222	Si	Sour, safe	
223	Silansye	Mute, silent	
224	Siperyè	Super	
225	Solid	Solid	
226	Somnolan, dòmi kanpe	Sleepy	
227	Sòt, bouki, enbesil	Silly, foolish	
228	Souryan	Smiling	
229	Sovaj	Wild	
230	Ta	Late	
231	Tèrib	Awful, terrible	
232	Tifi	Virgin	
233	Timid	Shiny, shy	
234	Tire	Tense	
235	Tòde	Crooked	
236	Tranblan	Shaky	
237	Trankil	Quiet	
238	Triangilè	Triangular	
239	Trouble	Disturbed	
240	Vantile	Breezy	
241	Vanyan	Courageous	
242	Veyatif	Vigilant, alert	
243	Viktorye	Victorious	
244	Vivan	Alive	

245	Wo	Loud	
246	Won	Round	
247	Wont	Ashamed	

J. TIT an Ayiti. An Ayiti, moun pa di non yon lòt moun san l pa mete yon tit devan l. Sa se yon siy de respè. Si ou pa fè sa, ou malelve. Men egzanp kèk tit moun yo itilize : Konpè (monkonpè); kòmè (konmè; makòmè); frè; sè; parenn; fiyèl; kouzen; kouzin; tonton (nonk); vwazen; vwazin; asosye, vyewo… apresye e kòmante.

K. Konplete: Chwazi adjektif nan lis adjektif yo pou konplete tablo sa a:

Bondye: ____________
Dra a fèt: ____________
Nouvèl la :___________
Tizann nan _________ kou fyèl
Lè ou chita twòp, ou ________
_______ bon toujou bon.
Li pa bon pou twò ___________
________ gen remèd
103, kè m ap ____________
Ou pa manke chanse, papa
La fwa nou dwe solid kou_______
Li tèlman ______ li ta manje yon bèf ak tout kòn.
Chante sa ________, m pa renmen l ditou.
________ toujou fè kwè se bon moun yo ye.
Se lè bisnis nan fin rive nan_____ li kapab fè benefis.
Se _______ sa pou m antere solèy.
Granmoun sa ________ ; li renmen dòmi kanpe.
Se sòt ki bay, ______ ki pa pran.
Li trè ________ ; anyen pap echape l.
Ou mèt ______ ______, m pap fè yon pa kita, yon pa nago.
_______ yo te ranpli prèske menm fonksyon ak prefè oubyen SD yo.

L. Ann ekri. Adjektif kalifikatif. Tradui e itilize mo sa yo nan yon fraz

Kreyòl	English	Fraz an kreyòl
Bèl *	Beautiful	M wè yon bèl lalin tou won maten.
Gran*		
Gwo*		
Jenn *		
Kokenn*		

Move *		
Ti*		
Vye*		
Bon*		
Ansyen*		
Brav		
Engra		
Enganm		
Gra		
Granmoun		
Kapon		
Kontan		
Kout		
Nèf		
Ize		
Mouye		
Chè		
Vid		
Mou		
Itil		
Fasil		
Rapid		
Lèd		
Mèg		
Piti		
Depafini		
Chèch		
Parese		
Pòv		
Rekonesan		
Rich		
Sòt		
Wo		
Pwòp		
Bon mache		

Peng / kou rèd		
Plen		
Di / rèd		
Dousman		
Kamoken		
Makout		
Zenglendo		
Mechan		
Blofè		
Mètdam		
Kòken		
Vòlè		

*In general, short adjectives are placed before the nouns they modified.

M. Konparezon adjektif. Gade sou modèl la e konplete tablo a

SIJÈ	FRAZ	FRAZ	KONPARATIF			SIPÈLATIF	
Mo	+	-	Egalite	Enferyorite	Siperyorite	Relatif	**Sipèlatif**
Pòm nan	Chè	Pa chè	Osi chè [ke]	Mwen chè [ke]	Pi chè pase	Chè anpil	**Trè chè**
Te a	Anmè						
Elèv la	Entelijan						
Kreyòl la	Fasil						
Elèn	renmen fè egzèsis						
Samdi	se yon jou difisil						
Tren	Rapid						
Kay mwen an	Bèl						
Kay zanmi m nan	Lwen						
Machin papa m nan	A lamòd						
Kaye lekòl mwen an	gen plis paj						
Pilòt la	gen anpil eksperyans						

Zache	bon nan matematik						
Ana	ge anpil						
Lolita	granmoun anpil						
Premye tablo a	Enteresan						
Diri tifidèl la	Ra						
AK-100	Dous						
Doukounou an	kuit						
Lèt pa m nan	**Kaye**						

N. Ann pale. Di konbyen moun ki pale chak lang sa yo

	LANGUAGES	QUANTITY OF SPEAKERS (IN MILLONS)
1	English	37
2	French	23
3	Spanish	20
4	Russian	16
5	Arabe	14
6	Chinese	13
7	German	12
8	Japanese	10
9	Portuguese	10
10	Hindi	9

1. Konbyen moun sou latè ki pale angle? Franse? Panyòl? Ris? Arab? Chinwa? Alman? Japonè? Pòtigè? Endi?
2. Si ou ta vle aprann yon lòt lang, kilès ou ta chwazi? Pouki sa?

O. Nouvo siy zodyak yo

Gen moun ki renmen TCHEKE siy zodyak yo chak maten pou yo wè kijan jounen an ap ye pou yo. Annou di kilè chak siy zodyak kòmanse e kilè li fini. Ansuit, di karakteristik prensipal chak siy (pou moun ki kwè nan sa).

	Siy	**Peryòd**		**Karakteristik prensipal**
1	Belye		18 avril-13 me	
2	Towo		13 me- 21 jen	
3	Jemo		21 jen-20 jiyè	
4	Kansè		20 jiyè – 10 dawou	
5	Lyon		10 dawou-16 septanm	
6	Vyèj		16 septanm-30 oktòb	
7	Balans		30 oktòb – 23 novanm	

8	Eskòpyon		23 novanm-29 novanm	
9	Sèpantè		29 novanm – 17 desanm	
10	Sajitè		17 desanm – 20 janvye	
11	Kaprikòn		20 janvye-16 fevriye	
12	Vèso		16 fevriye-11 mas	
13	Pwason		11 mas-18 avril	

P. Mete kapital peyi a bò non chak peyi e ansuit di kijan yo rele abitan chak peyi:

Bastè; Fòdefrans; Kingstonn; Layavàn; Naso; Pòtoprens; Pòtospenn; Sannwann; Sendomeng; Wilemstad. Egzanp: Ayiti: Pòtoprens, ayisyen.

Ayiti: Pòtoprens, ayisyen
Matinik ______________________
Bayamas ______________________
Pòtoriko ______________________
Kiraso ______________________

Jamayik ______________________
Gwadloup ______________________
Kiba ______________________
Dominikani ______________________
Trinidad ______________________

Q. Kòmante fraz sa yo

Bri kouri
Nouvèl
Gaye !!!!

1) Depi m fèt, m poko janm wè timoun mizadò konsa. Ti fi a pran de zèd tan pou l al chache dlo.
2) M pa renmen moun tripòt konsa, non.
3) M pa konn pouki sa ou wondonmon konsa non
4) Jou malè, wanga pa sèvi ; w a ret bèkèkè !

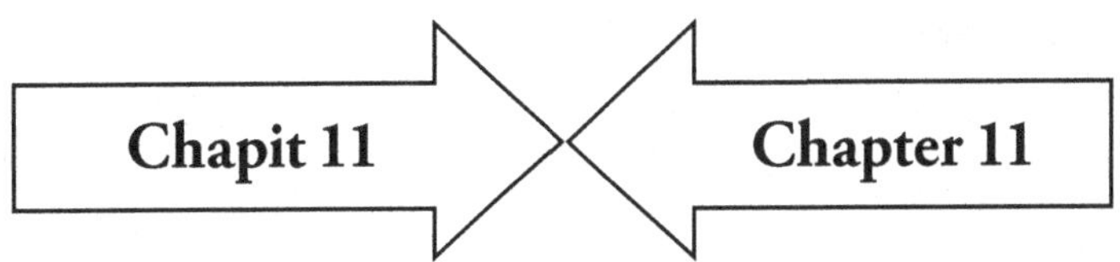

Chapit 11 / Chapter 11

Vèb an kreyòl / Verbs in Creole

11.1 Tèminezon vèb yo (Verb endings). Pa gen yon tèminezon fiks en kreyòl.

KREYÒL	ENGLISH
a: Chita; kaba, lala	To sit down; to end; to deceive
ab: Kapab	Can
ag: Vag	To ignore
Al: Sal	To dirty
an: Pran	To take
Ann: Defann, antann, rann, aprann	To defend, to understand, to render, to learn
At: Bat; debat	To fight, to beat, to struggle
è: Ouvè, wè; kwè	To open, to see, to believe
e: Manje, pale,vwayaje, prese	To eat, to speak, to travel, to be in a hurry
en: Goumen; krabinen, genyen	To fight, to crash, to win
Enn: Detenn; plenn, krenn; jwenn	To fade; to fear, to find
Et: Parèt ; fèt; pèmèt (permitir); renmèt; pwomèt	To appear, to do (to be born) ; to allow ; to promise
i: Sèvi ; blanchi; modi, toupizi, manti	To serve, to do; to be born….
Ib: Rapousib / rapousuiv:	To follow
im: Enfim	To beat to death
Ip: Trip, bip	To trip, to beat
Iv: Suiv; pousuiv,	To follow
O: Kroboto; bo (bobo)	To crush; to kiss
Ò: Vòlò / vole	To steal
Onn: Ponn; reponn	To lay eggs; to answer
Òt: Tòtòt o tete:	To breast
Oud: Koud; rezoud	To sew
Oum: Voum [pa]	To answer [do not answer]
Uit: Kuit (manje a kuit)	To cook (the food is cooked)

11.2 Tèminezon vèb kreyòl konpare ak vèb anglè

Kreyòl	Endings	Verbs	Sentence
Absòbe	B	To absorb, to rub	
Ajoute, ploge	D	To add, to plug	
Jwenn, mouri	E	To acquire, to die	
Blofe	F	To bluff	
Bese, mande	G	To sag, to beg	
Pouse, vle	H	To push, to wish	
Jape, choute	K	To bark, to kick	
Tiye, navige	L	To kill, sail	
Naje	M	To swim	
Aprann, genyen	N	To learn, earn	
Fè	O	To do	
Plonje, savoure	P	To dip, to sip	
Chanje, rankontre	R	To alter, to gather	
Beze, beni	S	To kiss, to bless	
Manje, komèt	T	To eat, to commit	
Ploge	W	To plow, to blow	
Bokse	X	To box, to relax	
Anvi, nye	Y	To envy, to deny	
Ronfle	Z	To buzz	

11.3 Vèb kreyòl an (Verbs in) de, di, en, re.

Kreyòl 1	Kreyòl 2	English
Apiye	Dezapiye	
Bloke	Debloke	
Fini	Depafini	
Fòse	Ranfòse	
Gagannen	Degagannen	
Kalifye	Diskalifye	
Kontwòle	Dekontwole	
Kore	Dekore	
Kriye	Dekriye	
Lage	Delage	
Makòn	Demakonnen	
Pale	Depale	

Pasyans	Depasyante	
Pat	Depate	
Pedale	Repedale	
Plòg	Deploge	
Pousiv	Rapousiv o rapousib	
Prestij	Deprestijye	
Refize	Derefize	
Sitire	Desitire	

11.4 Vèb sinonim an kreyòl (Equivalence in English)

Kreyòl	Fraz an kreyòl
Eseye / seye	To try
Oblije / blije	To be obliged
Prepare / pare	To prepare
Avanse / vanse	To approach
Dekale / kale	To peal
Siveye / veye	To watch or look after
Enève / nève	To be mad
Retounen / tounen	To return
Delage / lage	To untie
Rankontre / kontre	To meet
Derefize / refize	To refuse
Rekonèt / konèt/konnen	To know
Rasanble /sanble	To gather

11.5 Vèb ki fòme ak sifiks

11.5.1 Sufixes e-se-ye-te-ze

NOUN	VÈB	ENGLISH VERB
Bourik	Bourike	To work hard
Espant	Espante	To be astonished
Tèk	Teke	To touch
Jouk	Jouke	To go to bed (birds)
Charit	Charite	To make (or beg) a donation
Driv	Drive, drivaye	To dirty
Djòb	Djobe	To employ

Tchèk	Tcheke	To verify
Kle	Klete	To close with a key
Bwa	Bwaze	To go to the forest
Twon	Twonse	To cut down (tree)
Pyès	Pyese	To remend
Dans	Danse	To dance
Layo	Laye	To aire
Talon	Talonnen	To walk tightly behind a person

11.5.2 Sufix -aye (continiously, often): drive, drivaye; rode, rodaye.

11.5.3 sufijo -i: blan, blanchi; malediksyon, modi

11.6 Vèb espesyal /Some special verbs. Complete the table

NO	KREYÒL	ENGLISH
1	**Bezwen:** Ou bezwen panse anvan w aji	You need to think before acting
2	**blije (oblije):** M blije kraze rak	I was obliged to go
3	**dwe**: Ou dwe etidye anpil	You have to study a lot
4	**Fèk (fenk) : ou fèk vini, w ap ranse**	You just come, and you take a break
5	**Fini (fin) : kan w fin travay, ou mèt ale**	When you finish to work, you can go
6	**fouti:** M pa fouti dòmi ak bui sa a	I cannot dare sleep with this noise.
7	**kapab (ka, kap, kab).** Egzanp: Li ka kondi machin nan	He can drive the car.
8	**Kite: Kite m ede ou**	Let me help you
9	**Konn (en):** Egzanp : li konn manje anpil ; malfini konn manje poul	He used to eat chicken
10	**Manke:** Ou manke brile	You almost burnt yourself
11	**mèt**: poder. Ou mèt chita devan	You can seat down in front
12	**mete**:Pa mete m nan zen [non]	Do not put me in trouble
13	**pe**: M pe redi travay di, epi m pa pe manje	I am working hard, but I cannot eat (I cannot see the result)
14	**Peze**: Li peze desann	She continues to go down
15	**Pinga: Pinga ou kite parès anpare ou**	Do not let stress kills you.
16	**Pito:** Li pito bwè kafe pase dite; li pito mouri kanpe olye pou l viv ajenou	He prefers to drink coffee instead of tea
17	**Pran:** Li pran kriye	He begins to cry
18	**Sa**: Li pa sa travay	He cannot work

19	**Sòt/ soti/sot/:** Li sòt koupe kann	He just came to cut the sugar cane
20	**Tonbe:** Chat la tonbe manje poul la	The cat begins to eat the chicken
21	**Twouve:** Li twouve l nan yon sitiyasyon trè dwòl	He is in an extrange situation
22	**Vin / vini**: venir: Li vin mande m eskiz	He came to ask me perdon
23	**Vle**: vle pa vle, nou tout ap mouri yon jou	Wanted or not, we all will die a day

Ekivalans kèk ekspresyon vèbal angle an kreyòl. Souvan, yon ekspresyon vèbal angle (some common two-words verbs) **egal a yon sèl grenn vèb kreyòl**

NO	ENGLISH	KREYÒL
1	To give in/up (surrender or quit)	Abandone
2	To get in (enter a vehicle)	Antre nan yon veyikil
3	To point out (call attention to)	Atire atansyon
4	To hand out (give someone something)	Bay yon moun kichòy [nan men]
5	To hand in (give a homework to a teacher)	Bay (remèt) yon devwa
6	To turn down (lower the volume)	Bese volim nan
7	To leave out (omit or don't use)	Bliye
8	To look up (find information)	Chèche yon enfòmasyon
9	To pick out (choose)	Chwazi
10	To find out (discover)	Dekouvri, twouve
11	To talk over (discuss)	Diskite
12	To cross out (draw a line through); call off (cancel)	Elimine
13	To try on (put on clothing to see if it fits)	Eseye yon rad
14	To shut off (turn off a machine or light)	Etenn
15	To get out of (leave a car, house or situation)	Evakye, soti nan yon sitiyasyon
16	To hang up (put down a phone receiver)	Fèmen telefòn nan
17	To get over (recover from a sickness or a problem)	Geri
18	To figure out (find a solution)	Jwenn yon solisyon
19	Let in /out (allow someone or something to enter or go out)	Kite pase / lese pase
20	Mix up (confuse)	Konfonn
21	Think over (consider carefully)	Konsidere, reflechi
22	Clear out (leave a place quickly)	Kouri
23	Write down (write on a piece of paper)	Mete l pa ekri
24	Put down (place something on a table, the floor, etc.)	Mete yon bagay sou…
25	Turn up (raise the volume)	Ogmante volim

26	Take part (participate)	Patisipe
27	Put off (delay doing something)	Pran tan ou pou fè yon bagay
28	Pay back (return money or a favor)	Rann resipwosite
29	Fill in/out (complete a form or an application)	Ranpli yon aplikasyon
30	Fill up (fill a container or tank)	Ranpli yon resipyan, yon tank
31	Put away (return something to its proper place)	Remèt yon bagay nan plas li
32	Do over (repeat)	Repete
33	Break down (take apart)	Separe
34	Call up (make a phone call)	Telefone
35	Give back (return something)	Renmèt

11.7 Ekspresyon vèbal an kreyòl (Some compound verbs).

NO	KREYÒL	ENGLISH
1	Ale tounen	To go and come back
2	Chita gade	To sit down and wait for
3	Dwe fè	To have to do
4	Gen (genyen) dwa pale	To have right to speak
5	Kouri vini	Come in rapidly
6	Mèt antre	To allow to enter
7	Mòde soufle	Hypocritical, insincere (to bite and whistle)
8	Rale mennen kase	Discussion can conduct to fight
9	Rete pran	Endure
10	Voye fè	Command to do; to work hard
11	Voye flè	Commit an error
12	Manje dan	To endure, to suffer

11.8 Vèb enpèsonèl ak fè (Impersonal verbs with fè)

	KREYÒL	ENGLISH
1	Fè la grenn: (la grenn ap tonbe)	To hail
2	Fè lanèj: (lanèj ap tonbe)	It's snowing
3	Fè lapli (lapli ap tonbe)	It rains ; it is raining
4	Fè loraj: (loraj ap gronde)	To thunder, to explode
5	Fè zèklè: (lap fè zèklè)	To lighten, to flash
6	Gen yon lakansyèl nan syèl la	There is a rainbow in the sky
7	Lap fè lapli (o lapli ap tonbe)	It rains; it is raining

8	Lap fè lapli/lapli ap tonbe	It is raining
9	Lap fè van/van ap vante	The wind is blowing
10	Lapli (lapli pral tonbe): li tap fè lapli:	It will rain
11	Lawouze fè chèlbè toutan solèy poko leve	The dew shows off while the sun does not rise yet
12	Li fè bon	The time is good
13	Li fè bren	The time is obscure, dark
14	Li fè chalè	It is hot
15	Li fè fredi	It is cold
16	Li fè klè	It is clear
17	Li fè nwa	It is black
18	Li fè nyaj	It is cloudy
19	Li fè van: (van ap soufle, van ap vante)	The wind blows
20	Li fenk sot fè lapli; l apral fè lapli	It just come to rain
21	Li inè di maten	It is one A.M.
22	Li tap fè lapli	It was raining
23	Li te fè lapli (o lapli sot tonbe)	It rained
24	Siklòn	Hurricane
25	Tan an bèl	The time is beautiful
26	Tan an move	The time is bad
27	**Tè a mouye**	The ground is wet

11.9 Vèb ki gen rapò ak nivo objektif nan domèn konesans (dapre taksonomi Bloom nan, **mnemotechtnics: Konkon ap fè sentèz Eval)**

NIVO I	NIVO II	NIVO III	NIVO IV	NIVO V
KONNEN	KONPRANN	APLIKE	FÈ SENTÈZ	EVALYE
Defini Dekri Idantifye Klasifye Enimere Fè yon lis Pale Repwodui Chwazi Fikse	Distenge Fè sentèz Enfere Eksplike Rezime Tire konklizyon Etabli relasyion ant Entèprete Jeneralize Prevwa Jete baz	Bay ekzanp Chanje Demontre Manipile Opere Rezoud Kalkile Dekouvri Modifye Itilize	Kategorize Konpile Kreye Desine Òganize Rekonstri Konbine Konpoze Pwojekte Planifye Fèchema Reyòganize	Jije Jistifye Apresye Konpare Kritike Jete baz Etabli yon paralèl Etabli la diferans

11.10 Itilizasyon vèb se /ye / Use of Se / ye

Itilizasyon oksilye: se/ye: An jeneral, nou pa itilize se/ye. Nou pa itilize se le nou gen fraz: non + adjektif; non +advèb de lye oubyen lè nap eksprime yon eta pasaje. Nou pa itilize SE lè nou vle pale de emosyon e lè nap dekri moun oubyen bagay.

Lè nou itilize yo, nou mete se okòmansman oubyen nan mitan yon fraz, tandiske nou mete ye nan fen yon fraz. Nou itilize SE pou:

a) idantifye yon moun ou yon bagay.
b) kòm yon mo ekspletif (mo ki pa gen okenn fonksyon gramatikal)
c) pou reponn yon kesyon

Omission of the verbs SE/YE. In Creole, the verbs SE and YE (to be) are generally omitted. When they are expressed, the former is placed at the beginning or in the middle of a sentence while the later is placed always at the end. The verb SE is omitted in the following cases: sentence of the types: substantive + adjective; substantive + adverb (of place), and when the verb SE implies a transitory state. When SE implies the state of being, description of people or things, it is omitted.

SE is used to:

a) Identify a person or thing. Ex. Se yon liv; ou se elèv; ou se ameriken (he is a student, you are American)
b) As an expletive word (an expletive word does not play any grammatical function in a sentence): Se mwen menm Polo (It is me Polo).
c) To answer questions. While YE is used to ask questions, SE is used to answer them: Ex. Kote ou ye? Mwen nan chanm nan (Where are you? I am in the room). SE affirms; YE asks question.

Sometimes, SE is used in idiomatic expression to introduce a sentence or to emphasize. Note that the verbs SE and YE ar not necessarilly equivalent of the auxliliary verb to BE.

Kijan nou itilize vèb se/ye

KREYÒL	ENGLISH
Se yon liv	It is a book
Ou se elèv	You are a student
Ou se pòtoriken	You are Puertorican
Se nan dlo yo separe pèch	It is in the water that the fish is to be shared.
Se nan mòn anpil abitan rete	It is at the mountain that several inhabitants live
Se twazè l ye, li lè pou n ale	It is three o'clock, it is time for us to leave

Ki moun ou ye?	Who are you?
Se mwen menm Jonas.	I am Jonas
Se paske li ta, e mwen pa vle gonfle	It is because it is too late and I do not want to get sick
Eske se dominiken ou ye?	Are you Dominican?
Non, se pa kiben mwen ye, mwen se ayisyen	No, I am not Cuban; I am Haitian
Di mwen pa la	Tell him that I am not here
kote Janklod ye?	Where is Jean-Claude?
Li se yon nèg ki kapon (fenyan) anpil	He is a very coward man
Tata ansent	Tata is pregnant
Men li pa pi mal	But she is not bad
Mari bèl anpil	Marie is very pretty
Jèta pa la	Jèta is not here
Mwen malad	I am sick
Li te mechan anpil	He was naughty
Li te fache	He was mad
Men manman m [tololo!]	Here is my mother
Gen yon tan pou tout bagay sou latè	There is a time for everything on the earth

11.11 Oksilyè prezantatif (Presentative auxiliary verbs)

KREYÒL	ENGLISH	FRAZ AN KREYÒL
Ann, annou (ale)	Let us (go)	Ann al wè sa k pase lòtbò a.
Apa	I wonder why not	
Ba, ban, bay	Give me, let me	
Fòk	To have to	
Ilfo (ifo, fò)	It is necessary	
Kite	Let	
Lese	Let	
Pinga	Beware	
Se pou	It is necessary	

11.12 Sans vèb yo (Meaning of verbs)

Dapre sans li, yon vèb kapab tranzitif dirèk (KOD ou konpleman objè dirèk), endirè (KOE ou Konpleman Objè Endirèk) ou entranzitif (konpleman sikonstansyèl)	ENGLISH ACCORDING TO THEIR MEANING, VERBS CAN BE DIRECT OBJECT, INDIRECT OBJECT, INTRANSITIVE OR CIRCUMSTANTIAL
M fini travay la (KOD)	I finish to work
Li tiye poul la (KOD)	He kills the chicken
Bondye koute vwa mwen (KOD)	God listens to my voice
Li ban mwen (KOE) yon kado (KOD)	Transitive verbs
Li dòmi a tè a (KS)	He sleeps on the ground
Ki kote ou te ale? (KS)	Where did you go?
	Get in by the main door

11.13 Fòm vèb yo (forms of verbs). Atansyon: lang kreyòl la toujou evite itilize vwa pasif.

KREYÒL	ENGLISH
Li chante yon kantik (vwa aktif)	He sings a song (active voice)
Li renmen tèt li (vèb pwonominal)	He loves himself (pronominal verb)
Chat Mari a manje sourit la (vwa aktif)	Marie's cat eats the mouse (active voice)
Inosan an te blese pa yon bal mawon (vwa pasif)	The innocent person has been hit by a lost projectile (passive voice)
Sourit la rele swit swit lè l pran nan pèlen (vwa pasif)	The mouse cried : swit swit when it was caught (passive voice)
Kay la pentire an jòn (vwa pasif)	The house is painted in yellow
Nou sove pa lamò Jezi Kri (vwa pasif)	We are saved by the death of Jesus Christ (passive voice)

11.14 Fòm negatif (negative form)

KREYÒL	ENGLISH
Mwen kontan	I am happy
Mwen pa kontan	I am not happy
Kreyòl se lang ki fasil	Creole is an easy language
Kreyòl se pa lang ki fasil	Creole is not an easy language
Nou di wi	We say yes
Nou pa di wi	We do not say yes
Nap manje anpil	We will eat a lot

Nou pap manje anpil	We will not eat too much
Nap di ou mèsi	We are telling you « thank you"
Nou pap di ou mèsi	We will not tell you "thanks"
Yo pat al nan sinema	They did not go to the theater
Nou pat jwenn pwason	We did not find fish

11.15 Endikatè modal (Modal indicators)

No	KREYÒL	ENGLISH
1	Ap	Progressive form
2	Dwe	Must, to have to, to ought to
3	Eske ou kapab	Can you
4	Eske ou ta kapab	Would you, could you
5	Fèk	Recent action
6	Fini (fin)	Action completely accomplished
7	Kapab	Can
8	Kòmanse	Action initiated
9	Konnen (konn)	Habit
10	Mèt	May
11	Peze	Rapidity of the action
12	Pran	Sudden action
13	Soti (sot, sòt)	Passed action
14	Ta	Would
15	Ta kapab	Could, might
16	Tonbe	Sudden action
17	Vini (vin)	Presented action
18	Vle	Waiting action (to want)

K	L	E	P		
K	R	E	Y	O	L

EGZESIS-DEVWA / ASSIGNMENT

Saktefèt(revizyon)?

Sakafèt (pwogram)?
Sakpralfèt (pwojè)?

A. Egzèsis ak devwa pou revizyon, refleksyon ou diskisyon.

English
1. How do you form the present participle in Creole? 2. When the verb TO BE is omitted? a) In the middle of a sentence. b) In the sentence of the type: substantives +adjectives c) In the sentence of the type: substantives + adverbs d) After a simple subject e) After a complex subject 3. The subjunctive mood is introduced by the words:__________ and __________ 4. Some Creole verbs that suffer changes by conjugation are: ____________________ 5. Presentative auxiliaries serve to: ____________________ The principal Creole impersonal verbs are: ______________

B. Ann ekri. Vèb oksilyè oubyen vèb ki plase anvan yon lòt vèb. Ekri ekivalan yo an angle epi anplwaye yo nan fraz.

No	Kreyòl	English	Fraz an kreyòl
1	blije (kraze rak)		
2	Dwe		
3	fèk / fenk (vini)		
4	fèt pou (panse)		
5	fò / fòk		
6	Genyen		
7	goute		
8	Grandi		
9	ilfo/ ifo (pati)		
10	Kapab		
11	konn (sa w ap di)		
12	kouri (ale)		
13	met		
14	Parèt		
15	pito (mouri)		
16	plede (pale)		
17	pran (kouri)		
18	Rete		

19	Sanble		
20	Santi		
21	Se		
22	se pou		
23	sonnen		
24	sot / soti (manje)		
25	tonbe (joure)		
26	vin [jwenn mwen…]		
27	Ye		

C. Vèb enpèsonèl. Ekri ekivalan fraz ki agoch yo nan kolonn ki adwat la

Kreyòl	**English**
Li fè cho / li fè chalè	
Li fè fret/ li fè fredi	
Gen lapli	
Gen zèklè, loray	
Gen van	
Li fè bon	
Gen move tan	
Gen siklòn	
Gen sechrès	
Gen loray	
Tan an mare	
Nou nan sezon lapli	
Nou nan sezon lesèk	
Nou nan prentan, lete, lotòn, live	

D. Konplete avèk fòm enperatif negatif (PA). Complete with negative imperative mode.

Egzanp : pa joure m.

Gade: ______________________

koupe je: ______________________

anmède: ______________________

plede: ______________________

kuipe: ______________________

defann: ______________________

okipe: ______________________

bay chalè: ______________________

meprize: ______________________

di sa m pat di: ______________________

kraponnen: ______________________

rale: ______________________

E. Ann ekri. Ekspresyon: Yo mete… pou

Kreyòl	English
Yo mete kanpelwen (naphtaline) pou koulèv yo	
Yo mete pwazon pou rat yo	
Yo mete pèlen pou rat yo	
Yo mete jwif pou chase pentad yo	
Yo mete siwo pou rale foumi yo.+	
Yo mete dlo nan siwo a	
Yo mete dlo nan diven li	

F. Kèk fraz ak SE. Konplete tablo a

Kreyòl	**English**
Se sou chen mèg yo wè pis	
Se byen lwen l rete	
Se je wè bouch pe	
Se vini wap vini	
Se piti l piti, men l pa pitimi	
Barèt sa yo (estos pasadores) byen bèl	

G. Konvèsasyon : Lage m pou pale. Ranplase mo ou ekspresyon ki souliye yo ak mo ou ekspresyon ki anndan parantèz yo e li a wot vwa.

a) Se pa ti kontan kè mwen kontan (fache; move; tris; twouble; nève; mechan; lwen ; wè nou; vizite nou; manje ak nou; rive isit la; la jodi a; ede ou; pale ak ou; pran nouvèl ou; la isit la)
b) Se pa de moun ki deyò a (nan sinema a ; nan mache a ; sou plaj la ; sou wout la ; legliz la ; nan tribinal la ; lekòl la ; nan avyon an ; nan kwazyè a…)
c) Ti moun sa yo ap aprann voye baton (fencing); (naje; desine; voye nas; kenbe pwason; travay nan faktori; swaye malad; katechis; fè devwa)
d) Li renmen (baye, anmède timoun; jwe ak ti bebe; gade moun nan je; pran sa k pa pou li; ede pwochen li; machande; fè jis pri; joure)
e) Me (men) dlo (akasan; bonbon siwo; mayi bouyi; mayi boukannen; pen patat; ze bouyi; pistach griye; pen cho; foskawo, Ak-100; limonad; dous makòs; boukousou, kasav; anmizman…)
f) Manje a (santi bon; kuit; kri; toufe; pare; sou tab la; separe; sale; sa disèl; san gou; pa gou, fad)
g) Mango a (rèk, poko mi; poko matrite; tonbe; fennen; pouri, gen vè; vèt; ole)
h) Ou pa konnen (ki sak nan kè l; kote dlo soti l antre nan bwa joumou; sa ou pa konnen pi gran pase ou; kote l rete; sa map panse la; kijan pou rive la; sa m konnen an)
i) Ou pa manke…papa ! (frekan, radi (hadi), pèmèt (penmèt); lèd; bèl; move, di; difisil; sou moun…)
j) Li prèt pou (manje, akouche, vomi; mouri; mache; rale; tende; fini)
k) Fòk li konprann sa kap pase a (ilfo; se pou; dwe; ta dwe; sipoze; annou di l; ann enfòme l de)

l) Moun ki kote ou ye? Mwen se moun Pilat (Gonayiv; Ti Gwav; Plezans; Lenbe; O Kap; Pòtoprens; Lagonav; Akayè; Petyonvil; Okay; Jeremi; Piyon; Pòdepè; Senlwi di Nò; Obòy; Plezans; Lestè; Latibonit; Ansafolè; Leyogàn; Jakmèl; Miragwàn; Gwomòn; Bonbon; Koray; Pòsali; Ti Rivyè; Hench; Mayisad; Los Palis; Gran Rivyè di Nò; Wanament; Kenskòf; Laboul…)

H. Epitaf ak anons : Li pawòl sa yo ki ekri sou kèk tonm (ou kav) oubyen lòt kote.

a) Se isit la Desalin ap repoze; li te mouri a 48 an.
b) Jan ou wè w la, [se konsa m] te wè m; jan w wè m nan, [se konsa] wap wè ou [yon jou].
c) Lave m souple. Lave m. Bondye konn fè mirak, men li pa konn lave machin !
d) Zanmi, banm yon lage non ! An ! kòman? Si pa gen wout ki fèt an pant nan Pòtoprens, bogota pap stat?
e) Dapre madam Baina Belo, se konstitisyon Desalin nan ki defini sa sa ye lafanmi.

I. Ann ekri e kòmante. Rèl zannimo. Konplete tablo an suivan egzanp yo. Cry of animals. Complete the table. Use the multilingual dictionary.

Chen	Aboyer ou japper	To bark	Ladrar
Bourik	Braire		Relinchar
Bourik	Hennir		Relinchar
Kochon	Grogner		Gruñir
Van	Hurler		Aullar
Mouton	Bêler		Balar
	Beugler ou mugir		Mugir
	Croasser		Graznar
	Coasser		Croar
Poul	Glousser		Croquear
	Jaser ou jacasser		Cotillear
Chat	Miauler		Maullar
Ti moun	Pialler		Chillar
	Caquetter ou glousses		Cloquear
	Gémir ou roucouler		Gemir
Lyon	Rugir		Rugir, proferir
	Glapir		Gañir
Koulèv	Siffler		Silbar
	Siffler ou flûter		Silbar
Kòk	Chanter		Cantar
	Gazouiller		Trinar, gorjear

	Pépier		Piar
	Parler		Hablar
Abèy	Bourdonner		Zumbar
	Trompetter		Sonar la trompeta
	Râler		Refunfuñar
	Huer		Abuchear
	Gronder		Gruñir
	Nasiller		Ganguear
	Lamenter		Lamentar
	Brailler ou criailler		Cantar a grito pelado
	Grommeller		Mascullar

J. Analize fraz sa yo

1. L al fè yon vire tounen pou l wè ki koz maladi a
2. Chita gade pa bay, manyè souke kò ou!
3. Yo akize w, ou gen dwa pale.
4. Pa diskite. Rale mennen kase.
5. Panse sa ou dwe fè avan ou kouri vini.
6. Fè atansyon, zanmi sa se yon mòde soufle.

Ou di mwen di
Ou di sa m pa di
Sa m pa janm di
Sa m pa kwè map janm di.
Samdi apremidi
Map feraye pi di
Map tann ou samdi
A midi
Pou di m sa m te di.

Ann chante ansanm :
Chante pou Bondye
Granmèt nou; li menm
ki wa sou tout tè a ;
chante pou mèvèy li fè; li
ki sen, alelouya.

1. Machin nan wouj.
2. Kay la laba.
3. Jan lekòl la.
4. Adlin malad.
5. Jak tris anpil jodi a.
6. Kaptenn batiman an pa kontan ditou.
7. Manman ou se manman ou.
8. Kote li ye?
9. Se sou ou m konte
10. Mwen se Jak, men ou se Jinèt.

1. Fò nou tout ansanm fè yonn.
2. Pinga nou dezakò
3. Ann al lavil jodi a
4. Kite m anpè !
5. Lese m viv
6. Se pou nou tout renmen

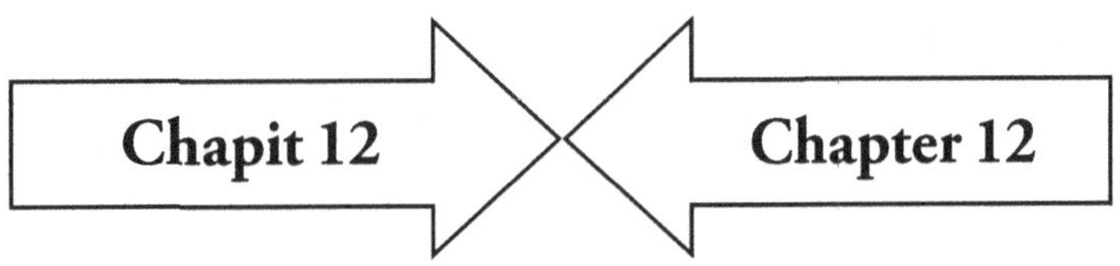

Konjigezon vèb kreyòl

12. Konjigezon vèb an kreyòl / Verb Conjugation

12.1 Konjigezon vèb se / ye (to be)

VEB SE / 'VERB SE'			
Mwen	Se yon elèv	I	am a student
Ou	Se yon elèv	You	are a student
Li	Se yon elèv	He/she/it	is a student
Nou	Se elèv	We	are students
Nou(ou)	Se elèv	You	are students
Yo	Se elèv	They	are students

<table>
<tr><th colspan="2">VEB YE /VERB 'YE'</th></tr>
<tr><td>Se yon elèv mwen ye</td><td rowspan="6">I am a student
You are a student
He/she/it is a student
We are students
You are students
They ere students</td></tr>
<tr><td>Se yon elèv ou ye</td></tr>
<tr><td>Se yon elèv li ye</td></tr>
<tr><td>Se elèv nou ye</td></tr>
<tr><td>Se elèv nou ye</td></tr>
<tr><td>Se elèv yo ye</td></tr>
</table>

12.2 Vèb genyen (verb to win, to earn)

KREYÒL	ENGLISH
Mwen genyen lajan	I have Money
Ou genyen lajan	You have Money
Li genyen lajan	He/she / it has Money
Nou genyen lajan	We have Money
Nou genyen lajan	You have Money
Yo genyen lajan	They have money

12.3 Vèb chante (verb to sing)

KREYÒL		ENGLISH	
Mwen	Chante	I	Sing
Ou	Chante	You	Sing
Li	Chante	He/she/it	Sings
Nou	Chante	We	Sing
Nou	Chante	You	Sing
Yo	Chante	They	Sing

12.4 Vèb pini (verb to punish)

KREYÒL		ENGLISH	
Mwen	Pini	I	Punish
Ou	Pini	You	Punish
Li	Pini	He/she/it	Punishes
Nou	Pini	We	Punish
Nou	Pini	You	Punish
Yo	Pini	They	Punish

12.5 Vèb viv (verb to live, to reside)

KREYÒL		ENGLISH	
Mwen	Viv	I	Live
Ou	Viv	You	Live
Li	Viv	He/she/it	Lives
Nou	Viv	We	Live
Nou	Viv	You	Live
Yo	Viv	They	Live

12.6 Konjigezon vèb pwonominal (pronominal conjugation):

a) Blese tèt /to bleed oneself, to hurt oneself

KREYÒL	English
Mwen blese **tèt mwen**	I hurt myself
Ou blese **tèt ou**	You hurt yourself
Li blese **tèt li**	He /she/it hurts himself /herself/itself

Nou blese **tèt nou**	We hurt ourselves
Nou blese **tèt nou**	You hurt yourselves
Yo blese **tèt yo**	They hurt themselves

b) Vèb defann tèt /to defend oneself

Mwen defann tèt mwen	I defend myself
Ou defann tèt ou	You defend yourself
Li defann tèt li	He defends himself
Nou defann tèt nou	We defend ourselves
Nou defann tèt nou	You defend yourselves
Yo defann tèt yo	They defend themselves

12.7 Vwa pasif an kreyòl (passive voice)

Sijè	**Pa vrèman genyen vwa pasif an kreyòl. Lang kreyòl la toujou eseye evite itilize fòm pasif la**	There are only some incomplete passive voices in Creole. The Creole language tries always to avoid the passive voice.
Mwen	Mele / pran / pri	I am in trouble
Mwen	Fèt	I [was] born / done/ built
Mwen	Vann	I am in trouble
Mwen	Mare	I am tied
Mwen	Lage	I am untied
Mwen	**Fini**	I am finished

12.8 Konjigezon afimatif, negatif, entèwogatif e entèwonegatif (affirmative, negative, interrogative, and interro-negative conjugation).

KREYÒL	ENGLISH
Mwen renmen ou	I love you
Mwen pa renmen ou	I do not love you
Eske m renmen ou?	Do I love you?
Demen se lendi	Tomorrow is Monday
Demen se pa lendi	Tomorrow is not Monday
Eske demen se lendi?	Is tomorrow Monday?
Ou kwè tout moun se moun?	You believe that everyone is a human being?
Ou pa kwè tout moun se moun?	You do not believe that everyone is a human being?

Eske ou kwè tout moun se moun?	Do you believe that everyone is a human being?
Èske se pa Ednè sa?	This is not Edner?
Èske m pat di w pou w pat manje ze jodi a?	Didn't I tell you to not eat eggs today?

12.9 Tan ak mod vèb yo (tenses and modes of verbs)

Kreyòl

(1) Lang kreyòl la itilize te= pase; ap=prezan; pral (prale, apral)=fiti ; ta =kondisyonèl; ava, va, a=kondisyonèl ensèten. An jeneral, yon vèb eksprime :

(2) Yon bagay ki te kòmanse nan tan pase e kap kontinye nan tan prezan: yo se lèt ak sitwon

(3) Yon aksyon ki pase konplètman: yo goumen

(4) Rezilta yon aksyon pase: yo blese

(5) Yon bagay ki kòmanse nan moman prezan e kap kontinye nan tan fiti: lè klòch la sonnen, w a vini

(6) Yon aksyon abityèl: Li mache nan legliz Sentwoz de Lima

(7) Lòd ak kòmannman: pa pale moun mal.

(8) Veb yo konn itilize mo sa yo pou aksantye tan ak mod yo: **Lè, pandan, anvan, kon, kou, jous (jouk), tan, tan [ke]**. Apre mo sa yo, nou jwenn vèb yo nan fòm pwogresiv ou nan mod kondisyonèl. Egz. Jous kilè w ap sispann anmede m?

English

(1) Creole uses the following particles to express the past, the present, and the future: "te" for the past; "ap" for the progressive form; "pral" for the future; "ta" for the conditional; and "ava, va, a" for the remote conditional. In general, the verb expresses:

(2) something in the past that is continued in the present: Yo se lèt ak sitwon

(3) a complete past action: yo goumen

(4) A result in the past: Yo blese

(5) something started in the present and that will continue in the future: lè klòch la sonnen, w a vini

(6) An usual action: Li mache nan legliz Sentwoz de Lima

(7) Order and command : Pa pale moun mal

(8) The verbs often use these words to express tenses and moods: Lè (when: idea of present or future); pandan (while) anvan (before); apre (after) kon, kou, tankou (as soon as), jouk (until); tank, tan ke (as long as): Egz. Jous kilè wap sispann anmède m?

12.10 Mod enperatif (imperative mood)

FÒM ENPERATIF	Imperative form
1) **Fòk** mwen te kite peyi m, pou m te kab konprann valè l	1) I had to leave my country in order to understand its value
2) **Pinga** nou bliye lave asyèt yo byen lave	2) do not forget to wash very well the dishes
3) **Annou** met tèt nou ansanm	3) let us put us together
4) **Kite m** reflechi sou sa	4) let me think about it
5) **Lese m** anpè	5) leave me in peace
6) **Se pou** nou tout obeyi	6) everyone has to obey

12.11 Mòd sibjonktif (Subjunctive Mood)

Kreyòl	English
1) Si m, si ou, si l, si nou, si ou, si yo (tan prezan) 2) Si m te, si ou te, si l te, si nou te, si ou te, si yo te (tan pase) 3) Si m te gen lajan, m t ava l an vakans an Afrik. 4) Si nan Ginen pa te lwen konsa, mwen t ava ale [fè] chemen mwen.	1) If I be, if you be, if he/she/it be; if we be, if you be, if they be (present tense): 2) If I were, if you were, if he/she/it were, if you were, if they were (past tense) 3) If I had money, I would go to Spain 4) If Guinea were not very far, I would go there N.B: If she go (not if she goes); if he deny (not denies)

12.12 Fòmasyon kèk patisip prezan an kreyòl

Patisip prezan	**Present participle**
Kreyòl la itilize kèk patisip prezan vèb franse pou fòme patisip prezan, menm lè òtograf kreyòl la diferan de òtograf franse a. Patisip prezan sa yo kòmanse e fini an "an" Pou endike yon bagay kap fèt oubyen yon aksyon kap dewoule pandan yon lòt ap fèt oubyen yon kondisyon pou yon lòt bagay rive: an manjan, an chantan, an fòjan, an montan...Nou pa dwe konfonn vèb sa yo ak patisip prezan. **Note byen**. Se pa tout mo ki fini an "an" ki se patisip prezan. Kreyòl la itilize "an" tou pou endike ak ki matyè yon bagay fèt: an akajou, an ò. Men yon lòt eksepsyon: annavan solda! Gadavou! (Ready soldier, position ready!).	Some French present participles are used without modification en Creole, even though they are written differently: they begin and finish in –an: Creole uses the present participle to express an action in progress or two simultaneous actions or a condition for the occurrence of another: **an manjan, an chantan, an fòjan, an montan, an palan...** **Note byen**. Be careful, not every word ending in –"an" is a present participle. Creole uses the particle "an" also to indicate the matter with which an object is made (ann akajou); an fè, an tòl; an bwa...there are other exceptions: an avan solda! Gadavou! (Ready soldier, position ready!)
an montan	By going up
an dizan	By telling
an pasan	By Passing by; by the way
an vinan	by coming
an antran	By entering
an palan	By speaking
an manjan	By eating
an sotan	By going out
an atandan	By hoping
an fòjan	By forging

12.13 Tab endikatè modal

SUBJECT	INDICATOR	VERB	ENGLISH EQUIVALENT	
Mwen (m)	-	Manje	I	Eat
Mwen (m)	**Te**	Manje	I	have eaten, I ate
Mwen (m)	**Ap**	Manje	I	am eating
Mwen (m)	**Pral**	Manje	I	am going to eat
Mwen (m)	**Ta**	Manje	I	would eat
Mwen (m)	**Pap**	Manje	I	do not eat, I am not eating;
Mwen (m)	**Pa**	manje	I	do not eat, I am not accustomed to, or I did not eat
Mwen (m)	**Va**	Manje	I	would eat
Mwen (m)	**A**	Manje	I	would eat
Mwen (m)	**Tap**	Manje	I	was eating
Mwen (m)	**Sot**	Manje	I	finished to eat
Mwen (m)	**Fin**	Manje	I	just finished to eat
Mwen (m)	**Pat**	Manje	I	did not eat
Mwen (m)	**pa vle**	Manje	I	do not want to eat
Mwen (m)	**ta renmen**	Manje	I	like to eat
Mwen (m)	Ava	**Manje**	I	will eat

12.14 Rekapitilasyon endikatè tan yo (Summary of verbal tense indicators)

Tenses	Kreyòl		English
Present; progressive form	Subject+Verb (s+v)	mwen renmen w	I like it
Progressive form	s+ap+v	M ap manje	I am eating
Past tense	s+te+v s+tap+v	li te ale; Jan tap mache	He had gone; Jean was eating
Future tense	s+pral(e) +v s+a+v s+va+v s+ ava + v	ou pral nan dlo; n a wè demen; yo va kontan; n ava wè li	You will look for water, see you tomorrow; they will be glad, we will see it.

Conditional	s+ta+v s+ta ka+v s+te ka+v si+a/va/ ava/ka+v lè/lò+a/ va/ava/ka+v	m ta kontan ; m ta ka travay ; yo te ka mache; si gen tan, n a wè; lè nou rankontre, n a fete.	I could work; they could walk; when we will meet, we will celebrate
Subjunctive	Se pou / fò (k) / ilfo	se pou nou tout mete n dakò	It is necessary to reach for all an agreement
Imperative	Ki/Ki/Ann/Ki+V	kite m trankil	Leave me quiet.

12.15 Vèb an seri (vèb+vèb)

Vèb an seri	**Serial verbs**
Lang kreyòl la genyen yon kantite vèb an seri, sa vle di vèb plis vèb. Souliye vèb an seri yo e tradui an anglè. Mari janbe ale lavil. Li kouri pote pwovizyon bay pitit li Ejeni. Li pwofite chita gade match ki tap fèt ant ekip foutbòl Don Bosko de Petyonvil y Vyolèt. Poutan, de ekip yo pran goumen. La menm, yo voye chache yon gwoup polis espesyal. Sa ou tande a, polis debake, yo kòmanse voye baton ak gaz lakrimojèn; tout moun pran kouri adwat agoch; yo kouri moute, yo kouri desann; yo kouri antre, yo kouri soti, nad marinad, tout wout bloke, paske te gen twòp moun nan estad la; yo pran rele anmwe sekou... Se te yon deblozay total kapital. Erezman, pa gen pèn sa sckou, Bondye te delivre Mari. Okenn moun pat mouri. Men, li aprann yon gwo leson: Kouri adwat agoch ka pa mennen okenn kote; konn kouri, konn kache. **Atansyon:** Tou depan de kote moun kap pale a ye, itilize pote (mennen) ale ou byen pote (mennen) vini: **pote vini jwenn mwen; mennen vini banmwen; pote ale ba yo; mennen ba yo; pote ba yo. Rale mennen kase.**	**Creole language has a lot of serial verbs, that means, verb plus verb in a sentence. Identify and translate into English all the serial Creole verbs found at the left side:**

12.16 Ekspresyon avèk vèb fè / verbal expressions with 'fè'

Menm jan ak anpil lòt, vèb fè kapab akonpaye anpil lòt vèb. Nan chak ka, li gen yon sans diferan. Konplete tablo a. Konsilte diksyonè miltileng lan.

NO	CREOLE EXPRESSION		FRAZ KREYÒL	ENGLISH
1	Fè	Tenten	Komèt erè	To commit error
2	Fè	Atansyon	Fè atansyon pou ou pa tonbe	Be careful to not fall
3	Fè	Bagay	Fè bagay yo mache	Keep doing the job
4	Fè	Bak	Machin nan fè bak pou mwen	
5	Fè	Banda	Lawouze fè banda toutan solèy poko leve	
6	Fè	Bèl	Timoun nan ap fè bèl; li poko mache	
7	Fè	vè	Moun fè vè nan fèt la	
8	Fè	Betiz	Pa fè betiz sa a.	
9	Fè	Bezwen	Pa fè bezwen ou isit la	
10	Fè	Bouch	Li fè bouch timoun nan pou l di li pa la	
11	Fè	Chandèl		
12	Fè	Chen nan pye yon moun		
13	Fè	Chita		
14	Fè	Dapiyanp sou		
15	Fè	Disparèt		
16	Fè	Enteresan		
17	Fè	Esplikasyon		
18	Fè	Esprè		
19	Fè	Fayit		
20	Fè	Fè lasisin		
21	Fè	Fèt		
22	Fè	Gaz		
23	Fè	Jako pyevèt		
24	Fè	Je chèch		
25	Fè	Jis pri		
26	Fè	Ka		
27	Fè	Kanpay		
28	Fè	Kenken		

29	Fè	Klè		
30	Fè	Kò piti		
31	Fè	Konkirans		
32	Fè	Kout kat		
33	Fè	Kwa		
34	Fè	Kwa sou bouch ou		
35	Fè	Labab		
36	Fè	Lamayòt		
37	Fè	Landjèz/jouda / tripotay		
38	Fè	Mal		
39	Fè	Malonèt		
40	Fè	Mikalaw		
41	Fè	Move san		
42	Fè	Pa		
43	Fè	Pri		
44	Fè	Sanblan		
45	Fè	Sonje		
46	Fè	Tenten		
47	Fè	Tèt di		
48	Fè	Ti bouch		
49	Fè	Tolalito		
50	Fè	Van		
51	Fè	Vizit de lye		
52	Fè	Vit		
53	Fè	Wòl		
54	Fè	Yon ti rive		
55	Fè	gras		
56	Fè	Jako pye vèt		

K	L	E	P		
K	R	E	Y	O	L

EGZESIS-DEVWA / ASSIGNMENT

Saktefèt(revizyon)?	
Sakafèt (pwogram)? **Sakpralfèt (pwojè)?**	

A. Egzèsis ak devwa pou revizyon, refleksyon ou diskisyon.

KREYOL	English
1) Konpare konjigezon yon vèb an kreyòl ak yon vèb an anglè. Eske se diferan? **2) Eske konjigezon vèb pwonominal an kreyòl e an anglè diferan?** **3) Kijan tan ak mòd yo fòme an kreyòl?** **4) Site kèk vèb kreyòl an seri.** **5) Kijan mod enperatif ak mod sibjonktif fòme an kreyòl.**	

B. Ann ekri. Entèprete fraz sa yo. Translate into English

1. Desoti ou sou mwen. __________
2. Kay la byen dekore. __________
3. M pa merite delage lasèt soulye l. __________
4. Pa dekriye m devan moun. __________
5. Maladi a dekwontwole l. __________
6. Lè ou fin pase, deploge fè a souple. __________
7. Depate fig la. __________
8. Maladi a depafini l nèt. __________
9. Si ou pran poul nan egzamen an, ou diskalifye pou yon diplòm. __________
10. Map rapousib ou devan lajistis pou kalomni. __________

C. Ann ekri. Obsève e konplete e li enfòmasyon ki nan tablo a:

Kreyòl	English
m te manje __________ map manje __________ m pral manje __________ m ta manje __________ m pap manje __________ m pa manje __________ m va manje __________ m a manje __________	

m ava manje ____________ m tap manje ____________ m sot manje ____________ m fenk fin manje ____________ m tèlman grangou, m ta manje yon bèf ak tout kòn. Si m te gen lajan, m ta ale nan lalin. Si m pat fatige, m t a ale avè ou. Ala m pa gen anyen pou m ba ou, m a priye avè ou, zanmi mwen.	

D. Ann ekri. Konplete tab la

SUBJECT	MANJE	YON FRAZ AN KREYÒL
M	-	M pase egzamen matematik la.
M	Te	
M	Ap	
M	Pral	
M	Ta	
M	Pap	
M	Pa	
M	Va	
M	A	
M	Ava	
M	Tap	
M	Sot	
M	Fin	
M	Pat	
M	Pa vle	
M	Ta renmen	

Ann reflechi:

Moun ki gen tout bagay se yon rich; moun ki pa gen anyen ditou se yon pòv. Men, rich ak pòv egal ego devan lanmò. Sa vle di: byen latè pa dire. Eske w dakò ak tout sa ki di la a. Kòmante.

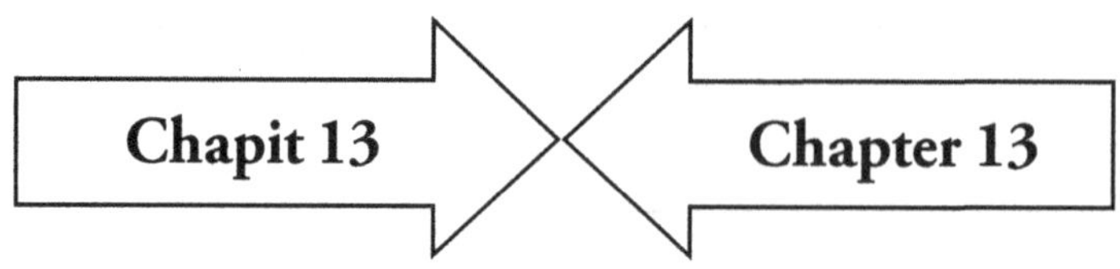

Prepozisyon (Preposition)

13.1 Lis prepozisyon yo / List of prepositions

NO	KREYÒL	ENGLISH	EGZANP
1	A (nan)	To, at	M pral nan mache demen
2	A travè, pandan	Across	
3	Abò	Aboard	
4	Ak	With	
5	Akòz	On acount of	
6	An	In	
7	An depi de	Despite	
8	An plis (anplis)	Besides	
9	Anba	Below, down	
10	Andedan	Inside, into	
11	Anlè	Above	
12	Annavan	Onward	
13	Anplis	In addition to	
14	Anti	Anti	
15	Anvè	Towards	
16	Apre	After	
17	Atravè	Through	
18	Avan, anvan	Before	
19	Dapre	According to, regarding	
20	De	From, of, off	
21	Depi	Since	
22	Devan	In front of	
23	Dèyè	Behind	
24	Deyò	Out, outside	
25	Diferan de	Unlike	

26	Diran	During	
27	Eksepte	Excepting, excluding	
28	Gras a	Thanks to	
29	Jiska	Till	
30	Kanta	About	
31	[Ke]	Than	
32	Kòm	As, like	
33	Konsènan	Concerning	
34	Kont	Against	
35	Lakay	At, in the house of	
36	Lè n konsidere	Considering	
37	Lwen	Far	
38	Malgre	Beside, in spite of	
39	Men	Here is	
40	Mwens	Minus	
41	Nan (lan)	In, at, within	
42	O mwayen de	By way of, via	
43	Olye	In place of, instead of	
44	Omilye, ant	Amid	
45	Opoze	Opposite	
46	Otou	Around	
47	Pa, o mwayen de	By	
48	Pami	Among, between	
49	Pandan, diran	Along	
50	Pase	Past	
51	Paske	Because of	
52	Pi lwen	Beyond	
53	Plis	Plus	
54	Pou	For, per	
55	Pou sa k konsène	In regard to	
56	Pou tèt sa	For that, because of that	
57	Pre	Near	
58	San	Without	
59	Sòf, eksepte	Except, out of, save	
60	Sou	Beneath, on, onto, under, underneath, upon	

61	Vè	Up	
62	Suivan	In agreement with, according to, following	
63	Toutolon	Throughout	
64	Vizaviz	Toward	
65	Jouska (jiska)	Vis àvis	
66	Anwo	Until	

K	L	E	P		
K	R	E	Y	O	L

EGZESIS-DEVWA / ASSIGNMENT

Saktefèt(revizyon)?
Sakafèt (pwogram)?
Sakpralfèt (pwojè)?

A. Egzèsis ak devwa pou revizyon, refleksyon ou diskisyon.

KREYOL	Category
1) Fè yon lis uit prepozisyon e klase yo an de ranje de mo opoze. Egz. Anwo - anba 2) Fè yon lis de uit prepozisyon e klase yo an kategori de mo sinonim.	

B. Ann diskite:

Ann chante ansanm
Annavan sòlda yo, nou pral nan lagè. Mete drapo
Jezi jous nan premye ran…

1. Yo di depi nan ginen, nèg rayi nèg.
2. Dèyè mòn gen mòn.
3. Anlè a pa deyò a.
4. Pa mete rad ou devan dèyè.
5. Gras a Dye, malad la refè.
6. Anvan lè se pa lè, apre lè se poko lè; lè se lè.
7. Pa prese chante kanta mwa.

C. Ann ekri

Konplete ak prepozisyon ki konvenab:

1) Vini pi (pli) ______ m.
2) Ale pi (pli) _______
3) Plim nan _____ valiz la.
4) Chèz la _____ biwo a.
5) _____ ou m pa ka viv
6) Se pou volonte ou fèt______ tè a tankou_____ syèl la.
7) _____ diri, ti wòch goute grès.
8) Wap vote pou ou ___

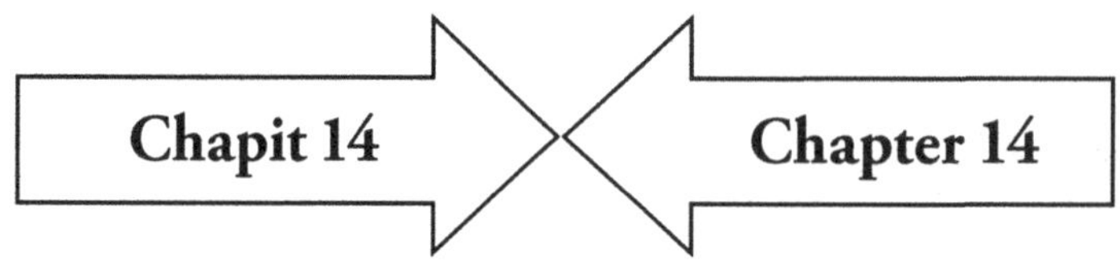

Konjonksyon (Conjunction)

14.1 Konjonksyon kowòdinasyon (Conjunction of coordination): Men, kote, donk, e, ka ni, ò

14.2 Konjonksyon de sibòdinasyon **(Conjunction of subordination).**

KREYÒL	ENGLISH	SENTENCES
A kòz	Because of, due to	A kòz ou pa vini, m oblije travay pou kont mwen.
A mwens [ke]	Except that	
Anvan	Before	
Apre	After	
Depi	Since	
Kan	When	
[Ke]	That	
Kòm (kon)	As	
Kòm si	As if	
Kou, kon	As	
Lòske	When	
Malgre	Even though	
Menm si	Although	
Pandan	While	
Pase pou	Instead of	
Paske	Why, because	
Pou m kap	So that	
Puiske	Because	
Si	If	
Sòf si	Except if	
Tandis ke	While	

14.3 Konjonksyon korelatif (**Conjunction of correlation)**

Both: toulede; so…so, **thus**: konsa; **one another**: yonn ou lòt; **either or**: ni…ni; **neither nor**: ni yonn ni lòt:; **not only… but also**; non sèlman, men ankò; **just in case**: sizoka

K	L	E	P		
K	R	E	Y	O	L

EGZESIS-DEVWA / ASSIGNMENT

Saktefèt(revizyon)?

Sakafèt (pwogram)?
Sakpralfèt (pwojè)?

A. Egzèsis ak devwa pou revizyon, refleksyon ou diskisyon.

Tradui an angle: si m te… m ta	English equivalent
- **Moun toujou di, ak yon "si" ou kapab mete tout lavil Pari nan yon boutèy.**	People used to say: With an "if", we could put Paris into a bottle.
- **Lè nou itilize si, kondisyon an kapab reyèl oubyen ipotetik.**	
- **Ann gade fraz sa yo: Si ou vini, m a ba ou yon kado.**	
- **Si ou vini, w a wè.**	
- **Si ou te konnen toujou dèyè; si m te gen lajan, m t ava achte yon chato.**	
- **Si m te milyonè, m ta ede malere.**	
- **Si m te manje manje a, m ta lopital jodi a.**	

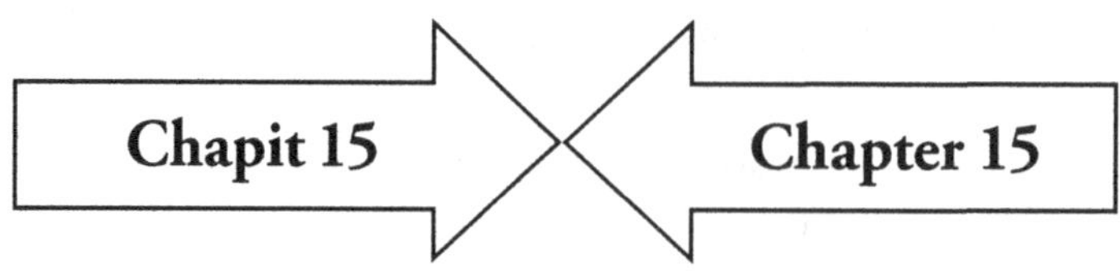

Chapit 15 / Chapter 15

Advèb (Adverb)

An **adverb** is a word that changes or simplifies the meaning of a verb, adjective, other adverb, clause, or sentence expressing manner, place, time, or degree. Adverbs typically answer questions such as how?, in what way?, when?, where?, and to what extent?(See http://en.wikipedia.org/wiki/Adverb).

15.1 Advèb de tan (**adverb of time**)

KREYÒL	ENGLISH	SENTENCE
Alè	On time	Se pou w vini alè
Alèkile	Nowadays	
Alò, atò	Then, not yet	
Ankò	Again, yet	
Avan yè	Before yesterday	
Ayè	Yesterday	
Davans	In advance	
Denmen	Tomorrow	
Jodi a	Today	
Kounye a (koulye a)	Now	
Lè	When, then	
Souvan	Often	
Toujou	Always	
Tousuit	Right away	
Toutalè	Soon	
Toutan	All the time, always	

15.2 Advèb de manyè (adverb of manner)

KREYÒL	ENGLISH	FRAZ
Kareman	Directly	Li joure m kareman.
Byen	Well	

Dousman	Slowly	
Mal	Bad	
San bui san kont	Without telling a word	
San chante kont	Without telling a word	
San di petèt	Without telling perhaps	
San zatann	Suddenly	
Senpleman	Simply	
Ti pa ti pa	Little by little	
Vit	Fastly, fast	

15.3 Advèb kantite (adverb of quantity)

KREYÒL	ENGLISH	ENGLISH
Anpil	A lot of	Anpil moun kwè nan Bondye.
Antyèman	Totally	
Anyen	Nothing	
Ase	Enough	
Enpe	A little	
Konplètman	Completely	
Mwatye	Half	
Mwens	Less	
Nanpwen	Nothing	
Pi (plis)	Plus	
Piti	Little	
Sèl	Alone	
Tou, tout	Also	
Trè	Very	
Trò (p); twò (p)	Too, too much, too many	
Yon sèl fwa	Once	
Yon katafal, yon dal (yon dividal)	A big quantity of...	
Yon kokenn chenn...	A big, an enormous, a huge amount...	

15.4 Advèb de lye (adverb of place).

KREYÒL	ENGLISH	SENTENCE
Anba	Downstairs, under	Se anba tant anpil moun ap viv.
Andedan (anndan)	Inside	
Anro (anwo), anlè	Upstairs, upon, up	
Atè	On the ground	
Bò	Side, at the side	
Devan	In front of	
Dèyè	Behind	
Isi (t)	Here	
Kote	Side, where, place	
La, laba	There	
Ladan (n)	Inside	
Lakay	Home	
Lwen	Far	
Nan mitan	At the middle	
Pre	Near	
Toupatou	Everywhere	
Toutotou	Around	

15.5 Advèb de degre (adverb of degree)

KREYÒL	ENGLISH	FRAZ
An antye	Thorouhgtly, completely	Li achte yon poul kuit an antye.
Anpil	A lot of	
Enpe	A little, a few	
Konplètman	Completely, thoroughtly	
Pezape, piti piti, lit lit	Little by little, easily	
Tout	All	

15.6 Advèb de afimasyon oubyen dout (adverb of affirmation or doubt)

KREYÒL	ENGLISH	FRAZ
Asireman	Surely	Asireman, lapli pral tonbe pita.
Janm (en)	Never	
Kanmenm	Surely	

Non	No	
Petèt	Perhaps	
San mank	Without ...	
Wi	Yes	

15.7 Advèb de frekans (adverb of frequency)

KREYÒL	ENGLISH	FRAZ
Pa...ankò, poko	Not yet	Si w poko vizite Ayiti, ou poko wè anyen.
San rete	Without stopping	
San sès	Continuously	
Souvan	Often	
Toujou	Always	
Toutan	All the times	
Yon sèl fwa	Only once	
Yon fwa	Once	

15.8 Advèb de rezilta (adverb of result): konsa (so), pa konsekan (consequently).[9]

15.9 Fòm espesyal advèb yo (special forms of adverb)

KREYÒL	ENGLISH
Byen, pi bon, miyò	Well/better/best
Move, pi move	Badly/worse/worst
Rapid, pi rapid, trè rapid	Quickly/more quickly/most quickly

15.10 Ekspresyon tan (expressions of time)

NO	KREYÒL (50)	ENGLISH	FRAZ
1	A lè	On time, in time	Vini a lè, m ap tann ou.
2	Ale w laba!	Go to the hell !	
3	Alob (gran maten)	Dawn	

[9] In Creole, there are several expletive words: **Non, wi, tande, en, o, la, papa; ti papa; ti pap; flannè, kouzen.... They are placed at the end of a sentence and they cannot be translated verbatim. They are used to reinforce the assertion** Ex. M pa konprann non: I do not understand); m tande wi (I am listening); ti gason, ale lakay ou tande! Small boy, go now. Mezanmi o! (my goodness!); Bondye o (my goodness!)? ki koze en? (look at such a thing!). Sa m tande la en? (what do I here?)

4	An avans	Early	
5	An reta	Late	
6	Anyèl	Yearly	
7	Apredemen	The day after tomorrow	
8	Apremidi	Afternoon	
9	Avanyè	The day before yesterday	
10	Ayè	Yesterday	
11	Chak de jou	Every other day	
12	Chak jou	Every day, daily	
13	Chak semèn	Weekly	
14	Demen	Tomorrow	
15	Depi	For, since	
16	Genyen, sa fè	Ago	
17	Inè	Hour	
18	Jodi a	Today	
19	Jou avan an	The day before	
20	Jou suivan an	The day after, the next day	
21	Kounye a	Now	
22	Krepiskil	Dusk	
23	Lannuit	Night	
24	Alèz	Quiet, at ease	
25	Lè solèy kouche	Sunset	
26	Lè solèy leve	Sunrise	
27	Lematen	Morning	
28	Mansyèl, chak mwa	Monthly	
29	Midi	Noon	
30	Minui	Midnight	
31	Nan epòk la	At that time	
32	Nan yon semèn	Within a week	
33	Nan yon ti moman	In a little while	
34	Nap lite san pran souf	We are strugling without delay	
35	**Nap viv nan** chenmanjechen	We are living in division	
36	Pandan semèn nan	During the week	
37	Semèn pase	Last week	
38	Semèn pwochèn	Next week	

39	Swa	Evening	
40	Titalè	A little while ago / in a little while	
41	Tousuit	Right away	
42	Tout semèn yo	Every week	
43	Yon ane	Year	
44	Yon deseni	Decade	
45	Yon fwa	Once	
46	Yon fwa pa semèn	Once a week	
47	Yon jou, yon jounen	One day, a day	
48	Yon milenyèm	One millennium	
49	Yon minit	One minute	
50	Yon mwa	One month	
51	Yon segond	One second	
52	Yon semèn	One week	
53	Yon syèk	One century	
54	Yon ti tan apre	A little while ago	

K	L	E	P		
K	R	E	Y	O	L

EGZESIS-DEVWA / ASSIGNMENT

Saktefèt(revizyon)?
Sakafèt (pwogram)?
Sakpralfèt (pwojè)?

A. Egzèsis ak devwa pou revizyon, refleksyon ou diskisyon.

Idantifye advèb ki nan fraz sa yo oubyen konplete espas yo ak advèb.

1. Alèkile atò, tout moun ap di m gen chans.
2. Avanyè se te dimanch, jodi a se lendi ; demen va madi ; apredemen ap mèkredi; rès jou nan semèn nan se: jedi, vandredi ak samdi.
3. Mèsi davans ; jodi a se pou mwen, demen se pou ou.
4. Kounye a, ann pale fran.
5. Di m ______ sa k te pase.
6. pale _______ pou m kap koprann.
7. Mete atè ______ ________

8. _____ _____ li pran kriye.
9. _____ _____ zwazo fè nich.
10. Mache ____ magazen an pral fèmen.
11. Medizan mal palan pa kite l viv ______.
12. ______ moun pa konnen sa sa ye renmen.
13. _____ pa di map rete pòv.
14. ____ ou pale, plis ou saj.
15. Pitit mwen, konbyen fwa pou kichòy fè? ________
16. De pa _____
17. ____ pale sou mwen; do m long li laj.
18. ____ Kote ki gen dlo ak sèl moun ap viv.
19. ______, nap avanse.
20. Nou vle fini travay la ______
21. Banm enpe dlo, souple.
22. De se _____, twa se peche
23. Ou pa bezwen pè, map vini _____.
24. Wi, se ou ki Wa tout bon
25. Li aksepte kondisyon an san di ______.
26. Wi pa monte mòn, men ____ pa konpwomèt pèsonn.
27. Monchè, pa _____ fè m sa ankò.
28. Nap travay ________
29. Timoun nan ap kriye ______.
30. Toutan gentan nap toujou lite pou n viv.
31. Yo toujou di : pèp ayisyen ____pare pou demokrasi
32. Mont ou an ________
33. _______ Bondye mete, nap lite pou n pèfeksyone tèt nou.
34. Nap travay pou ____ vin pi bèl
35. ______, nou pran yon bon beny avan n dejene.
36. Depi _______ jiskake l kouche, gade moun ki chita ; kòman fè se nou sèl ki debou?
37. Lajounen kou _____ nap redi.
38. Nan yon ti moman, nou pap wè m ankò.
39. N a wè Bondye ________
40. _____ pou Bondye se tankou yon jou pou nou.
41. _____ m te ale Disni Wòl.

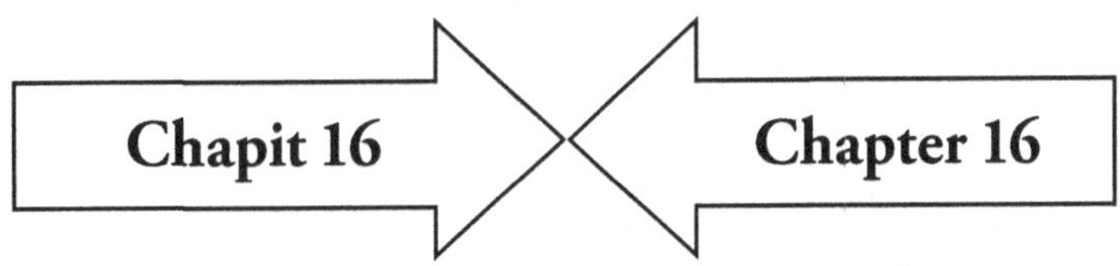

Entèjeksyon (interjection)

Entèjeksyon se mo ki eksprime emosyon. Pa egzanp, nou ka di: Ay Bondye! Woy!

16.1 Lis entèjeksyon / list of interjections

	KREYÒL	ENGLISH	FRAZ AN KREYÒL
1	A la / a la yon / a l on!	What a…!	A la bon li bon!
2	A la traka!	What a problem!	
3	A!	Ah!	
4	Aba!	Down!	
5	Alo!	Hello, hullo!	
6	Anmwe (sekou)!	Help!	
7	Annavan!	Let's go! Go ahead!	
8	Anverite!	Really!	
9	Avi!	For ever!	
10	Ay Bondye!	My goodness!	
11	Ayayay!	Wow!	
12	Bon!	Well!	
13	Bondye padone m!	May God forgive me!	
14	Bravo!	Bravo!	
15	Byen!	Well!	
16	Chè!	Dear!	
17	E!	Eh!	
18	Elas!	What a pity! Alas!	
19	En!	What!	
20	Fout!	Danm it!	
21	Fout tonnè	Hi!	
22	Jou a la!	The day will come!	
23	Jou va jou vyen!	The day comes and the day goes!	

24	Komanman!	Wow!	
25	Koumatiboulout !	Wow!	
26	Lapè!	Peace!	
27	M ale!	I am going!	
28	M pa tande non!	I do not hear!	
29	Mezanmi !	My goodness! [my friends]	
30	Mm!	Hmm!	
31	O!	oh, o!	
32	Oke!	Ok!	
33	Pinga!	Beware!	
34	Rete !	Wait a minute!	
35	Tande!	Hey! Do you hear!	
36	Tonnè (fout)	Gush!	
37	Tonnè de Dye!	God damn it!	
38	Tonnè kraze m!	[May] a thunder hurt me!	
39	Wi fout!	Wow!	
40	Wipip!	Wow!	
41	Wololoy!	Wow!	
42	Wouch!	Ouch!	
43	Woy fout (tonnè)!	My goodness!	
44	Woy! (wouy!)	Oh!	

K	L	E	P		
K	R	E	Y	O	L

EGZESIS-DEVWA / ASSIGNMENT

Saktefèt(revizyon)?

Sakafèt (pwogram)?
Sakpralfèt (pwojè)?

A. Ranplase tirè a ak yon mo ki konplete sans fraz la

1. _______ okenn moun pa konnen kilè nap mouri, nou tout dwe prepare pou lanmò.
2. ______ nou viv ajenou, nou pito mouri kanpe.
3. _______ je pran kou, nen kouri dlo.

4. _______ nou pa ta kapab, nou asire ou nap la demen.
5. _______ tout sa ou fè m, m toujou rete zanmi ou.
6. _______ ou pat konprann anyen ditou.
7. _______ ou ede tèt ou, map ede ou.
8. _______ se ou menm sèl ki sèl kòk chante isit la, m oblije obeyi.
9. _______ nou di sa, m pa fin kwè nou nèt.
10. _______ dans, tanbou lou.

B. Konplete avèk mo ki kòrèk

1. ________ mezanmi pou lave kay tè!
2. _____ !Ki sa pou m fè kounye a!
3. _____ _____ si nou pa ne nan dlo ak nan lespri, nou pap antre nan wayom Bondye a.
4. _______, gade sa yo fè m non !
5. _______ sòlda, nou pral nan lagè
6. _______, se li ki pran bekàn nan.
7. _______, ou byen fè!
8. _______, kòman ou ye?
9. _______ pou lave kay tè!
10. _______, me yo vle asasinen m
11. _______, m pap fout kite sa.
12. _______, gadon bèl zaboka!
13. _______, gade ki jan m tonbe!
14. _______, ayibobo pou li.
15. _______, m pa la papa!
16. _______, map vini demen.
17. _______, ala bon sa bon.
18. Ti gason, koute papa ou ______!
19. ________ pou nou tout !
20. Ki nouvèl sa? ____________

C. Twouve ekivalan mo oubyen ekspresyon sa yo

1) Ala traka papa!
2) M sezi!
3) O Bondye!
4) Mezanmi!
5) Elas Papa Bondye!
6) Ayayay!
7) Apali papa!
8) Wololoy!
9) Se pa jwèt!
10) M! m! m!

D. Ann diskite. Rèl oubyen jès zannimo (cry of animals)

ANIMAL	English	English	English
Chen	Oup! Oup!	Dog	Woof! Woof!
Chat	Myaw	Cat	Meow
Kòk	Koukouyoukou	Cock	Cockadoodledoo
Kodenn	Gonfle	Turkey	Gobble gobble
Bèf	Mou w!	Beef	Moo
Zwazo	Chante	Bird	Tweet tweet
Kochon	Wenk wenk	Pig	Oink oink
Bourik	Ranni	Ass	Hee-haw

E. ANONS. Èske ou konprann anons sa yo. Kòmante.

a)

Kòman, si pa gen
wout ki fèt anpant
nan Pòtoprens
bogota pap stat ?

b) Yon espòt (piblisite) nan radyo te di konsa: Mezanmi! Gad eta twou yo! (Ertha P. Trouillot te prezidan nan lè sa an Ayiti)

c) Yon anplwaye leta:

Yon lòt sitwayen konsekan:

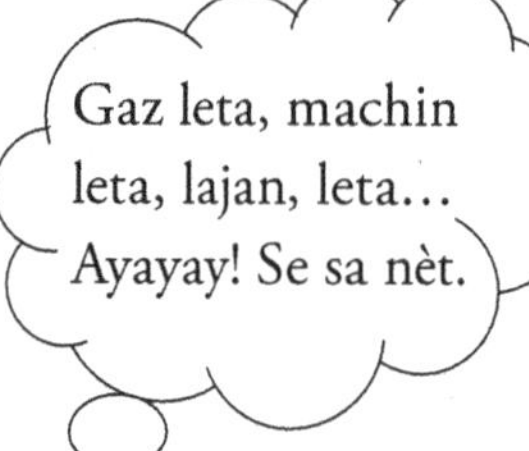

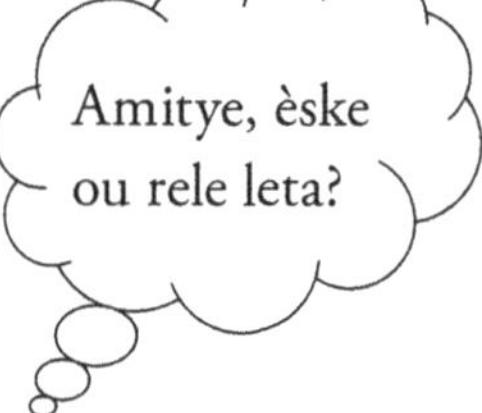

d) Yon prezidan tap pran egzil. Li di moun kap fe demenajman an konsa:

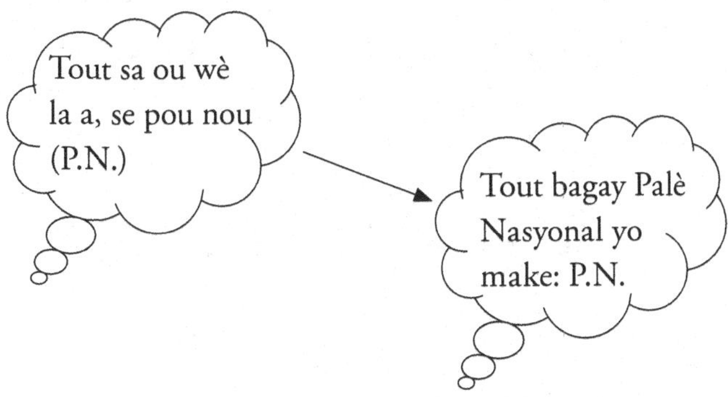

e) Yon espòt radyo nasyonal lontan: Radyo Nasyonal se pa m, se pa w, se pou nou tout.

f) Devan bè maryàn, tout lòt bè yo rete bèbè!

g) … An! Nou pa konn CAM? Nap konn jòj!

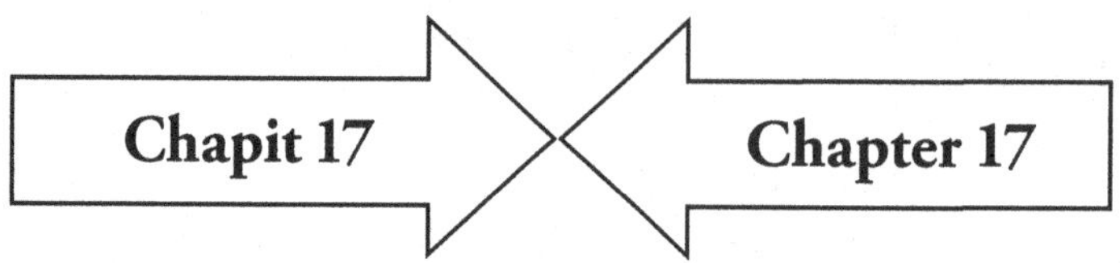

Dyalèk kreyòl / Creole Dialect

17.1 Varyasyon oubyen dyalèk kreyòl / Creole variation

Tankou sa fèt nan tout lang, kreyòl pa pale menm jan nan tout rakwen peyi d Ayiti. Nou kapab note diferans lan si nou fè yon vwayaj touristik entèn nan nò, nan sant, nan lwès ak nan sid peyi a. Si nou fè yon envestigasyon tou ak plizyè moun ki soti diferan kote nan peyi a, n a wè sa. N a remake tou se nan lwès kote kapital Pòtoprens chita nou ka jwenn yon melanj tout diferans sa yo, tout dyalèk sa yo ki pale nan diferan zòn an Ayiti. Pa egzanp, nan pati sid peyi a, se pwononsyasyon lèt H aspire (trè fò) olye de lèt R ki fè diferans lan. Lòt karakteristik moun nan sid ankò se nan plizyè lòt fason yo pale tankou lè yap di: M pe, tandiske nan rès peyi a, moun yo di : M kapab. Yon moun nan sid kapab di: depi m maten m pe travay di, menm m pa pe manje (Since this morning, I am working hard, but I cannot eat). Nou pa pale isit la de sistèm lengwistik jèn yo te konn envante tankou **bolit ak jagon.**

Si nan menm peyi d Ayiti nou jwenn diferans sa yo, ale wè pou lang kreyòl ki pale nan lòt peyi. Nou kapab jwenn diferans yo tou ant lang kreyòl la ak lòt lang tankou panyòl ak angle. Pa egzanp, an Ayiti anpil moun rele Toto; nou jwenn anpil bank bòlèt ki rele "Chez Toto". Poutan, an Dominikani, peyi vwazen an, toto se yon move mo. Jan moun La Dominik di lè yo wè de machin fè aksidan (yo di yo wè de machin ap konyen), se pa konsa ayisyen di lè yo wè menm fenomèn nan. Yon gason pou yon ayisyen se yon boug pou kèk moun Senmaten, tandiske an Ayiti, boug gen yon sans pejoratif de move chèf. Lè yon moun La Dominik di lap kriye yon timoun, yon ayisyen di lap rele yon timoun (to call, not to cry). Konsa, nou kapab jwenn anpil diferans ant lang yo. Ann chèche konnen nan ki zòn peyi d Ayiti yo itilize mo sa yo: Bokit, kin; kannistè, mamit; chache, chèche. Kontinye chèche lòt mo ankò.

Write a summary of the equivalent meaning of the Creole text that is on the left side.

17.2 Diferan jan moun yo pale nan peyi a nan tablo ki pi ba a:

NAN SID	NAN NÒ	NAN SANT	ENGLISH
An ho	Anwo	Anwo	Upstairs
M pe	M kapab	M kapab	I can
Kroke	Pann	Pandye	To hang up
Pa m	Kinan m	Kinan m	Mine (possessive adjective)
Kay mwen	Kay anm	Kay mwen	My house
Lan	Nan	Nan	In, at
Lakay mwen	Lakay anm	Lakay mwen, chiman m	At / in my house

17.3 Anòmali an kreyòl

Kreyòl I	Kreyòl II	English
Ake	Avèk	With
Amen / alelouya	Ayibobo	Amen
Bliye	Bilye	To forget
Bodmè	Bòdemè	Seaside
Bra	Bwa	Arm
Bri	Bwi, bui	Noise
Chache / bouske	Chèche	To look for
Chen	Chyen	Dog
Chonje	Sonje	To remember
Disèl	Sèl	Salt
Dou	Dous	Sweet
Efò	Jefò	Effort
Fache	Move	To get mad
File	Koze; pale ak	To talk with a girl
Gadinaj	Gadinay	Breading / rearing
Gonbo	Kalalou	Okra
Gwayav	Gouyab	Guava
Jòmou	Joumou	Pumpkin
Jwa	Jwè	Player
Kacheman	Kachiman	A tropical fruit
Kachimbo	Pip	Pipe
Kana	Kanna	Duck

Kannistè	Mamit	Can / pot
Kawo	Fè [a repase)	Iron
Kin	Bokit	Bucket
Kòkòtò	Chich	Stingy
Konbe	Konbyen	How much / how many
Kouyi	Keyi	To harvest
Manmzèl	Madmwazèl	Mrs.
Moute	Monte	To go up / to climb
Nan	Lan	In, within
Onè respè	Chapo ba	Compliment [for you]
Out	Dawou	August
Pa	Kina / kinan	Kina / kinan
Pann (pandye)	Kwoke	To hang (up)
Pannad	Soup pen	Bread soup
Pitan m	Pitit mwen	My son/ daughter
Pope	Poupe	Doll
Rad a ou/ rad a w	Rad ou a	Your suit
Souye	Siye	To dry
Vit	Rapid, trapde, san pèdi tan; nan yon bat je…	Fast

17.4 Kreyòl dyaspora ayisyen an. Kisa ou konprann nan sa? Konplete tablo a

Incorrect words	**Original words**	**Kreyòl**	**Sentence**
Kwata	Quarter	Vennsenk santim ($0.25)	Banm yon kwata souple
Awa			
Pipo			
Chefwe			
Amo			
Enpwouve	Improve (English)	Amelyore	M vle amelyore sitiyasyon mwen
Choulèt (from the spanish word chuleta)			

17.5 Nyans ki genyen ant kreyòl pale ak kreyòl ekri

TEKS NOMAL	SA PEP LA DI	MO ABREJE
Mwen prale nan jaden	M pral nan jaden	Mwen, prale
Di mwen ki kote ou prale la!	Di m kot ou pral la!	Mwen, kote, prale
Mwen pa konnen sa li prale di mwen	M pa konn sa l pral di m	
Mwen pa fouti di li koze sa a	M pa fouti di l koze sa	
Annou di li ki kote li ye	Ann di l [ki] kote l ye	
Zòye pa li a pi bèl pase pa mwen an	Zòye pa l la pi bèl pase pa m nan	
Bwòs li a fini, men li toujou ape sèvi avè li	Bwòs li a fini, men l toujwapsèvi avèl	
Li renmen pa moun men li pa ape bay moun anyen	Li renmen pa moun men l pap bay moun anyen	
Ou fè sa ou vle avèk pope rebeka sa a	Ou fè sa w vle ak pope Rebeka sa a	
Kòman ou fè rive la?	Kòm on fè rive la?	
Kòman ou fè panse konsa?	Kòm on fè panse konsa?	
Jan ou di li a pa bon	J on di l la pa bon	
Pouki sa ou rete chita nan estasyon machin nan konsa?	Pouki sò ret chita nan estasyon machin nan konsa?	
Depi maten, mwen pa bwè, mwen pa manje	Depi m maten, m pa bwè, m pa manje	
Se kan ou pran ou konnen	Se kon pran w konnen	
Si ou pa genyen parapli, ou pa kapab soti nan lapli a	Si w pa gen parapli, ou pa ka sot nan lapli a	
Si ou pa gen kodak, ou pa kapab fè foto	Sou pa gen kodak, ou pa kab (kap o ka) fè foto	
Jan ou fè kabann ou, se jan ou kouche	Jon fè kabann ou, se jon kouche	
Kijan ou kwè sa li di ou la?	Ki jon kwè sa l dou (di w) la?	
Mwen pa konnen pouki sa yo ap plede nui mwen konsa	M pa konn pouki sa yap plede nui m konsa	
Mwen pa konnen pouki sa lapli pa tonbe	M pa konn pouki sa lapli pa tonbe	
Li pa te isit, li te ape viv an Frans	Li pat isit, li tap viv an Frans	
Mwen konnen pouki sa ou pa di mwen bonjou a	M konn pouki w pa di m bonjou a	
Ou a sezi wè li	Wa sezi wè l	
Fò nou di Bondye mèsi pou tout sa li fè pou nou	Fò n di Bondye mèsi pou tout sa l fè pou nou	

17.6 Efemis (ann di l yon lòt jan)

Efemis	Euphemism
Anpil fwa, ayisyen pale an daki, an pwovèb, an pwen. Yo konn di lap fè mawonnay. Men gen kèk fwa tou, se efemis li itilize. Gen twa fason yon moun kapab di yon bagay, menm lè l anplwaye yon sèl mo: (1) li ka itilize mo a nan yo sans poli (efemis oubyen bon mo); (2) nan yon sans ki net (ki pa ni bon, ni move) ou (3) nan yon move sans (disfemis). Gen kèk egzanp pi ba a sou twa kalite siyifikasyon yon mo.	Often, Haitian people speak by using circumlocutions, proverbs, or other forms to emphasize or hide what they say. It is said that they used to evade a conversation. However, often, it is the euphemism that they use instead. The definitions of "euphemism" and "dysphemism" presuppose that there are three words for a thing in different registers: a polite word (euphemism), a neutral word, and an impolite word (dysphemism).

17.6.1 Egzanp de efemis

Disfemism	Mo net	Efemis	Mo ou ekspresyon kreyòl
Prick	Penis	Genitals	Pati entim gason
Take a shit	Go to the bathroom	Defecate	Ale nan twalèt
Stingy	Careful	Thrifty	
Terrorist	Rebel	Freedom fighter	
Pigheaded	Stubborn	Firm	
Slut, tramp	Promiscuous (person)	Playboy, ladykiller, Don Juan	

K	L	E	P		
K	R	E	Y	O	L

EGZESIS-DEVWA / ASSIGNMENT

Saktefèt(revizyon)?

Sakafèt (pwogram)?
Sakpralfèt (pwojè)?

A. Egzèsis ak devwa pou revizyon, refleksyon ou diskisyon.

KREYOL	English
1) Ki lòt jan nou kapab di mo ak ekspresyon sa yo: ale nan twalèt, li nan prizon; yon peyi pòv, mansonj, fo dan, bayakou, mandyan. 2) Pwolonje lis la e diskite.	

B. Ann kòmante e tradui. The words in column I and II are synonyms, but there is a different among them. Put them in English and make a comment.

MO I	MO II	KREYOL / ENGLISH
Prizon	Mezon de koreksyon	Jail, prison
Kay pou moun ki pwatrinè	Sanatoryòm	
Fatige	Pa enterese	
Pòv	Pa gen anpil lajan	
Teworis	Sou devlope	
Revoke	Defansè dwa moun	
Retrèt	Abandon de pòs	
Sekretè	Anplwaye egzekitif	
Mouri	Desede, ale, kite nou; zo l pa bon pou fè bouton, pa nan moun ankò…	

18.6.2 Efemis ak Disfemis (Euphemisms and Dysphemism)

NO	**Word**	**Euphemism**	**Mo Kreyòl (efemis) ki pi kouran**
1	Accident, crisis, disaster	Incident	Ensidan, aksidan
2	Addict; addiction	Substance abuser; substance abuse, chemical dependency	Dwògadik
3	Adulterous	Extramarital	
4	Arrest (v)	Apprehend	
5	Beggar	Panhandler, homeless person	
6	Bombing	Air support	
7	Break-in	Security breach	
8	Brothel	Massage parlor	
9	Cheap	Frugal, thrifty, economical	

10	Coffin	Casket	
11	Complaint form	Response form	
12	Confinement	Detention	
13	Criminal (adj)	Ilegal	
14	Criminal (young)	Juvenile delinquent	
15	Crippled	Disabled, physically challenged	
16	Custodian	Building maintenance staff	
17	Dead	Departed, deceased, late, lost, gone, passed away	
18	Death insurance	Life insurance	
19	Death penalty	Capital punishment	
20	Death	Demise, end, destination, better world, afterlife	
21	Deaths	Body count	
22	Die	Pass away, pass on, expire, go to heaven	
23	Drug addict	Substance abuser	
24	Drugs	Ilegal substances	
25	Drunk (adj)	Intoxicated, inebriated, tipsy	
26	Exploit (land)	Develop	
27	Fail	Fizzle out, fall short, go out of business	
28	False (adj)	Prosthesis	
29	False teeth	Dentures	
30	Fat	Overweight, chubby, portly, stout, plump	
31	Fire (v)	Lay off, release, downsize, let go, streamline, rightsize	
32	Garbage collector	Sanitation person	
33	Garbage dump	Landfill	
34	Genocide	Ethnic cleansing	
35	Hyperactive	Attention Deficit Disorder (ADD)	
36	Ilegal worker	Undocumented worker	
37	Imprisoned	Incarcerated	
38	Informer	Confidential source	
39	Jail	Secure facility	
40	Jungle	Rain forest	
41	Juvenile delinquent	Problem child, at-risk child	

42	Kill	Put down/away/out/to sleep	
43	Kill on a mass basis	Liquidate	
44	killing of innocents	Collateral damage	
45	Lawyer	Attorney	
46	Lazy	Unmotivated	
47	Lie (n)	Fib, fabrication, cover story, story, untruth, inaccuracy	
48	Make love	Sleep with	
49	Money	Funds	
50	Mortuary	Funeral home/parlor	
51	Multi-racial	Diverse	
52	Murder	Hit, kill, do someone in, finish off someone	
53	Noisy	Boisterous	
54	Office equipment	Productivity products	
55	Old	Mature, distinguished, senior, traditional, seasoned, new (e.g., the house is two years new)	
56	Old age	Golden age, golden years	
57	Old person	Senior citizen, pensioner	
58	Old persons' home	Convalescent hospital, retirement home, rest home, nursing home	
59	One-room apartment	Studio apartment, efficiency	
60	Pay (n)	Remuneration, salary	
61	Person	Representative, individual	
62	Perspire, perspiration	Sweat	
63	Police officer	Peace officer	
64	Poor children	At-risk children	
65	Poor nation	Emerging nation, developing nation, third-world nation	
66	Poor student	Underachiever, underperformer	
67	Poor	Low-income, working class, modest, underprivileged	
68	Power failure	Service interruption	
69	Prison	Correctional facility	
70	Prisoner	Inmate, convict, detainee	

71	Problem	Issue, challenge, complication	
72	Rain, snow, hail	Precipitation	
73	Remedial education	Special education	
74	Removed from duty	Put on administrative leave	
75	Repression (social, political)	Law and order, law enforcement	
76	Retarded	Special, slow, mentally challenged	
77	Rough	Physical	
78	Rude	Self-centered	
79	Sales	Marketing	
80	Salesman, saleswoman	Sales associate	
81	Say	Indicate, disclose, mention	
82	School	Institute	
83	Secretary	Administrative assistant	
84	Selfish	Self-centered	
85	Sexual intercourse	Sleep with, make love	
86	Sexual relations (illicit)	Liaison	
87	Sexual relationship	Involvement, intimate relationship, affair	
88	Sick	Indisposed, ill, under the weather	
89	Small	Quaint, cozy, petite	
90	Software product	Solution	
91	Solve	Resolve	
92	Spy (n)	Source of information agent	
93	Spying	Surveillance	
94	Steal	Appropriate, salvage, lift, borrow	
95	Stupid	Slow	
96	Suicide (to commit)	To end it all, take the easy way out, do oneself in	
97	Surprise attack	Preemptive strike	
98	Sweat (v)	Perspire	
99	Talk (v, n)	Converse (v), conversation (n)	
100	Teacher	Educator	
101	Theft	Inventory shrinkage	
102	Tip (n)	Gratuity	

103	Toilet	John, WC, men's room, restroom, bathroom, washroom, lavatory	
104	Totalitarian	Authoritarian	
105	Tramp	Homeless person	
106	Ugly	Unattractive, modest, plain	
107	Underwear (women's)	Lingerie	
108	Unemployed	Between jobs, taking time off	
109	Unreserved seating	General admission, festival seating	
110	Used	Previously owned, pre-owned, refurbished, second-hand	
111	Vagrant	Homeless person	
112	Venereal disease	Social disease	
113	Victim	Casualty	
114	Wrong	Improper, questionable, impropriety (n)	

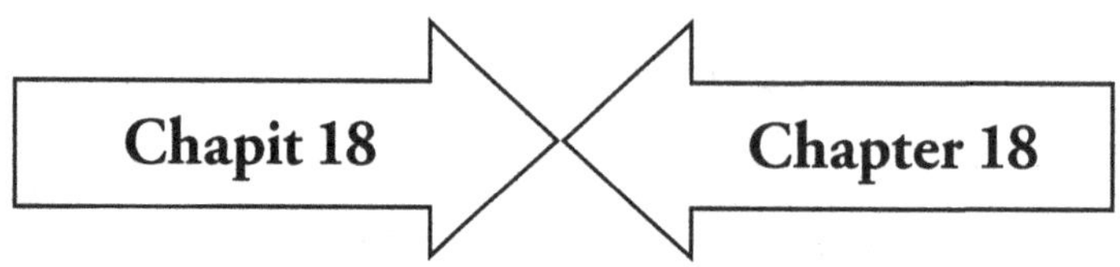

Chapit 18 — Chapter 18

Teknik tradiksyon kreyòl-English / Translation Creole-English techniques

18. Teknik pou tradiksyon kreyòl

NO	ENGLISH	KREYÒL
1	Act of updating, updated	Mete a jou, korije
2	All along	Depi okòmansman, tout moman, toutan
3	Answer the purpose	Ranpli kondisyon yo, rezoud pwoblèm nan
4	Better off	Nan meyè (pi bon) pozisyon
5	Birth	Ne, akouche, nesans
6	Book a room	Rezève yon abitasyon
7	Book an order	Pran e note yon kòmand pou livrezon
8	Bottling	Mete nan boutèy
9	Calling into question, pointing a finger at	Mete an koz
10	Canning, leg-pulling	Mete nan bwat, ridikilize
11	Capital outlay	Mete fon kapital
12	Clock tower	Tou òlòj la
13	Conditioning	Etabli kondisyon
14	Cook helper	Èd kuizinye
15	Development, improvement	Devlope, met an valè
16	Effective-communication channels	Bon jan kanal kominikasyon
17	Enforcement	Aplike /aplikasyon
18	Enhancement, accentuation	Mete an relyèf ; mete aksan sou
19	Filter paper	Papye filtè a
20	Formal demand or notice	Fè demann fòmèl
21	Group- insurance program	Pwogram asirans pa group
22	Implementation, enforcement	Egzekisyon, enplemante, aplike
23	Indictment	Akizasyon
24	Involvement, bringing into play	Mete en je, angaje

25	List price	Pri lis la
26	Long-wave reception	Resepsyon ond long
27	Off hand	Sanzatann
28	On no account	Nan okenn sikonstans
29	On the air (Radio)	Mete anlè (radyo); nan lè
30	On the air (theater, film)	Mete an sèn; ouvè rido, mete nan lè
31	On the go	An mouvman, aktif
32	On the spur of the moment	Sanzatann
33	Out of favor	An disgras, pèdi prestij, pèdi pouvwa
34	Pantryman	Kuizinye nan kuizin frèt la
35	Paper filter	Filtè papye
36	Parking	Pake, gare (yon machin)
37	Pawning	Mete nan plàn, plane
38	Placement into a coffin	Mete nan sèkèy
39	Placing under investigation	Mete anba envestigasyon
40	Present with	Fè kado
41	Price list	Lis pri a
42	Profit-sharing program	Pwogram patisipasyon benefis
43	Putting into practice	Pratike
44	Putting or starting into service The bus will be put into service on...	Mete an sèvis. Bis lap nan sèvis jouka....
45	Reserve/upset price	Etabli pri
46	Setting up	Mete sou pye
47	Starting up (a machine or apparatus)	Mete an mach, kòmanse
48	Stockman	Anplwaye depo
49	Sugar cane	Kann a sik
50	To believe	Kwè
51	To call off	Sispann, elimine
52	To call on	Vizite, solisite
53	To cut in	Entèwonp, twouble, deranje
54	To do away with	Elimine, fini ak
55	To draw up	Redije, prepare
56	To drop out	Kite tonbe, abandone
57	To give out	Bay, divilge, gaye
58	To kill	Tiye

59	To look after	Pran swen de, okipe
60	To look back	Reflechi, medite
61	To look forward to	Antisipe, tann ak plezi
62	To make a fool of	Twonpe, ridikilize
63	To make both ends meet	Viv ak sa ou genyen
64	To make out	Dechifre, konprann, dedui, imajine, prepare
65	To mention	Mansyone, mete sou tapi
66	To name after	Rele li, ba li non
67	To put off	Ranvwaye, ajoune
68	To ring about	Reyalize, efektye, koze
69	To set-up	Asanble
70	To show	Mete aklè, demontre
71	To take after	Sanble ak, suiv egzanp de
72	To take back	Chanje lide, dedui
73	To take for granted	Pran pou vre, pa bay enpòtans a
74	To take stock	Fè envantè
75	To tamper with	Falsifye, fòse
76	To tie in with	Tonbe dakò ak
77	To tie up	Anpeche, bare wout
78	Tower clock	Òlòj tou a
79	Tuning, focusing, clarification	Mete a pwen, eksplike, mete a klè
80	To make sure	Asire w

K	L	E	P		
K	R	E	Y	O	L

EGZESIS-DEVWA / ASSIGNMENT

Saktefèt(revizyon)?

Sakafèt (pwogram)?
Sakpralfèt (pwojè)?

A. Egzèsis ak devwa pou revizyon, refleksyon ou diskisyon.

KREYOL	English
Tradui ekspresyon sa yo an anglè: 1) Gen yon pwoblèm enteresan ki atire atansyon nou. 2) Si kreyòl pale te kreyòl ekri e si kreyòl ekri te kreyòl pale, nou pa tap gen pwoblèm ditou nan domèn lang lan. 3) Rann omaj a moun ki merite sa. 4) Yon bon jan kanal de kominikasyon.	Translate the following in English

B. Ann tradui e ekri. Translate into English

Kesyon/repons **Translation**

Ki moun sa ye? Sa se Denise: ______

Ki moun ki manje manje a? Se papa ki manje l: ______

Ki sa sa a ye? Sa a se yon ban: ______

Ki lè li ye? li twazè: ______

Ki lèl l fè? Li fè uitè: ______

Ki kote ou fèt? M fèt Gonayiv : ______

Moun ki kote ou ye? M se moun Hench: ______

Kijan ou fè rive la a? Se paske m konn debrouye m: ______

Pouki sa ou vini ? M vin chèche travay: ______

Èske ou gen diplòm? Oui mwen genyen diplòm: ______

Èske se tout bon ou di sa? Non, se jwe map jwe: ______

Kòman ou rele? M rele Wobè: ______

Kote paran ou moun? (yo se) Moun nan Sid: ______

Kilès ou genyen nan Okay? M konnen anpil moun: ______

Kilès ki vle pale? Mwen vle pale: ______

Kisa legliz la ye? Legliz la se pèp Bondye a: ______

Kilè wap tounen? Map tounen samdi pwochen: ______

Kijan pitit la ye? Li pa pi mal: ______

Konbyen kokoye sa a koute? 2 goud: ______

C. Kisa nou panse de tradiksyon sa yo:

a) Fè sur moun yo konprann :
b) Si ou ta gen okenn pwoblèm, voye di m sa... :
c) Pipo kwè nan sipèstisyon
d) Prensipo lekòl a rele Glennda

D. Ann tradui, ekri e komante. Chwazi nan mo sa yo pou ekri yon fraz anglè nan kolonn ki adwat la: **Aberrant, abet, abeyance, loathe, abscond, abstemious, abstruse, abut, agape, agnostic, agog, amnesia, animadversion, aphasia, atavism, bereavement, canard.**

Kreyòl	English
1. Sa se pa yon bagay ki nòmal.	
2. Li te ede nan fè krim nan.	
3. Aktivite a rete an sispens.	
4. Li fè sèman l pa bezwen l.	
5. Li deteste l anpil.	
6. Li kouri al kache lè li wè verite a.	
7. Mena pa manje anpil.	
8. Enfòmasyon an trè difisil pou konprann	
9. Kote yo rankontre a pa lwen bouk la.	
10. Pou gwo efò l fè, yo ba li yon pri.	
11. Chak fwa li wè ti fi a, li kouri al koze avè l.	
12. Lè l wè l aji konsa, li rete bouch be.	
13. Li se yon sentoma, li pa fasil kwè nan sa moun di l.	
14. Chak fwa l bezwen lajan, li fin anraje sou mwen	
15. Ti kado sa yo pa gwo, men se yon bèl jès.	
16. Remak kritik sa yo se pou w kapab korije.	
17. Apre aksidan an, tinèg la pèdi lapawòl (li pa ka pale).	
18. Ti moun sa yo plis sanble ak gran gran papa yo.	
19. Gwo pèt li sot fè a aflije l anpil.	
20. Se pa ti kras moun ki te nan Jeriko a nan Miami.	
21. Sa w tande a se sèlman yon rimè ki pa fonde.	

E. Manje kreyòl. Cheche nan Youtube chante ki anba a; apresye l e repwodui l an kreyòl.

Let us play and sing: Mama darling; Papa dear (**Manman doudou, papa cheri**); Give us local food to eat. Mama darling; Papa dear; We want to eat local food. Monday, what we want : Corn and beans, vegetables. Tuesday, what we want : Manioc, sweet potatoes, breadfruit, yams and sauce. Wednesay, what we want : Sorghum, beans, meat sauce and fresh juice. Thursday, what we want : Tonm tonm [a dish made with okra], uncle tonm tonm…. Friday, what we want : White corn, fish and avocado.

Saturday, what we want : Soup with goat meat, black beans, dumplings and crab. And Sunday? Local rice, local chicken, plantains… yes! Elders agree? Yes! Even children agree? Yes! Farmers agree? Yes! The government agrees? Yes! Haiti, stand up! Yeeeeeeeeeeeeee (Check it in Internet in: Manman doudou KPL), (kore pwodiksyon local)

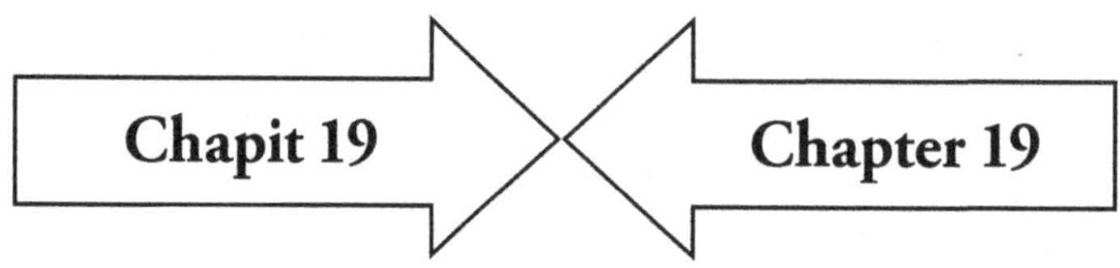

Lang ak kilti kreyòl / Creole language and culture

19.1 Aspè kiltirèl kreyòl ayisyen

Chak peyi gen kilti pa li. Ayiti pa fè eksepsyon a règ sa a. Pi ba a, n ap jwenn kèk enfòmasyon sou kilti ayisyen an, espesyalman nan pwovèb yo.

19.2 Pwovèb ayisyen.

Lang kreyòl la gen anpil pwovèb. Anpil nan yo negatif, men pifò nan yo pozitif. Nan tablo pi ba a, nap jwenn kèk pwovèb negatif. Eske nou konprann yo? Pouki sa yo negatif? Mete yo an angle oubyen chèche yon ekivalan pou yo chak. Note aspè powetik kreyòl la.

19.2.1 Kèk pwovèb negatif

NO	KREYÒL	ENGLISH
1	Aprè dans, tanbou lou.	
2	Bat chen an, men tann mèt li.	
3	Baton ki tiye chen blan, se li kap tiye chen nwa tou.	
4	Bay kou bliye, pote mak sonje.	
5	Bèf pa janm di savann mèsi.	
6	Bèf pou wa, savann pou wa, ya demele yo.	
7	Bondye bon.	
8	Bondye konn bay, li pa konn separe.	
9	Bondye padonen, nèg pa padonen.	
10	Bouche nen w pou bwè dlo santi.	
11	Bourik travay, chwal galonnen.	
12	Byen konte, mal kalkile.	
13	Byen san swe pa pwofite.	
14	Chen ki gen zo pa gen zanmi.	
15	Chak koukouy klere pou je l	
16	Chen ou fè byen se ou li mòde lè li anraje.	

17	Dan pouri gen fòs sou bannann mi.	
18	Danmijann poko plen, boutèy paka jwenn.	
19	Depi nan ginen nèg rayi nèg	
20	Èy pou èy, dan pou dan.	
21	Fè koupe fè.	
22	Fiyèl mouri, makomè kaba.	
23	Gran mesi chen se kout baton.	
24	Jou fèy tonbe nan dlo se pa jou a li koule [pouri].	
25	Kabrit pa mare nan pikèt bèf.	
26	Kabrit plizyè mèt mouri nan solèy.	
27	Kase fèy kouvri sa.	
28	Konstitisyon se papye, bayonèt se fè.	
29	Kou pou kou, Bondye ri.	
30	Lè w malere, tout bagay sanble w	
31	Lè w manje pitit tig, ou pa domi di.	
32	Lè w mouri, ou pa pè santi.	
33	Li manje manje bliye.	
34	M a bliye sa lè m gen di liv tè sou estonmak mwen	
35	Mezi lajan w mezi wanga w.	
36	Milat pòv se nèg, nèg rich se milat.	
37	Nan bay kout men, ou jwenn kout pye	
38	Nan mal, nan mal nèt.	
39	Ou jis dèyè kamyonèt la.	
40	Pa fouye zo nan Kalalou.	
41	Pa jete vye chodyè pou chodyè nèf.	
42	Pa konnen pa al lajistis	
43	Padon pa geri maleng.	
44	Se pou chak bourik ranni nan patiraj li	
45	Pitit tig se tig.	
46	Ravèt pa janm gen rezon devan poul	
47	Prete se prete, bay se bay	
48	Ròch nan dlo pa konn doulè ròch nan solèy	
49	Sa je pa wè, kè pa tounen.	
50	Sa k pa bon pou yonn, li bon pou lòt	
51	Sa nèg fè nèg Bondye ri	

52	Sa k fèt, li fèt nèt.	
53	Se lè koulèv la mouri, ou wè longè l.	
54	Se sòt ki bay, enbesil ki pa pran.	
55	Se sou chen mèg, yo wè pis.	
56	Teke mab la jis li kase.	
57	Ti bout kouto miyò pase zong	
58	Ti mapou pa grandi anba gro mapou	
59	Ti moun fronte fè bab nan simityè.	
60	Tout bèt jennen mòde.	
61	Tout bèt nan lanmè manje moun, men se reken ki pote pi move non.	
62	Tout koukouy klere pou je l.	
63	Wi pa monte mòn.	
64	Zafè kabrit pa zafè mouton	

19.2.2 Kèk pwovèb pozitif. Some positive Haitian proverbs. Do you understand them?

NO	KREYÒL	ENGLISH
1	Avantaj kòk se nan zepwon l	Your advantage resides in what you are or in what you have.
2	Bat dlo pou fè bè	
3	Pa gen pèn san sekou	
4	Bat men ankouraje chen	
5	Bouch manje tout manje, li pa pale tout pawòl.	
6	Bourik chaje pa kanpe.	
7	Kapab pa soufri.	
8	Lagè avèti pa touye kokobe.	
9	Lajan nan pòch pa fè pitit.	
10	Lè w genyen, zanmi konnen w.	
11	Manje kwit pa gen mèt.	
12	Men ale, men vini, zanmi dire.	
13	Mizè fè bourik kouri pase chwal.	
14	Moun ki pa manje pou kont yo pa janm grangou.	
15	Pwomès se dèt.	
16	Rayi chen, di dan l blan	
17	Responsablite se chay	

18	Sa k bon pou kou, li bon pou tèt.	
19	Sa w fè, se li ou wè.	
20	Se pa lè yon moun ap neye, pou w montre l naje	
21	Se senk kòb ki fè goud	
22	Tande pa di konprann pou sa.	
23	Tout chay gen trokèt li.(pa gen pèn san sekou)	
24	Wè pa wè antèman pou katrè.	
25	Yon sèl dwèt pa manje kalalou	

19.2.3 Non kèk ti zannimo / Name of some small animals

Animal (English)	Ti animal
Bunny	Ti lapen
Cat	Ti Chat
Dog	Ti chen
Duck	Ti kanna
Goldfish	Ti pwason
Frog	Ti grenouy
Hamster	Ti mamòt
Turtle	Ti tòti
Pet	Ti chen, ti bèt
Pony	Ti cheval
Parrot	Ti jako

K	L	E	P		
K	R	E	Y	O	L

EGZESIS-DEVWA / ASSIGNMENT

Saktefèt(revizyon)?

Sakafèt (pwogram)?
Sakpralfèt (pwojè)?

A. Egzèsis ak devwa pou revizyon, refleksyon ou diskisyon.

Kreyòl	English
1) Eske nou jwenn pwovèb nan tout lang? 2) Eske yon pwovèb gen valè vre? 3) Eske ou gen yon pwovèb kreyòl ou pi pito oubyen ki atire atansyon ou? 4) Eske chak pwovèb kreyòl genyen yon ekivalan an angle? 5) Eksplike: (a) Lè bourik jennen, li kouri pase chwal; (b) pi piti pi rèd.	

B. Ann li. Cultural Aspect of Haitian Creole. Translate into Creole

Haiti is a very famous country due to its history: it is the only country where a slave revolutionary was successful. Besides, it is a country that has been always marvelous, since it is a country of dictatorship, of dirty poverty, of voodoo, zombie, and fierce Tonton Macoute. But, Haiti has tremendous cultural resources; it is a land with its own language, its strange religion, its booming music, and the way Haitians conceive life as expressed in their paintings, their strange tales, and their manner of laughing at problems, and so on.

It is a matter of cultural identity. According to the belief, the language we speak and the way we speak it, the way we worship our God, the way we represent mother nature in our life, what we do for our entertainment, together with other beautiful activities such as: music, sports, festivities, tales, stories, literature, theater, proverbs… all of this form our cultural identity, and it is what make us different from other people in the world.

C. Ann li, ekri e kòmante. **Di si pwovèb ak ekspresyon sa yo pozitif oubyen negatif**

No	Kreyòl	Equivalente in English	Pozitif ou negatif (P ou N)
1	achte chat nan sak (o nan makout)	To buy something without seeing it	N
2	ala traka pou lave kay tè		
3	annafè pa dòmi di		
4	apre dans, tanbou lou		
5	atansyon pa kapon		
6	avantaj kòk se nan zepwon l		
7	bat men ankouraje chen		
8	bay kou bliye, pote mak sonje		

9	bèf ki pa gen ke, se Bondye k pouse mouch pou li		
10	bèf pou Wa, savann pou Wa (bèf a Wa, savann a Wa)		
11	bèl kont fè bliye chagren		
12	bon chen pa janm jwenn bon zo		
13	Bondye bon		
14	bouch manje tout manje, l pa pale tout pawòl		
15	bout kòd rete vwayaj		
16	bri kouri nouvèl gaye		
17	byen konte mal kalkile		
18	chak chaplè gen kwa pa l		
19	chat konnen, rat konnen, barik mayi a rete la		
20	chen bwè dlo, li di "pa w se pa w"		
21	chich pase kaymit (vèt)		
22	dan ak lang pa janm pa gen ti kont		
23	dèyè mòn gen mòn		
24	disèl pa janm vante tèt li di l sale		
25	dlo se dlo, san se san		
26	ede tèt ou pou Bondye kap ede w		
27	kabrit malere pa janm fè fèmèl		
28	komisyon voye, se pye ki poze		
29	kon chat pa la, rat banboche		
30	kon ou pran ou konnen		
31	kou pou kou, Bondye ri		
32	kouri lapli, tonbe nan rivyè		
33	Pa fè m fè kòve granmaten an		
34	kreyon Bondye pa gen efas		
35	lajan fè chen danse		
36	lè w pa gen manman, ou tete grann		
37	lè wap manje ak djab, kenbe kiyè ou kout		
38	lòm konte, Dye kalkile		

39	mache chache pa janm dòmi san soupe		
40	maladi ranje doktè		
41	Maladi gate vanyan		
42	mapou tonbe, kabrit manje fèy		
43	moute kalvè (o maswife)		
44	nan pwen lamilèt san kase ze		
45	nan pwen lapriyè ki pa gen amèn		
46	Nèg pap di ou!		
47	nèg di san fè, Bondye fè san di		
48	nen pran kou, je kouri dlo		
49	ou kite bourik, wap bat makout		
50	map fè ou pale jantan		
51	pi bonè se granm maten		
52	pi piti pirèd		
53	pitit tig se tig		
54	pwason gen dlo konfyans, men se dlo k kuit pwason		
55	pwomès se dèt		
56	rat manje kann, zandolit mouri inosan		
57	rayi chen, di dan l blan		
58	renmen tout, pèdi tout		
59	sa Bondye sere pou ou, lavalas pa janm pote l ale		
60	sa fanm vle, Bondye vle l		
61	sa kòk di atè se pa li l di anlè		
62	sa pòv genyen, se li pot nan mache		
63	sa w jete pa mepriz, ou ranmase l pa bezwen		
64	sa w pa konnen pi gran pase w		
65	sa w plante, se li ou rekolte		
66	sak bon pou kou, li bon pou tèt		
67	sak gen zong pa gen gal		
68	sak genyen, se li k pèdi		

69	sak nan kè yanm se kouto k konnen l		
70	sak pa bon pou youn, li bon pou lòt		
71	sak sere se li k chofe		
72	santi bon koute chè		
73	se bourik sendomeng, depi l midi fò l ranni		
74	se de tèt mòn ki pa janm kontre		
75	Se gwo koze!		
76	se lè cheval fin pase ou rele fèmen bayè		
77	se nan chemen jennen yo kenbe chwal malen		
78	se pase pran m, m a pase rele w		
79	se rat kay kap manje pay kay		
80	se sou chen mèg yo wè pis		
81	si w pa pwason, ou pa antre nan nas		
82	sote ponpe, lantèman pou katrè		
83	tout koukouy klere pou je w		
84	tout moun se moun, men tout moun pa menm		
85	tout venn touche kè		
86	tout voum se do		
87	trò prese pa fè jou louvri		
88	vle pa vle, antèman pou katrè		
89	wouy! se koupe dwèt		
90	zafè kabrit pa zafè mouton		
91	zafè nèg pa janm piti; se pye pantalon l ki jis		

D. Ann li e ekri. Kreyòl pale, kreyòl konprann. Èske w konprann pawòl granmoun sa yo? Do you understand these proverbs or sayings?

NO	MO OUBYEN EKSPRESYON	SANS MO OUBYEN EKSPRESYON YO
1	Ala mizè papa!	Mizè a anpil.
2	Ala saltenbank papa!	
3	Ala traka pou lave kay tè !	

4	Anmèdan gen remèd !	
5	Ann gade pou n wè	
6	Ann vag sou sa	
7	Ayè pa jodi	
8	Ayiti pa pou vann	
9	Ba li bwa!	
10	Ba li yon kanpelwen pou mwen	
11	Banm talon w!	
12	Bat chen, men tann mèt li	
13	Bondye konn bay, li pa konn separe	
14	Bwapiwo di li wè, grennpwonmennen wè pi byen toujou	
15	Chak jou se chenjanbe map manje	
16	Chita pa bay	
17	Dan ak lang pa janm pa gen ti kont	
18	Depi m rat, m reyisi pri nan pèlen	
19	Depi maten map kale wès	
20	Desoti ou sou mwen!	
21	Fè kwa sou bouch ou !	
22	Fè m pa wè w!	
23	Gad on ka! (lapenn, tèt chaje, sezisman, koze)	
24	Gad on onda ki nan dada m	
25	Gad on peyi kap gaspiye	
26	Jpp (jan l pase l pase)	
27	Jtt (jan l tonbe l tonbe)	
28	Kay Odilon, se nan ginen	
29	Ki kalanbè sa a?	
30	Ki kote kongo sa a soti?	
31	Ki kote m prale ak ti petevi sa? (krebete)	
32	Kouri ak mouche pou mwen !	
33	Koze (zafè) nèg se mistè	
34	L ale nan peyi san chapo	
35	Lè ou pran pinga seren, se pou w fè atansyon	
36	Li abizan (li lasèk, li frekan, li radi)	
37	Li ale sou de ti vityeli li	

38	Li kite koken (li kite sa)	
39	Li kouche sou atèmiyò a	
40	Li mete soulye l dwat e goch	
41	Li mete yon rad depaman	
42	Li pase mòd	
43	Li razè pase ki	
44	Li se alimèt paspatou	
45	Li se pakapala	
46	Li se sanmanman	
47	Li se [yon ti fi] toulimen	
48	Li se yon gason makòmè	
49	Li se yon kanson fè	
50	M okipe kou satan	
51	M pa annafè ak prevni	
52	M pa konnen dekwa ki leka	
53	M pa okipe timoun gate	
54	M pa ti piyay	
55	Mache sou trèz pou ou pa pile katòz	
56	Manje sa a, se koupe dwèt	
57	Manyè mete dlo nan diven ou!	
58	Map ba ou yon pataswèl	
59	Map ba ou yon pwa grate	
60	Map fè ou rete	
61	Map fè w ret nant wòl ou	
62	Mesyedam sa yo! Se lèt ak sitwon	
63	Nan Bayamas, se boutèy lap lave pou l viv	
64	Ou òdisijè	
65	Ou pèdi twa ka nan vi ou	
66	Ou se yon sanzave	
67	Pa achte chat nan makout (nan sak)	
68	Pa banm vèt pou mi	
69	Pa leve gèp nan nich li	
70	Pa leve [reveye] chat kap dòmi	
71	Pi ta, pi tris	
72	Piti piti, zwazo fè nich (ti pa tipa)	

73	Pou sizoka	
74	Sa Bondye sere pou ou, lavalas pa ka pote l ale	
75	Sa m wè pou ou, Antwàn nan gonmye pa wè l	
76	Sak fè ou cho a, la frèt	
77	Se chay sot sou tèt tonbe sou zepòl	
78	Se dekouvri Senpyè pou kouvri Senpòl	
79	Se fè tout moun ki lwen vin pi pre (vote Preval)	
80	Se kakarat dè(yè) bwat [bwèt]	
81	Se kòkòt ak figawo [de moun sa yo]	
82	Se kon ou pran ou konnen !	
83	Se kou l cho l, l frèt	
84	Se kout ponya m pran pou m viv	
85	Se lave men souye atè	
86	Se lè koulèv la mouri ou wè longè li	
87	Se lè ou pase maladi ou konn remèd	
88	Se menm tenyen an	
89	Se menmman, paryèyman	
90	Se nan dlo yo separe pèch	
91	Se nan ziltik li rete	
92	Se nen ak bouch	
93	Se pasan pran m, m a pase chache ou	
94	Se rete pran	
95	Se sòt ki bay, enbesil ki pa pran	
96	Se syèl ak tè (se nan ginen; se nan ziltik)	
97	Timoun fwonte fè bab nan simityè	
98	Tout moun jwenn	
99	Twò prese pa fè jou louvri	
100	Wa gentan konnen!	
101	Wa konn Jòj!	
102	Yo fè kadejak sou li	
103	Zo li pa bon pou fè bouton	
104	Nap vote tèt kale !	
105	Li se pa yon zokiki	

E. **Kont kreyòl**

KONT, KONT, KONT, KONT, KONT

Krik! Krak!
(oubyen: timtim, bwa chèch:

1. Dlo kanpe? ______
2. Dlo kouche ______
3. Lè m kanpe m pi wo? ______
4. Ki sa ou pote ki pote w? ______
5. De san fè mil? ______
6. Tou won san fon? ______
7. Fizi kout tire lwen ______
8. Papa m genyen yon jaden, se yon sèl bit li fouye ladann? ______
9. Sak fè l vann li; sak achte l fè kado l; sa k resevwa l pa konnen lè l itilize l? ______
10. Manman m gen twa pitit; si yonn soti, de pa ka sèvi. ______
11. De pran twa, nan machin trannde! ______
12. Ki pa ki pa pa ou? (pa pou mwen) ______
13. Piti piti fè lonè a prezidan (fè a repase) ______
14. "Amo a mi mama porque mi mama me mimo". ______

F. Matching. Match the two columns so that each proverb become complete

1.se chay soti sou tèt	a.rat
2.sa se twòkèt	b.panyen pèsi
3.sòt ki bay	c.je kouri dlo
4.nen pran kou	d.Antwan na gonmye pawèl
5.sòt pase	e.kròchèt pa ladann
6.pale kreyòl kou	f.dlo se dlo
7.sa m wè pou ou	g.tonbe sou zepòl
8.se rat kay kap manje	h.chay la dèyè
9.jwèt se jwèt	i.enbesil ki pa pran
10.san se san	j.pay kay.

G. Pawoli oubyen pwovèb ak zannimo. Annou wè ki sa yo konn di de zannimo ak zwazo sa yo:

a) Chen: chen bwè dlo li di: …
b) Se bourik sendomeng, konn midi, se pou l:…
c) Mapou tonbe, kabrit…
d) Ou rize pase ….
e) Pitit tig se …
f) Tout bèt nan lanmè manje moun, men se reken ki…
g) Chak bourik ranni nan…
h) Chak konnen, rat konnen, barik mayi a…
i) De toro pa konn mare nan yon menm…
j) Ou pale tankou…
k) Ou chèlbè pase…

H. Kòmante fraz sa yo

1. Se pou dan ri li touye moun.
2. Rayi chen, di dan l blan
3. Dan ri malè.
4. Pa fè dan ri mwen.
5. Èske ou renmen pran anpil sik? Fèt atansyon maladi dyabèt.

I. Kilès nan sa yo ki pa yon fenomèn natirèl. Bife tout mo ki pa dezas natirèl. Èske fenomèn natirèl sa a yo konn danjere?

Lapli, lagrenn, koulèv, nyaj, loray, van, lakansyèl, dlo, tanpèt, toubouyon, sinami, falèz, dlo desann, lannuit, lajounen, lafimen, lawouze, irigasyon, sinema, dife, entènèt, ouragan, siklòn, tanpèt nèj, sechrès.

J. Ann reflechi

Nan lavi, gen plizyè kote yon moun ta dwe vizite: legliz, lopital, prizon, simityè...Gen anpil lòt kote ankò ki merite vizite. Nou kap site bibliyotèk. Gen kote tankou kay kwafè, nan mache, bò lanmè... Nou oblije vizite yo. Pa gen mank nan sa.

K. Reponn kesyon sa yo

1. Chodyè sa la depi ti konkonm tap goumen ak berejèn.
2. Pa gen lanmilèt san kase ze.
3. Se lè boutèy fin jwenn pou bouchon jwenn.
4. Sak nan kè yanm se kouto k konnen l.
5. Ti kouto miyò pase zong.
6. Mwen se kiyè bwa, m pa pè chalè.

L. Ann ekri. Kèk mo ou ekspresyon kreyòl. Konplete tablo a.

MO	Eksplikasyon	English
Ziltik	Trè lwen (Aux îles turques)	
Selebride	Yon bwason (likè) alkowolik lokal trè fò	
Prevo	prizonye lib	
Pakalap	panzou, koudeta	
Ougan	Papalwa	
Pèpè	**Pè! Pè (Paz! Paz!**[10]	

[10] This has been an expression of Pastor Kelly, of Haitian Baptist Church, 1961, according to the author Jean Julien; Manigat, 262), he gathers the people to receive used clothes imported from the USA for the person victim (sinistre). As they were not patient, he told them: peace, peace' (paix, paix in French), all of you will receive cloth. The people thought that it was the cloth that was named "pèpè".

Singo yon ti kras	Domi	
Machacha	pwa grate	
Benyen chen		
Boukannen dlo		
Gen mouye, gen tranpe		
Bichi!	Rien du tout	
Ranje	Degi	
Twade, bere	kasav ak manba	
Ayè m te wè ou	twadegout, pinga seren	
Bòzò	Chèlbè	
Chi	Chou	
Figi li make venjwen kat avril	(wè afè Galbo e egalite blan ak milat)	
Lantèman pou katrè		
Vèy		
Dekonvil		
Delala		
Demèplè		
Depi lè djab te kaporal	Wa Kristòf	
Djòl loulou	bon bagay	
Dlo florida		
Doukounou	(from Jamaica: doucoune)	
Fiftiwann		
Pantan		
Founda = anpil		
Ja	lajan, chans	
Yo giyonnen moun nan nò	yo chare moun potoprens	
Ale sou de vityelo	a pye (wè istwa italyen okap ant 1940-1950)	
Jijiri		
Kadejak	[Un cas du] colonel Cadet Jacques (wè istwa literati ayisyèn)	
Kako		
Kalinda de Ayiti ~ kapoieria de Brezil		
Kawolin Akawo	(Caroline Acaau)	

Kalewès		
Fè kenken	an gran kantite	
Kinalaganach		
Lage koukou wouj dèyè yon moun		
Koubèlann	Konbèlann (Cumberland se te premye direktè konpayi elektrik ameriken Okap sou okipasyon amerikèn nan)	
N ap bat ladoba		
Landjèz		
Soup joumou		
Tchouloulout	Dyare	
Lenno	san parèy	
Tchentchen		

M. Ann li, ekri e kòmante. Pawòl dwòl. Èske w konn tande chan, pawoli oubyen charabya sa yo? Kòmante. (Comment these assertions)

	Pawòl dwòl	Explanation
1	Lè n pale kreyol, yo di n pat al lekòl. Lè n pale franse, yo di n ape ranse; lè n pale laten, yo di nap fè tenten. Sa pou n fè avek moun sa yo? (atis ayisyen, Gesner Henry, alyas Koupe Cloue)	
2	Ou di mwen di, ou di sa m pa di, sa m pa janm di, sa m pa kwè map janm di. Yon jou apre midi, map feraye pi di. Map tann ou samdi a midi, pou ou di m sa m te di.	
3	Gad on peyi m fè sa m pito, gad on peyi!	
4	Se kan ou pran ou konnen.	
5	Pè Ponsè pase [pa] Pilat, an pèpè, pou preche pou lapè.	
6	Sèt tèt chat nan sèt sak.	
7	**Catch up?** M te mete yon plim sou biwo a sak te pral? Mwen Tende. Ki Tende? Tende Aka. Ki Aka? Aka Boyo. Ki Boyo? Boyo Kòk. Ki Kòk? Kòk Pale. Ki Pale? Pale Nouvèl. Ki Nouvèl? Nouvèl a Nwa. Ki Nwa? Nwa Kajou. Ki Kajou? Kajou Manba. Ki Manba? Manba Zile. Ki Zile? Zile Pan. Ki Pan? Pan nan dan w!	

N. Ann li, kòmante e konplete. Some Creole words or expressions. Make a comment of them.

Words and expressions	Your comment
a) **Vokabilè relijye:** pè, mè, sakristen, Pap, fidèl, sen, doktè fèy; chandèl, dlo beni, flè, farin, pen, kwa, fèt mwason, ofrann, elt.	a) **Some religious vocabularies:**
b) **Lis kèk non lwa nan vodou a** Panteyon dye vodou a konplèks anpil. Yo divize an famiy: Ogou (sòlda), Èzili, Azaka (agrikilti), Gede (mò), lwa Dambala Wedo, papa Legba Atibon, papa Loko, e Agwe Tawoyo. Espri yo divize an de kategori: Rada (espri dou) e Petwo (espri danjere).	b) **List of some voodoo spirits** The voodoo Pantheon is complex. The gods are divided in families: Ogou (soldier), Èzili Dantò, Èzili Freda, Azaka (agriculture), Guede (death), Dambala Wedo, papa Legba Atibon, papa Loko, e Agwe Tawoyo. All of those spirits are classified as Rada category (mild spirits) or Petro category (dangerous spirits).
c) **non kèk senbòl ki nan vodou a:** simbi, dragon, zanj, lasirèn demon ak lòt bèt, zonbi, pope rebeka, elt. Anpil moun konsidere seremoni bwa kayiman kòm yon seremoni lwa, kòm yon evènman enpòtan nan ista liberasyon pèp ayisyen.	c) **Names of some voodoo symbols** simbi, dragon, zanj, lasirèn demon and other beast, zonbi, pope rebeka.
d) **Pèdisyon.** Nan tradisyon ayisyen an, pèdisyon se lè yon fi ansent men, pou yon rezon ou pou yon lòt, li kontinye wè règ li. Si l pran remèd ki kapab rete pèdisyon an, gwosès la kapab vin kontinye nòmalman jouskaske pitit la fèt. Gen moun ki kwè, gen moun ki pa kwè nan pèdisyon. Syantis yo pa ka pwouve sa.	d) **Pèdisyon** (when a woman is thought to be pregnant, but the flow of blood to the uterus is diverted to menstrual blood and the pregnancy is thus arrested. This may last for years until a cure is obtained and the pregnancy then resumes.
e) **Maldyòk.** Dapre tradisyon toujou, maldyòk se yon sòt de devenn, de maladi, malchans yon timoun genyen ki anpeche l devlope nòmalman. Eske li egziste vrèman ou non? Nou pa konnen.	e) **Maldyòk** is evil eye and is attributed to an envious glance from another person.
f) **Sezisman**. Kèk ayisyen kwè anpil moun konn mouri ak sezisman. Moun pran yon sezisman sitou lè yo wè ou tande yon bagay yo pat espere (tankou mò sibit, yon move nouvèl). Lè sa a, si yo bwè dlo glase oubyen yo kouri al lopital kote yo ba yo piki oubyen sewòm, moun nan dwe mouri kanmenm. Si l pa mouri, li ka vin avèg oubyen andikape. Eske se syantifik?	f) **Sezisman** is fright caused by stress or reception of sudden bad news. Sezisman, as an affectation of the blood circulation, may result in loss of vision and potential stroke.

g) Kèk moun kapab tonbe malad paske li gen **vè, toudisman** (vètij), gratèl, dyare, maladi anfle, lafyèb, tèt fè mal, lalwèt tonbe, malkadi, biskèt ttonbe. tonbe, tchikoungounya. Yon maladi tou senp kapab pwovoke lanmò.	**g) Some common diseases in Haiti**
h) **madichon**. Gen moun ki malad, li kwè se modi li modi; se pichon ki tonbe sou li oubyen se madichon yo ba li. Eske se luil yo limen dèyèl?	**h) Curse**
i) **konbit, sòl, mazinga.** Twa mo sa yo ta vle di menm bagay. Se lè moun mete [tèt yo] ansanm pou reyalize yon travay ki ta difisil oubyen enposib pou yon sèl moun nan yon moman done. Konbitis se yon sòt kouran d ide, yon sistèm tipikman ayisyen, yon sòt de kowoperativ ki tap degaje an Ayiti. Konbitis chita sou prensip sa a: "Jodi pou mwen, demen pou ou". Jounen jodi a, yo pa tèlman pale de konbitis ankò.	**i) Coumbite (working together)**
j) Fèt chanpèt: Ayiti chaje ak fèt chanpèt. Nan tout peyi a, nou jwenn fèt sen yo tankou: Vyèj Mirak (Sodo), Senjakmajè (Plenndinò), Ti Sentàn (Ansafolè), Nòtredam Pèpetyèl Sekou (Pòtoprens…). Pandan fèt chanpèt sa yo, gen anpil rejwisans popilè tankou bal, jwèt lawoulèt, maswife, alatriye.	**j) Countryside celebrations**

O. Ann ekri. Twouve sa mo oubyen ekspresyon sa yo vle di. Give the meaning of the following words and expressions. Please check with a native Creole speaker.

Words	Meaning
Sanzave	Scoundrel; who does not possess nothing
Bouki	
Patekwè	
Fòvle	
Tafyatè	
Fwapanankont	
Fòkseli	
Fòknanpwen	
Malfini	
Soumoun	
Djòlpagou	
Fache	

Djòl loulou	
Mache an chatpent	
An katimini	
Kwabosal (kwadèbosal)	
Degouden	
Bèfchenn	

P. Ann ekri. Èske ou konprann mo sa yo? Ou kapab fè entèvyou ak yon moun ki maton nan kreyòl la.

Komatiboulout: ______
Deblozay: ______
Wondonmon: ______
Vennblendeng: ______
Vanmennen: ______
Chwalpapa: ______
Lajanleta: ______
Tchouboum: ______
Viretounen: ______
Laviwonndede: ______
Soteponpe: ______
Wèpawè: ______
Vlepavle: ______
Chèpouchè: ______
Vètpoumi: ______
Taptap: ______
Towtow: ______
Pipip: ______
Papap: ______
Ploplop: ______
Dirèkdirèk: ______
Ès-ès: ______
Kolekole: ______
Potekole: ______
Petevi: ______
Manmankrab: ______
Pitipiti: ______
Tikriktikrak: ______
Tribòbabò: ______
Pititplètil: ______
Desonnen: ______
Lakouplètil: ______

Gasonlakou: ____

Tivoudra:____

Fwapananankont:____

Q. Ann pale. Di ki sa yo ye oubyen ak ki sa yo fèt. **Egzanp: Tizann se yon remèd yo fè ak kòs oubyen fèy (kowosòl, bazilik, mant, ti bonm); gen te jenjanm, te fèy kowosòl...**

a) **Tizann**: kòs, fèy kowosòl, fèy bazilik, fèy mant, fèy ti bonm.
b) **te:** jenjanm, fèy kowosòl.
c) akasan, chanmchanm: mayi
d) **manba**: pistach
e) **legim**: fèy, lalo, zepina, fèy oliv (morenga)
f) **siwo**: kann, rapadou, bonbon
g) **dous:** makòs, pistach, kokoye
h) **tablèt**: pistach, mayi, kokoye, wowoli
i) **grenn**: kowosòl, zaboka, siwèl, pwa, pitimi, pistach, yanm, zèb
j) **po:** pistach, fig, yanm, pwa
k) **zè:** sitwon, zoranj, chadèk
l) **sant** (odè): manje, vyann, pwason
m) **siwo**: kann, myèl
n) **nich**: myèl, gèp, pentad, zwazo, poul
o) taptap: kamyonèt, machin
p) griyo : vyann kochon
q) konfiti: chadèk, zoranj, mango, elt.

R. Ann ekri. Orijin mo a (fransè) an parantèz. Konplete tablo a

KREYÒL	ENGLISH	FRAZ (AN KREYÒL)
Abitan (habitant)	Inhabitant	Abitan pa renmen mize lavil
Avansman (avancement)		
Ban (banc)	Bench	
Bank (banque)	Bank	
Bout (bout)	Segment	
Chèz (chaise)	Chair	
Kreyon (crayon)	Pencil	
Kwè (croire)	Believe	
Lapè (la paix)		
Mizè (misère)		
Motè (moteur)		
Pè (père, prêtre, peur)		

Pèdi (perdre, perdu)		
Plim (plume)	Pen	
Renmen (aimer)		
Swaf (soif)	To be thirsty	
Tab (table)		
Tchòbòl (trouble)		

S. Ann ekri. Non konpoze. Eske w ka ekri mo ou ekspresyon orijinal ak siyifikasyon yo? Can you mention the origin of the following words and expressions?

Mo an blok[11]	French	English
Alalong		
Ankachèt		
Anverite		
Ayayay		
Dekimannigans		
Dekiprevyen		
Doubsis		
Jeretyen		
Kèlkilanswa		
Komatiboulout		
Kòmkidire		
Kòmsadwatèt		
Lematen		
Lepremye		
Leswa		
Luildoliv		
Machinalave		
Malpouwont		
Pakapala		
Palemwadsa		
Paspouki		
Sanpèditan		

11 For a complete list of these words, please see the author Pierre Vernet, Techniques d' Écriture du Créole Haïtien, p. 101.

Sanzatann		
Sizèdimaten		
Sizoka		
Toudenkou		
Wololwoy		

T. Ann ekri

Word	Meaning
An katimini	
Bèfchenn	
Bouki	
Degouden	
Djòlloulou	
Djòlpagou	
Fòknanpwen	
Fòkseli	
Fòvle	
Fwapanankont	
Koukouwouj	
Koukouy	
Kwabosal	
Mache an chatpent	
Malfini	
Patekwè	
Sanzave	
Soumoun	
Tafyatè	

U. Ann ekri. Apresyasyon kèk mo kreyòl espesyal. Koute kijan m sa yo sonnen: Èske ou konprann yo? Ou kapab fè entèvyou ak yon moun ki maton nan kreyòl la.

Chwalpapa: ____

Dan pou dan: ____

Deblozay: ____

Desonnen: ____

Dirèkdirèk: ____

Es ès: ____

Gasonlakou: ______________________________

Kolekole: ______________________________

Komatiboulout: ______________________________

Lajanleta: ______________________________

Lakouplètil: ______________________________

Laviwonndede: ______________________________

Manmankrab: ______________________________

Pap pap: ______________________________

Petevi: ______________________________

Pipip: ______________________________

Pitipiti: ______________________________

Pititplètil: ______________________________

Ploplop: ______________________________

Potekole: ______________________________

Soteponpe: ______________________________

Taptap: ______________________________

Tchouboum: ______________________________

Tikriktikrak: ______________________________

Towtow: ______________________________

Tribòbabò: ______________________________

Vanmennen: ______________________________

Vennblendeng: ______________________________

Vètpoumi: ______________________________

Viretounen: ______________________________

Vlepavle: ______________________________

Wèpawè: ______________________________

Wondonmon: ______________________________

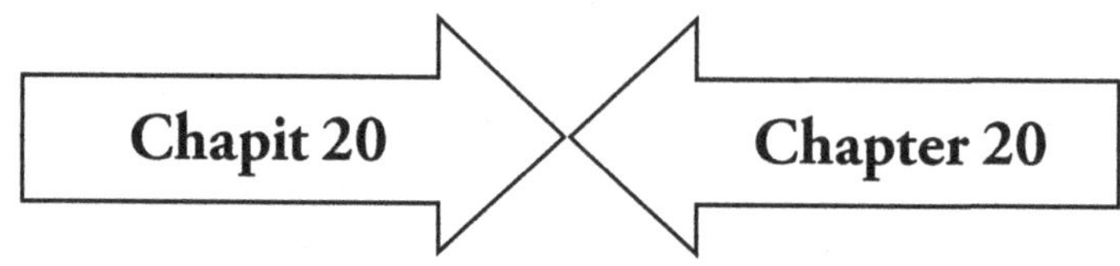

Konparezon ekspresyon an plizyè lang / comparison of some expressions in various languages

20.1: **Ou bèl, bon vwayaj, a demen, mèsi**

	LANGUAGES	EXPRESSIONS	EXPRESSIONS	EXPRESSIONS	EXPRESSIONS	EXPRESSIONS
1	**English**	**You are beautiful**	**You are handsome**	**Have a good trip**	**See you tomorrow**	**Thank you**
2	Spanish	Eres bella / bonita	Eres guapo	Buen viaje	Hasta mañana	Gracias
3	French	Tu es belle	Tu es Beau	Bon voyage	À demain	Merci
4	German	Du bist fchon	Du bist fchon	Guste reise	Bis morgen	Danke
5	Italian	Sei bella	Sei simpático	Buon viaggio	A domani	Grazie
6	Portuguese	Voce é bela	Voce é bonito	Boa viagem	Até amanna	
7	**Kreyòl**	**Ou [fout] bèl [vre]**	**Ou bèl**	**Bon vwayaj**	**A demen**	**Mèsi**

20.2: **Jwaye nwèl, m grangou, m swaf, m kontan, m renmen peyi m**

NO	LANGUAGES	EXPRESSIONS	EXPRESSIONS	EXPRESSIONS	EXPRESSIONS	EXPRESSIONS
1	**English**	**Merry Christmas**	**I am hungry**	**I am thursty**	**I am happy**	**I love my country**
2	Spanish	Feliz navidad	Tengo hambre	Tengo sed	Estoy feliz	Amo a mi país
3	French	Joyeux Noël	J'ai faim	J'ai soif	Je suis heureux	J'aime mon pays
4	German	Frohe Weihnachten	Ich habe Hunger	Ich bin thursty	Ich bin glücklich	Ich liebe mein Land
5	Italian	Buon Natale	Ho fame	Sono thirsty	Sono felice	Amo il mio paese
6	Portugucse	Feliz Natal	Eu estou com fome	Eu sou thursty	Eu estou feliz	Eu amo meu país
7	**Kreyòl**	**Jwaye nwèl**	**M grangou**	**M swaf**	**M kontan**	**M renmen peyi m**

20.3 Relasyon ant kèk mo laten, mo kreyòl ak mo espanyòl / Relation among Latin, Creole, and English words. Complete the table.

NO	LATIN	KREYÒL	ENGLISH
1	A.M	Ante Meridiem	
2	Ad Hoc	Formed for a specific purpose	
3	Ad libitum	As one's plaisure	
4	Aestas, Aestatis	Summer	
5	Alienus	Foreign	
6	Alter Ego	Another me	
7	A Capela	Without music	

8	Amo, Amare	To Love	
9	Bona fide	Of good faith	
10	Bonus, Boni	Good	
11	Caput, Capitis	Head	
12	Caveat Emptor	Let The Buyer Beware	
13	Carpe Diem	Do it today	
14	Caveat Vendor	Let The Seller Beware	
15	Condo, Condere	To Found, to build	
16	Consuetude, Consuetudinis	To Custom	
17	Capio, Capere	To capture, to make	
18	Credo	I relieve [in God]	
19	Cum Laude	With honors	
20	Curriculum Vitae	Résumé [detailed]	
21	De Facto	The Actual Situation	
22	De jure	A legal situation	
23	Domus	House	
24	E.G.	Exempli Gratia	
25	Ego, Id, Super Ego	(see Freud and psychology]	
26	Et Al.	And Others	
27	Et Cetera (etc.)	And the other things	
28	Etc, Et Cetera	And So Forth	
29	Habeas Corpus	May you have the body	
30	Homo, Hominis	Man	
31	I.E., Id Est	That Is	
32	Ibid	In The Same Place	
33	Ille	The	
34	Juris Doctor	Doctor in Law	
35	Liber	Book	
36	Libido	Love (See psychology)	
37	Magister, Magistri	Teacher	
38	Magna Cum Laude	With great honors	
39	Manus	Hand	
40	Mapa Mundi	Map of the World	
41	Mitto, Mittere	To Send	
42	Modus Operandi	The Way Of Working	

43	N.B (nota bene)	Nota Bene	
44	Nolo Contendere	I Do Not Wish To Contest	
45	Nolo, Nolere	Do Not Want	
46	Opus, Operas	Work	
47	Os, Oris	Mouth	
48	P.M	Post Meridiem	
49	P.S	Post Scriptum	
50	Per Se	By Himself	
51	Pondus	Weight	
52	Pro Bono Publico	For The Public Good	
53	Pro Forma	For The Form	
54	S.O.S	Save Our Soul	
55	Sapiens, Sapientis	Wise	
56	Sic	Thus	
57	Sine Die	Without A Day	
58	Sine Qua Non	Obligatory	
59	Statu Quo	The actual situation	
60	Subpoena	Under penalti	
61	USUFRUIT	The Fruit By Use	
62	Sui Generis	Of its own kind or class; unique	
63	Suma Cum Laude	With the highest honors	
64	Tempus, Temperi	Time	
65	Vita Eternam	For life	
66	Vs, Versus	Against	
67	Carpe Diem	Seize the day	
68	Cogito, ergo sum	I think, therefore, I am	
69	Docendo Discimus	We learn by teaching	

20.4 Konparezon kèk mo ak ekspresyon an 8 lang / Comparison of some words in eight languages[12]

No	KREYOL	ENGLISH	FRANCAIS	ESPAÑOL	ITALIAN	PORTUGUESE	German	RUSSIAN
1	**Wi** ⟶	**Yes** ⟶	Oui ⟶	Si ⟶	Si ⟶	Sim (*X*) ⟶	Ja ⟶	Da
2	**Non**	**No**	Non	No	No	Não (*X*)	Nein	Net

[12] See the Internet site: http://www.freetranslation.com

3	**Mèsi**	**Thank you**	Merci	Gracias	**Grazie**	Obrigado (masculin). Obrigada (féminin)	Danke	Spasibo
4	**Mèsi bokou**	**Thank you a lot**	Merci beaucoup	Muchas gracias	Tante grazie	agradeça-o muito	Vielen Dank	Bolshoe spasibo
5	**Souple**	**Please**	S'il vous plaît	Por favor	Per favore	Se faz favor. (*X*)	Bitte	Pazhaluysta
6	**Padon**	**Excuse me**	pardon, excusez-moi	Perdón	Perdono	desculpe-me	Entschuldigen Sie mich	Izvinite
7	**Bonjou**	**Good morning**	Bonjour	Buenos días	**Buongiorno, ciao**	Bom dia.	Guten Tag	Zdravstvuyte
8	**Orevwa**	**Byebye**	Au revoir, Adieu	Adiós	Arrivederci	Até logo. (*X*)	Auf Wiedersehen	Do svidaniya
9	**A byento**	**See you soon**	à bientôt	Hasta luego	Vederla presto	veja-o logo	Siehe bald	Poka
10	**Bon**	**Good**	Bon	Bueno	Buono	Boa	Guten	Dobry
11	**Bonapremidi**	**Good afternoon**	Bon après-midi	Buenas tardes	Buono promeriggio	Boa tarde	Guten Tag	Dobry den
12	**Bonswa**	**Good afternoon**	Bonsoir	Buenas tardes	Buonasera	Boa tarde. (*X*)	Guten Tag	Dobry vecher
13	**Bòn nuit**	**Good night**	Bonne nuit	Buenas noches	Buonanotte	Boa noite. (*X*)	Gute Nacht	Spokoynoy nochi
14	**M pa konprann**	**I do not understand**	Je ne comprends pas	No entiendo	Non ti capisco	Não entendo. (*X*)	Ich verstehe nicht	Ya ne ponimayu
15	**Kijan yo di**	**How to say**	Comment dit-on ça en …?	Cómo se dice	Como si suol dire	como dizer	Wie um zu sagen	Kak eto skazat po [russky]?
16	**Eske ou pale**	**Do you speak**	Parlez-vous …	Habla usted:	Si parla inglese?	Fala francês? (*X*)	Wie um zu sagen	Vy govorite po-...
17	**Angle**	**English**	anglais	Inglés	Inglese	Ingles	Englisch	Angliysky
18	**Franse**	**French**	français	Francés	Francese	Francês	Französisch	Frantsuzsky
19	**Alman**	**German**	allemand	Alemán	Tedesco	Alemão	Deutsch	Nemetsky
20	**Panyòl**	**Spanish**	espagnol	Español	Spagnola	Espanho	Espanisch	Ispansky
21	**Chinwa**	**Chinese**	chinois	Chino	Cinese	Chinês	Chinese	Kitaisky
22	**Mwen**	**I**	je	Yo	Io	Eu	Ich	Ya
23	**Nou**	**We**	nous	Nosotros	Noi	Nós	Wir	Mui
24	**Ou**	**You**	tu	Tú	Tu	Você		Ty
26	**Ou**	**You**	vous	Usted, ustedes	Voi	-	Sie	Vy
27	**Yo**	**They**	ils (m) elles (f)	Ellos, ustedes	Essi, esse	Eles	Sie	Oni

28	**Ki non ou?**	**What is your name?**	Quel est votre nom?	?Cuál es su nombre?	**Qual è il tuo nome?**	Como se chama?	Was ist Ihr name?	Kak vas zovut?
29	**M rele Jan**	**My name is John**	Je m' appelle Jean	Mi nombre es Juan	**Il mio nome è Giovanni**	Me chamo ____	Mein name ist John	Мое имя – Джон
30	**M kontan wè ou**	**Pleased to meet you**	Enchanté	Encantado	Incantato	Muito prazer conhecer-o.	Zufrieden sie zu treffen	Ochen priyatno.
31	**Kòman ou ye?**	**How are you?**	Comment allez-vous? Ça va?	?Cómo está usted?	Como lei è	Como vai voce?	Wie geht es Ihnen?	Kak dela?
32	**Byen**	**Well; fine**	bien, bon	Bien	Bene	Muito bem, obrigado	Brunnen	Horosho
33	**Mal**	**Bad**	mal, mauvais	Mal	Cattivo	Mau	Schlecht	Ploho
34	**Pa pi byen, pa pi mal**	**So so**	Comme ci comme ça	Bastante bien	Cosi cosi	Tão então	So so	Tak sebe
35	**Yon fi, yon madam**	**Spouse,wife**	une femme, une épouse	Una mujer, una esposa	Un conjuge	Esposa	Ehefrau	Zhena
36	**Mari**	**Spouse, husband**	le mari	El marido	Un mari	Marido	Ehemann	Muzh
37	**Fi**	**Girl**	la fille	La hembra	Una Ragazza	**Menina**	**Französisch**	Doch
38	**Gason**	**Boy, son**	le fils	El hijo	Un ragazzo	Menino	Junge	Syn
39	**Manman**	**Mother**	la mère, maman	La madre, la mama	Madre	Mãe	Mutter	Mat
40	**Papa**	**Father**	le père, papa	El padre, el papa	Padre	Pai	Vater	Otets
41	**Zanmi**	**Friend**	un ami (m), une amic (f)	Un amigo, una amiga	Amico	Amigo	Freund	Drug
42	**Kote twalèt la ye?**	**Where are the restrooms?**	Où sont les toilettes?	Dónde estan los baños?	Dove le toilette sono?	onde estejam as casas de banho	Wo sind die toiletten?	Gde zdes tualet?
43	**Zewo**	**Zero**	zéro, nul	Cero	Zero	0: zero	**0:** null	nol
44	**En**	**One**	un(e)	Uno	**Uno**	1: um (m), uma (f) (*OUN, OU-ma*)	**1:** eins	odin
45	**De**	**Two**	deux	Dos	Due	2: dois (m), duas (f) (*DOÏCH, DOU-ach*)	**2:** zwei	dva
46	**Twa**	**Three**	trois	Tres	**Tre**	3: três (*trèch*)	**3:** drei	tri
47	**Kat**	**Four**	quatre	Cuatro	Quattro	4: quatro (*COUA-trou*)	**4:** vier	chetyre

48	**Senk**	**Five**	cinq	Cinco	**Cinque**	5: cinco (*SÎN-cou*)	**5:** fünf	Pyat
49	**Sis**	**Six**	six	Seis	Sei	6: seis (*seïch*)	**6:** sechs	Shest
50	**Sèt**	**Seven**	sept	Siete	Sette	7: sete (*sète*)	**7:** sieben	Sem
51	**Uit**	**Eight**	huit	Ocho	Otto	8: oito (*OÏ-tou*)	**8:** acht	Vosem
52	**Nèf**	**Nine**	neuf	Nueve	Nove	9: nove (*nove*)	**9:** neun	Devyat
53	**Dis**	**Ten**	dix	Diez	Dieci	10: dez (*dèje*)	**10:** zehn	Desyat
54	**Onz**	**Eleven**	onze	Once	Undici	11: onze (*onze*)	**11:** elf	Odinnadsat
55	**Douz**	**Twelve**	douze	Doce	**Dodici**	12:doze (*doze*)	**12 :** zwölf	Dvenadsat Мое имя - Джон
56	**Ven**	**Twenty**	vingt	Veinte	Venti	20: vinte (*X*)	**20:** zwanzig	Dvadsat
57	**Trant**	**Thirty**	trente	Treinta	Trenta	30: trinta (*X*)	**30:** dreissig	Tridsat
58	**Karant**	**Forty**	quarante	Cuarenta	Quaranta	40: quarenta (*X*)	Vierzig	Sorok
59	**Senkant**	**Fifty**	cinquante	Cincuenta	Cinquanta	50: cinqüenta (*X*)	Fünfzig	Pyatdesyat
60	**Swasant**	**Sixty**	soixante	Sesenta	Sessante	60: sessenta (*X*)	Sechzig	Shestdesyat
61	**Swasanndis**	**Seventy**	soixante-dix	Setenta	Settanta	70: setenta (*X*)	Sielzig	Semdesyat
62	**Katreven**	**Eighty**	quatre-vingts	Ochenta	Ottanta	80: oitenta (*X*)	**80:** achtzig	Vosemdesyat
63	**Katrevendis**	**Ninety**	quatre-vingt-dix	Noventa	Novanta	90: noventa (*X*)	Neunzig	Devyanosto Мое имя - Джон
64	**San**	**One hundred**	cent	Cien	Cento	100: cem (*X*)	**100:** hundert	Sto
65	**Mil**	**One thousand**	mille	Mil	Mille	Mil	**1000:** tausend	Tysyacha
67	**Dejene**	**The breakfast**	le déjeuner	El desayuno	Colazione	Café da manhã	Speiselokal	Obed, Zavtrak
68	**Dinen**	**Diner**	le dîner	El almuerzo	Commensale	Casa de pasto	Speiselokal	Uzhin
69	**Pen**	**Bread**	le pain	El pan	Pane	Lanchonete	Bruch	Hleb
70	**Dlo**	**Water**	de l'eau	El agua	Acqua	Água	Wasser	Voda
71	**Agoch**	**Left**	à gauche	A la izquierda	A sinistra	Esquerda	Linke seite	Nalevo
72	**Adwat**	**Right**	à droite	A la derecha	Alla destra	Direito	Recht	Napravo
73	**Toudwa**	**Straight**	Tout droit	Derecho	Direttamente	diretamente	Gerade	Pryamo
74	**Anwo**	**Upstairs**	en haut	Arriba	Piano superior	O andar superior	Obergeschoss	Uverh
75	**Anba**	**Downstairs**	en bas	Abajo	Di sotto	De baixo	Erdgeschoss	Vniz
76	**Lwen**	**Far**	Loin	Lejos	Lontano	Longe	Weit	Daleko

77	**Pre**	**Near**	près, proche	Cerca	Vicino	Perto	Nahe	Blizko
78	**Lopital**	**Hospital**	l'hôpital	El hospital	Ospedale	Hospital	Krankenhaus	Bol'nitsa
79	**Famasi**	**Pharmacy**	la pharmacie	La farmacia	Farmacia	Farmácia	Apothke	Apteka
80	**Yon legliz**	**A Church**	une église	Una iglesia	Chiesa	Igreja	Kirche	Czerkov
81	**Twalèt**	**Restrooms**	les toilettes	Los baños	Toilette	Casas de banho	Toiletten	Tualet
82	**Pisin**	**Pool**	la piscine	La piscine	Piscine	Piscine	Teach	Bassein
83	**Ki lè li ye?**	**What time is it?**	Quelle heure est-il?	Qué hora es?	A che ora è?	Que horas são?	Wie viel uhr	Kotoryi chas?
84	**Jou**	**Day**	Jour	Día	Giorno	Dia	Tag	Den
85	**Semenn**	**Week**	Semaine	Semana	Settimana	Semana	Woche	Nedelya
86	**Mwa**	**Month**	Mois	Mes	Mese	Mês	Monat	Mesyats
87	**Ane**	**Year**	An, Année	Año	Anno	Ano	Jahr	God
88	**Lendi**	**Monday**	Lundi	Lunes	Lunedi	segunda-feira	Montag	ponedelnik
89	**Madi**	**Tuesday**	Mardi	Martes	Martedi	terça-feira	Dienstag	Vtornik
90	**Mèkredi**	**Wednesday**	Mercredi	Miercoles	Mercoledi	quarta-feira	Mittwoch	Sreda
91	**Jedi**	**Thursday**	Jeudi	Jueves	Giovedi	quinta-feira	Donnerstag	Chetverg
92	**Vandredi**	**Friday**	Vendredi	Viernes	Venerdi	sexta-feira	Freitag	Pyatnitsa
93	**Samdi**	**Saturday**	Samedi	Sábado	Sabato	Sábado	Samstag	Subbota
94	**Dimanch**	**Sunday**	Dimanche	Domingo	Domenica	Domingo	Sonntag	Voskresenie
95	**Janvye**	**January**	Janvier	Enero	Gennaio	Janeiro (*X*)	Januar	Janvar
96	**Fevriye**	**February**	Février	Febrero	Febbraio	Fevereiro (*X*)	Februar	Fevral
97	**Mas**	**March**	Mars	Marzo	Marzo	Março (*X*)	März	Mart
98	**Avril**	**April**	Avril	Abril	Aprile	Abril (*X*)	April	Aprel
99	**Me**	**May**	Mai	Mayo	Maggio	Maio (*X*)	Mai	Mai
100	**Jen**	**June**	Juin	Junio	Giugno	Junho (*X*)	Juni	Iyun Moe имя - Джон
101	**Jiyè**	**July**	Juillet	Julio	Luglio	Julho (*X*)	Juli	Iyul
102	**Out**	**August**	Août	Agosto	Agosto	Agosto (*X*)	August	August
103	**Septanm**	**September**	Septembre	Septiembre	Settembre	Setembro (*X*)	September	Sentyabr
104	**Oktòb**	**October**	Octobre	Octubre	Ottobre	Outubro (*X*)	Oktober	Oktyabr
105	**Novanm**	**November**	Novembre	Noviembre	Novembre	Novembro (*X*)	November	Noyabr
106	**Desanm**	**December**	Décembre	Diciembre	Dicembre	Dezembro (*X*)	Dezember	Dekabr
107	**Prentan**	**Spring**	Printemps	Primavera	Primavera	Primavera	Feder	Vesna
108	**Ete**	**Summer**	Été	Verano	Estate	Verão	Sommer	Leto
109	**Otòn**	**Autumn**	Automne	Otoño	Autunno	Outono	Herbst	Osen
110	**Ivè**	**Winter**	Hiver	Invierno	Inverno	Inverno	Winter	Zimá
111	**Jodi a**	**Today**	Aujourd'hui	Hoy	Oggi	Hoje	Heute	Sevodnya
112	**Ayè**	**Yesterday**	Hier	Ayer	Ieri	Ontem	Gestern	Vchera

113	**Demen**	**Tomorrow**	Demain	Mañana	Domain	Amanhã	Morgen	Zavtra
114	**Anivèsè**	**Anniversary**	Anniversaire	Aniversario	Anniversario	Aniversário	Jahrestag	Den rozhdeniya
115	**Bon anivèsè**	**Happy anniversary**	Joyeux anniversair	Feliz aniversario	Anniversario felice	Aniversário feliz	Glücklicher Jahrestag	S dnem rozhdeniya!
116	**Bòn fèt [anivèsè]**	**Happy birthday**	Joyeux anniversaire	Feliz cumpleaños	Compleanno felice	Feliz aniversário	Glücklicher Geburtstag	-

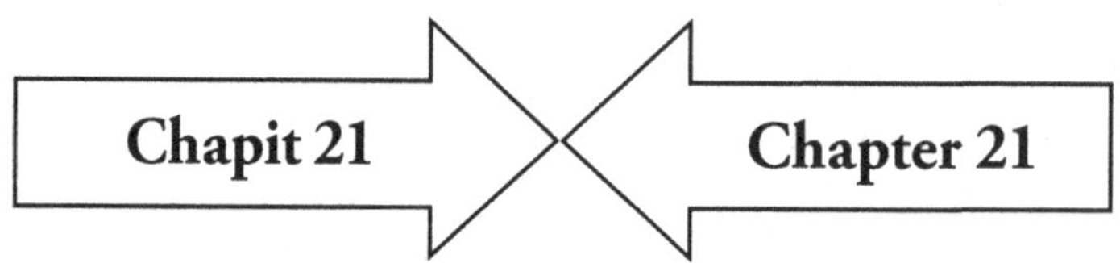

Kontak franse ak kreyòl / Contact of the French with the Creole language

21.1 Mo fransè ki nan kreyòl la.

Dapre plizyè otè, an jeneral, gen anviwon **de mil mo franse ki pase nan kreyòl la ak menm fonèm nan e menm siyifikasyon yo: mo ki gen pou wè ak manje, ak mèb, ak fòn, ak flò, ak pati kò imen, ak koulè, ak distraksyon, adrès, metye ak pwofesyon, e latriye** (Savain, 1995, pp. 75-79). Yon lòt kote, gen anviwon **700 mo kreyòl ki gen menm pwononsyasyon ak mo franse a**, men yo kapab gen sans diferan: prete (prêter et emprunter); kofre (mettre en prison et frapper durement). Plizyè gwoup nan mo franse sa yo soti sitou nan franse sezyèm, disetyèm ak dizuityèm syèk. Annou fè konsiderasyon sa yo:

21.1.1 mo ki gade pwononsyasyon fransè a tankou: biye, bout, bwè, bwèt, kwè, eks.

21.1.2 mo ki te modifye: kajou (acajou), rive (arriver); vale (avaler)

21.1.3 inyon mo a ak atik la (aglitinasyon /prothetic formation): lekòl, legliz, zaboka, monnonk, dlo, zidòl. Plizyè mo kreyòl ki kòmanse ak z soti nan lyezon atik ak yon mo franse ki kòmanse ak yon vwayòl tankou: les étoiles, zetwal (the stars); ze, les oeufs (the eggs). Règ sa a gen eksepsyon: Les eaux, dlo (waters); les années, ane (the years)...

21.1.4 mo ki gade fonèm yo e ki pa chanje sans: kalkil; cheve; kirye

21.1.5 mo ki gade menm fonèm nan men ki gen de sans diferan: Kannal, kann, janm

21.1.6 eliminasyon lèt r nan mitan o nan fen mo franse a: tanbou, pòt, sèten, siga, dola

21.1.7 chanjman son tankou: aise, age, ase, ose: èy, ay, òy: chèz (chèy), lakay, piyay, kichòy. Gen plis egzanp toujou nan tablo ki pi ba a.

Mo	Siyifikasyon
D aso (pran)	Antre ou pran san envitasyon, san pèmisyon
Chòche	Lougawou, movezè
Kotri	Gwoup ki defann pwòp enterè yo, matlòt, kòlèg
Madivin	Lesbyèn, masisi, makoklen
Zòt	Lòt moun yo

21.2 Mo ki fòme ak kout, bout, chouk…

MO KREYÒL	ENGLISH WORDS
Kout : 21.2.1 **Kout.** Kout kouto ; kout ponya, kout pwen, kout zam, kout zèklè, kout loray, kout lapli.	21.2.1 the word « kout » : blow, beating, knock
21.2.2 Bout : Bout pantalon; m konnen bout ou; ti bout; bout pou bout.	21.2.2 words with « bout » : short trousers; I know your habits; a small part; finally.
21.2.3 Chouk: Chouk bwa, chouk dan, chouk kann…	21.2.3 chouk : the remaining of the tree, the remaining of the tooth; the remaining of the sugar cane
21.2.4 Mo ki fòme ak Moun: Moun sòt, moun lespri, moun andeyò, moun lavil, moun vini, ti moun, jèn moun, granmoun; lemoun, moun isit, moun lòtbò [dlo], tout moun se moun.	21.2.4: words formed with « moun » : stupid person, wise person …
21.2.5 Mo ki fòme ak bòs: Di ki bòs, ki moun ki itilize oubyen ki fè enstriman sa yo: Penso, kalbas, awozwa, wou, tiwèl, kwi, manchèt, pikwa, egiy, machin akoud, sonn (estetoskòp), tansyomèt, bousòl, chèz, kay, kabann, fè fòje, soulye, mato, vis, pèl, razwa, goyin, bourèt, sizo.	21.2.5: words with « bòs » : owner, boss…

21.3 Eleman de mo kreyòl ki soti nan lang fransè 21.3 From the French particles to Creole words

21.3.1 Mo avèk "d, de, di, le, toule, toulez, ala"	21.3.1 Words formed with: "d, de, di, le, toule, toulez, ala"
Gen yon seri de eleman de mo ki soti nan franse a, e ki pase nan kreyòl la ak yon sans vrèman literal. Nou kapab site**: d, de, di, le, toule, toulez, ala,** elt. An jeneral, eleman sa yo rete atache a mo kreyòl la. Ekzanp: uitèdswa, mwadoktòb, paydefè, twazèdimaten, ledimanch, toulejou, leswa; touleswa; alamòd, alamachin, palemwadsa, elt. 21.3.2 Pou kèk mo kreyòl, se pwononsyasyon franse a sèlman ki fè la diferans: un an= ennan; deux ans=dezan; une heure = inè; une aune (de toile) = inòn (twal); deux heures = dezè; neuvaine= nevèn; dizaine= dizèn, elt.	Several French particles like "d, de, di, le, toule, toulez, ala" are used to form some Creole words. They stay attached to the main words. 21.3.2 For some Creole words, we realize that there is no big difference between Creole and French. Those words differ only in pronunciation and in writing : un an= ennan ; deux ans=dezan ; une heure = inè ; une aune (de toile) = inòn (yon lonn twal) ; deux heures = dezè ; neuvaine= nevèn ; dizaine= dizèn, elt.

21.3.3 Pafwa, se mo franse a oubyen tout yon ekspresyon menm ki pase nan kreyòl la: a de ; a twa, a kat, a dizè, adwat, agoch; pa pil, pa pakèt, pa milye, pa kiyè, pa bak, annavan, annaryè, an sotan, an moutan, an demon, an malmakak, an kalson, an ranyon… N.B.: Kèk otè itilize espas oubyen trèdinyon pou ekri mo ki gen eleman sa yo. Anpil lòt itilize mo a an blòk. Se menm jan tou pou mo konpoze yo ak kèk lòt ekspresyon. **21.3.4 Kreyòl fransize, fransè kreyolize**. Lè nap pale de relasyon ant franse ak kreyòl, anpil moun itilize yon kreyòl fransize, sitou lè yap itilize mo kreyòl ki soti nan mo franse ki fini an **r, er, eur, eure, or**. Yo pwononse mo kreyòl la mal e pa konsekan, yo mete move atik apre li. Sa sonnen mal nan zòrèy moun. Li sonnen mal ni lè moun ap fransize kreyòl la, ni lè moun ap kreyolize franse a. Se pou sa gen yon kritik ki di nou menm ayisyen, nou pa pale ni franse, ni kreyòl. Eske se vre?	21.3.3 Sometimes, it is the whole sentence or expression that is translated into Creole. Some writers use space or a dash to write those words. Others write them in one word, like they do for the compound Creole words. **21.3.4 Kreyòl fransize.** Lots of people use the so called « kreyòl fransize », that is they speak Creole with a French pronunciation or vice versa.They tend to misuse Creole words coming from French words ending in **r, er, eur, eure, or. Consequently, they use the incorrect article.** Both kind of speech mispronunciation sound bad to listeners. It is in this aspect that some critics maintain that those people do not speak either Creole or French. Is this true?

21.4 Si kreyòl pale te kreyòl ekri; si kreyòl ekri te kreyòl pale

Genyen de(2) pawòl de (2) moun diferan te di ki te fè m fache anpil e ki sanble make lavi m pou tout tan. Men, lè m al reflechi byen, mwen wè moun sa yo te gen rezon. Se mwen ki te twonpe m. Premyèman, yon gwo otorite Repiblik Dominikèn te kritike ayisyen pandan l tap di: "Ayisyen se yon pèp ki pa pwodui". Mwen menm, kòm patriyòt konsekan, fawouch, m ta di menm zele, m te estomake kareman. Men, lè m te vin reflechi, lè m te gade defisi balans kòmèsyal ant de peyi yo, m reyalize mesye a te gen rezon: Nou pa podui vre! Nan menm ide a, yon dominiken ki tap pase an tranzit an Ayiti te di devan m, nan ayewopò entènasyonal Tousen Louvèti: « Tonnè, sa sa ye? Sa se yon ayewopò? Se moun sa yo ki te gen foli okipe nou an »? Li pat konnen si m te pale panyòl; lè li te vin wè m konprann, li te chanje konvèsasyon an. M te fache anpil. Men, apre m te fin rive nan bèl ayewopò las Americas nan Sendomeng, m te reyalize dominikèn nan te gen rezon. Ayewopò Tousen Louveti a pat ka wè ak Ayewopò Las Americas la. Nou te lwen dèyè kamyonèt la.

Yon lòt kote, pandan yon konvèsasyon m te genyen avèk yon sitwayen ayisyen, li te di m ayisyen pa pale okenn lang; lè m te mande l ki sa l te vle di, li te reponn mwen: Ayisyen pa pale ni franse, ni kreyòl. Se pa de vekse m te vekse lè m te tande pawòl dwòl sa a. Poutan, lè m te pran reflechi byen, e sitou lè m te fin koute ayisyen kap pale, m te kwè sitwayen an te gen rezon, an pati: twa ka nan nou pa pale ni franse, ni kreyòl, nòmalman, paske nou melanje yo.

Atis-Mizisyen Koupe Kloure te bwose tèm nan lè l te mande tèt li: Kisa pou n fè ak moun sa yo?

**"Lè yon moun ap pale franse, yo di lap ranse; lè l pale kreyòl, yo di l pat al lekòl;
lè l pale laten, yo di lap fè tenten".**

Konsa, moun kap fransize kreyòl la ap fè efò pou kenbe prestij entèlektyèl li; sa kap fransize kreyòl la vle montre li konnen pale franse. Gen de gwoup moun ki pa tonbe nan de kategori sa yo: se moun ki rive domine toulede lang yo byen, nou vle pale de nèg save yo; lòt kategori a se moun ki pa konn pale franse ditou oubyen ki pa konn **gbd** nan fèy malanga.

M pa ka presize ki pousantay ayisyen ki mele de lang yo, men si ou menm fè obsèvasyon an apre ou fin koute yon emisyon radyo pa egzanp, oubyen koute kenpòt lòt konvèsasyon, sitou moun ki te avanse byen fon lekòl, nou ka rive estime kantite moun ki gen abitid melanje kreyòl ak franse. Si nenpòt moun kap li tèks sa a reflechi byen, n a wè msye te gen rezon di nou pa pale ni franse, ni kreyòl. Se sa ki rele kreyòl fransize, oubyen kreyòl bouch pwenti. Si nenpòt moun ki li tèks sa reflechi byen, li dwe rann omaj alaverite. San nou pa egzajere, nou kapab di apeprè 90% ayisyen bileng pa pale ni kreyòl ni franse, sinon yon lang nou ta rele entèmedyè, yon kreyòl fransize, yon kreyòl bouch pwenti. Yo tout se yon melanj kreyòl-fransè. An reyalite, nou ta di gen de kreyòl. Annou li a hot vwa de diferan tèks sa yo, epi n a wè kote verite a ye.

Tèks A

Seigneur a gen gwo pouvoir !
Li merite pou yo fè lwanj li
Nan lavil Bondieu nou an,
Sou morne ki apart pou li a.

Ala yon bèl morne !
Li fè koeur tout moun sou la terre kontan.
Sou morne Siyon an, ki sou bord nord,
Se la yo bati lavil gwo wa a.
Seigneur a rete lakay li, li fè konnen
Se bord kote l yo jwenn kote
Pou yo kache. (Sòm 48:1-2)

Tèks B

Senyè a gen gwo pouvwa !
Li merite pou yo fè lwanj li
Nan lavil Bondye nou an,
Sou mòn ki apa pou li a.

Ala yon bèl mòn !
Li fè kè tout moun sou la tè kontan.
Sou mòn Siyon an, ki sou bò nò,
Se la yo bati lavil gwo wa a.
Senyè a rete lakay li, li fè konnen
Se bò kote l yo jwenn kote
Pou yo kache. (Sòm 48:1-2)

K	L	E	P		
K	R	E	Y	O	L

EGZESIS-DEVWA / ASSIGNMENT

Saktefèt(revizyon)?	
Sakafèt (pwogram)? **Sakpralfèt (pwojè)?**	

A. Egzèsis ak devwa pou revizyon, refleksyon ou diskisyon.

KREYOL	English
1) Pouki sa nou di kreyòl ayisyen an gen kòm baz lang fransè a?	
2) Nonmen kèk mo ki soti nan lang franse a.	
3) Nonmen kèk mo ou ekspresyon ki nouvo an Ayiti kounye a.	
4) Fè yon lis mo yon moun ki pale franse gen tandans pou mal pwononse an kreyòl.	

B. Ann travay ansanm

1) Fè yon lis istwa, kont, blag e rakonte yo an kreyòl. Pa egzanp, rakonte istwa sa a: Pa bliye sa ki pi enpòtan...
2) Koute lekti a e di ki anomali ou tande (Jezu, soveur, des hommes, se pou tout moun ecrire, bonheur, lheur, orevoir, makomer, depute, senateur, horaire, hier soir, pecheur, moteur, charmer, parler mal, rien du tout, elt.). Koute sòm 48 :1-2.

C. Ann ekri. Can you find the original French or English words of these Creole words?

1. zaboka (les avocats, avocados)
2. zarenyen ____________________
3. zepina ____________________
4. Zepòl ____________________
5. zandolit ____________________
6. zanj ____________________
7. zanmi ____________________
8. zannanna ____________________
9. zannimo ____________________
10. zanno ____________________
11. zanpoud ____________________
12. zansèt ____________________
13. ze ____________________
14. jechalòt ____________________
15. zèkè ____________________
16. zepeng ____________________
17. zepi ____________________
18. zetrenn ____________________
19. zetwal ____________________
20. zèb ____________________
21. zegrè ____________________
22. zèl ____________________
23. zo ____________________
24. zoranj ____________________
25. zwazo ____________________
26. zèl ____________________
27. zonyon ____________________
28. zouti: ____________________

D. Ann ekri. Fòmasyon iregilye non yo. Konplete tablo a.

Kreyòl (maskilen /Feminen)		English
Aktè	Aktris	Actor
Bofis		
Bòfrè		
Bòpè		
Konpanyon		
Kouzen		
Djab		
Bondye		
Direktè (prensipal)		
Dik		
Ekolye		
Anperè		
Mari		
Pitit gason		
Frè		
Pitit fi		
Gran papa		
Ewo		
Nèg, lòm		
Vizitè		
Enspektè		
Mèt		
Mal (#femèl)		
Mekanisyen		
Mesye		
Neve		
Monnonk		
Papa		
Parenn		
Lepè		
Pitit pitit fi		
Prens		
Wa		
Sèvitè		

E. Ann ekri. Ekspresyon avèk genyen (Some expressions with **genyen** ~ to win, to earn)

No	French	Kreyòl	English
1	avoir 10 ans	M gen 10 an	I am ten years old
2	avoir à	M gen pou mwen; m dwe	
3	avoir besoin de	M [gen] bezwen	
4	avoir chaud	M cho	
5	avoir de la chance	M gen chans	
6	avoir envie de	M [gen] anvi	
7	avoir faim	M grangou	
8	avoir froid	M frèt	
9	avoir honte	M wont	
10	avoir l'air + agréable	Li gen lè agreyab	
11	avoir l'air de + nom	Li gen lè papa l	
12	avoir l'intention de	Yo gen entansyon marye	
13	avoir mal à la tête, aux yeux…	M gen tèt fè mal	
14	avoir mal au coeur	M malad nan kè	
15	avoir peur de	M pè	
16	avoir raison	M gen rezon	
17	avoir soif	M swaf	
18	avoir sommeil	M gen dòmi	
19	avoir tort	M gen tò	
20	en avoir après qqn	M gen pwoblèm ak yon moun	

F. Ann ekri. Konpare mo kreyòl sa yo ak mo angle ki koresponn a yo menm nan yon fraz.

Mo kreyòl	English words	Fraz an kreyòl
Genyen	to win, to earn	M ta renmen genyen nan loto.
Gete	to get; to watch passionately	
Joure	to scold; to insult	
Jwenn	to find	
Kabrit	Goat	
Kenbe	to hold, to catch	
Kite	to let, to leave	
Kodenn	Turkey	
Konnen	To know	

Kwoke	To hang up, to hook, to make love	
Mamay	Small child	
Mare	To tie	
Pete	To fart, to break	
Rale	To crawl; to hobble; to pull	
Rete	To leave	
Tete	To nurse	
Vakabon	Vagabond, escoundrel	
Visye	Vicious, stealer	

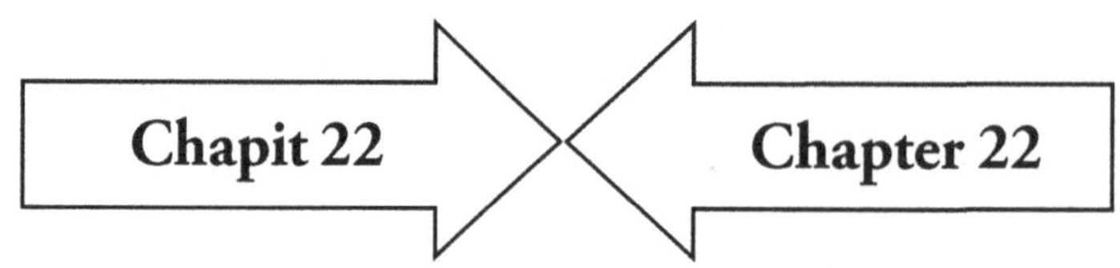

Dokiman Kreyòl / Documents in Kreyòl

22.1 Im Nasyonal ayisyen: La Desalinyèn[13]

I

Pou Ayiti, peyi Zansèt yo
Se pou n mache men nan lamen.
Nan mitan n pa fèt pou gen trèt
Nou fèt pou n sèl mèt tèt nou.
Annou mache men nan lamen
Pou Ayiti ka vin pi bèl.
Annou, annou, met tèt ansanm
Pou Ayiti onon tout Zansèt yo.

II

Pou Ayiti onon Zansèt yo
Se pou n sekle se pou n plante.
Se nan tè tout fòs nou chita
Se li k ba nou manje.
Ann bite tè, ann voye wou
Ak kè kontan, fòk tè a bay.
Sekle, wouze, fanm kou gason
Pou-n rive viv ak sèl fòs ponyèt nou.

III

Pou Ayiti ak pou Zansèt yo
Fo nou kapab vanyan gason.
Moun pa fèt pou ret avèk moun
Se sa k fè tout Manman ak tout Papa
Dwe pou voye Timoun lekòl.
Pou yo aprann, pou yo konnen
Sa Tousen, Desalin, Kristòf, Petyon
Te fè pou wet Ayisyen anba bòt blan.

IV

Pou Ayiti onon Zansèt yo
Ann leve tèt nou gad anlè.
Pou tout moun, mande Granmèt la
Pou l ba nou pwoteksyon.
Pou move zanj pa detounen-n
Pou-n ka mache nan bon chimen.
Pou libète ka libète
Fòk lajistis blayi sou peyi a.

V

Nou g on drapo tankou tout Pèp.
Se pou n renmen l, mouri pou li.
Se pa kado, blan te fè nou
Se san Zansèt nou yo ki te koule.
Pou nou kenbe drapo nou wo
Se pou n travay met tèt ansanm.
Pou lòt peyi ka respekte l
Drapo sila a se nanm tout Ayisyen.

22.2 Lissette[14]. (Konpare de tèks sa yo).

13 See the poem: Mèsi papa Desalin by Felix Morisseau Leroy.

14 Lissette is one of the oldest literary Creole documents. Note the frenchlike orthography.

(Vèsyon orijinal)
Lissette quitté la plaine
Moi perdé bonher a moi
Gie a moi sanble fontaine
Dipi moi pa mire ou
Le jour quand moi coupe cann
Moi sonje zanmour a moi
La nuit quand moi dan cabane
Dans bras moi kinbe ou.

(Vèsyon an kreyòl jodi a)
Lisèt kite laplèn
Mwen pèdi bonè mwen
Figi m sanble yon fontèn
Depi m pa wè ou.
Lajounen, lè map koupe kann
Mwen sonje amou mwen
Lannuit, lè m nan kabann
Se nan bra mwen mwen kenbe ou.

22.3 Magistrat Vincent nou contents. Obsève e konpare tèks sa yo.

(Vèsyon orijinal ki soti nan chante popilè)
Magistra Vincent nous contents.
Magistra Vincent, nous contents.
La ru balé, rigol nettié.
La ru balé, nous contents
Quand ou fair bien (bis)
Pèp ou content.
Lor agi bien, gain yon jou l va recompensé ou

Majistra Vensan nou kontan
Majistra Vensan, nou kontan
Lari bale, rigòl netye
Lari bale, rigòl netye
Kan yon moun fè byen (bis)
Pèp ou kontan
Lò w aji byen, gen yon jou l
Va rekonpanse ou.

22.4 Choukoun (chan folklorik)

Dèyè yon Dèyè yon touf penguenn
Lot jou m rankontre Choukoun
Li souri lè li wè mwen
Mwen di: syèl alon bèl moun (bis)
Li di m li twouve sa chè.

Refren
Ti zwazo nan bwa ki t ape koute m (bis)
Lè mwen sonje sa mwen genyen lapenn
Ka depi jou sa de pye mwen nan chenn (bis)

I

Choukoun se yon marabou
Je li klere kou chandèl
Li gen ti tete doubout
Ay! si Choucoune te fidèl (bis)
Ala jan m ta renmen li!

II

M ale lakay manman li
Yon ti granmoun trè nèt
Li kontan wè mwen li di:
Ay, mwen montan sila nèt
Mwen bwè chokola o nwa
Wi mwen bwè chokola o nwa.

22.5 Ayiti cheri (chan folklorik)

Haiti Cherie (Pawòl ak mizik Dr. Othello Bayard)

Ayiti cheri pi bon peyi pase ou nanpwen
Fòk mwen te kite w pou mwen te kap konprann valè w
Fòk mwen te manke w pou m te kap apresye w
Pou m santi vrèman tout sa ou te ye pou mwen

Gen bon solèy bon rivyè e bon brevaj
Anba pyebwa ou toujou jwenn bon lonbraj
Gen bon ti van ki bannou bon ti frechè
Ayiti Toma se yon peyi ki mè chè

Lè w lan peyi blan ou gen yon vye frèt ki pa janm bon
E tout lajounen ou oblije ap boule chabon
Ou pakab wè klè otan syèl la andèy
E pandan si mwa tout pyebwa pa genyen fèy

Li powèm "Haïti Chérie" a hot vwa. Analize li e konpare Ayiti nan tan otè a tap viv la avèk Ayiti ki genyen kounye a. Èske Ayiti pwogrese oubyen li fà bak?

Ki sa otè a di ki toujou rete an Ayiti jodi a?

N.B.: Taken from www.HaitiForever.com. The text was adapted.

22.6 Powèm: Mèsi Papa Desalin (Written by Félix Morisseau Leroy)

Chak fwa m santi sa m ye
M di mèsi, Desalin
Chak fwa m tande youn nèg koloni
Ki poko lib pale
M di: Desalin, mèsi
Se mwen k konnen sa ou ye pou mwen
Mèsi, papa Desalin
Si m youn nonm
Se pou m di: mèsi, Desalin
Si m ouvè je m gade
Se gras a ou, Desalin
Si m leve tèt mwen pou m mache
Se gras a ou, Desalin
Chak fwa m gade lòt nèg
M di mèsi, Desalin
Lè m wè sa k ap pase lòt kote
M di: mèsi, Desalin
Lè m tande kèk nèg parèy mwen pale
M di: mèsi, papa Desalin
Se pou tout nèg di:
Mèsi Desalin
Se ou k montre nou chimen nou
Mèsi Desalin
Se ou k limyè nou
Desalin
Se ou ki ban n tè nap pile a
Syèl ki sou tèt nou an
Pyebwa, larivyè
Lanmè, letan, se ou
Desalin, se ou k ban n solèy
Ki ban n lalin
Ou ki ban n sè, frè n
Manman, papa n, pitit nou
Se ou ki fè n youn jan youn mannyè
Nou pa kou tout nèg
Si m gade tout mounn nan je
Se ou kap gade yo, Desalin
Se ou ki ban n dlo pou n bwè

Se mwen k konnen sa ou ye pou mwen
Towo Desalin
Desalin, san mwen
Desalin, de grenn je m
Desalin, zantray mwen
Se mwen k konnen
Ou ki ban n manje pou n manje
Mèsi, papa Desalin... (wè tout powèm nan sou entènèt)

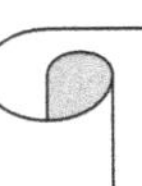

a) Li ak anpil atansyon tèks "Mèsi Papa Desalin".
b) Prepare yon rezime pou diskisyon nan klas la.
c) Ki jan de powèm Moriso ekri la?
d) Èske tout sa l di se reyèl oubyen li egzajere?

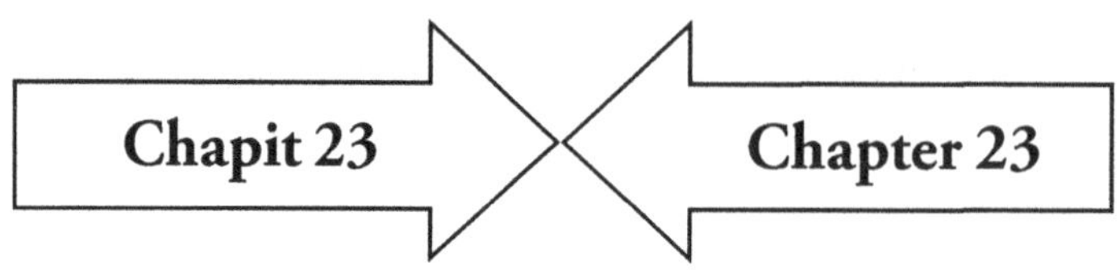

Koudèy sou literati kreyòl /An overview on the Haitian Creole Literature

KREYOL	English
23.1 Literati an jeneral. Nan literati franse a, pandan epòk mwayenaj la, te gen literati ajyografik, chanson de jès, powezi twoubadou, woman koutwa ak fabliyo. Pandan sezyèm syèk la, te genyen gran retorikè, imanis ak Lapleyad. Disetyèm syèk te yon epòk klasik (klasisis). Pandan dizuityèm ak diznevyèm syèk, te gen romantis, reyalis, natiralis ak senbolis. Pandan ventyèm syèk, te gen oulipo. Ki sa fransè yo genyen nan venteyinyèm syèk la?	23.1 Literature in general. In the French Literature, long time ago, there were the hagiographic literature, Songs of Geste, poetry of the **Troubadours**, the courteous novels and the **Fabliau**. During the XVI century, there were the "Great Rhétoriqueurs", the Humanism, and the **Pléiade**. During the XVIIe century, there was the classicism. During the XVIII and XIX centuries, there were the romantism, the realism, the naturalism, and the symbolism. During the XX century, there was the oulipo. What do they have in the twenty first century?

23.2 Kèk mo ki gen pou wè ak literati (some words related to literature)

KREYÒL	ENGLISH	KÒMANTÈ
Aksyon	Action	
Antagonis	Antagonist	
Byografi	Biography	
Dram	Drama	
Dyalòg	Dialogue	
Efè total	Total effect	
Fab	Fable	
Fiksyon istorik	Historical fiction	
Final siprenan	Surprise ending	
Imajinasyon	Imagination, fantasy	

Istwa kout	Short story	
Karaktè	Character	
Karaktè prensipal	Main character	
Karakterizasyon	Characterization	
Komedi	Comedy	
Konfli	Conflict	
Kont	Folktale, folklore	
Lejand	Tell Tale	
Manyè	Mood	
Mit	Myth	
Mizansèn	Setting	
Moral	Moral	
Naratè	Narrator	
Otobyografi	Autobiography	
Powezi	Poetry	
Pwoz	Prose	
Pwen de vi	Point of view	
Pwotagonis	Protagonist	
Reprezantasyon (teyat)	Play	
Reyalism (reyalis)	Realism	
Sijè	Theme	
Syans fiksyon	Science Fiction	
Ton	Tone	
Trajedi	Tragedy	
Traji-komedi	Tragy-comedy	
Tram, denouman	Plot	
Trete	Essay	
Woman (Roman)	Novel	

23.3 Vèsifikasyon (Kalite vè) / Types of versification

Èske w konnen ki sa ki karakterize chak kalite eleman literè sa yo?

Kreyòl	English
Akwostich	Acrostic
Balad	Ballad
Chanson	Song
Didaktik	Didactic
Epigram	Epigram
Epik	Epic
Epitaf	Epitaph
Fab	Fable
Katren	Quatrain
Kenzèn	Quinzaine
Kiriyèl	Kyrielle
Limerik	Limerick
Od	Ode
Rondlèt	Rondelet
Senken	Cinquain
Septolè	Septolet
Sonè	Sonnet
Vè lib	Free Verse
Wondèl	Rondel
Wondo	Rondeau

Boileau te di nan lang franse:

«Vingt fois sur le métier, remettez votre ouvrage. Polissez-le sans cesse et le repolissez. Tout honnête homme a de tel sentiment».

An bon kreyòl:

Retounen sou travay ou fè menm 20 fwa si se nesesè; poli l e repoli l (revize li). Tout moun ki serye gen santiman sa a lakay li.

23.4 Evalyasyon kalite vè. Chwazi kèk zèv literè, evalye yo pandan w ap suiv chema ki anba a:

Tèm	**ECHÈL /ESCALA**				
	0	**1**	**2**	**3**	**4**
Entwodiksyon					
Kilè e ki kote (Settings)					
Aktè yo (Kisa yo di, ki sa yo fè..., sa yo di de yo...)					
Ide prensipal ak ide segondè (Main and supporting ideas)					
Ki leson nou tire (Inference - combination of the information given with things already known)					

Ki pèsonn moun yo itilize (First, second...)					
Ki kalite istwa (Prose, verse)					
Kijan evènman yo anchene (plot of the events; collection of events that takes place in a story)					
Pwen total					
Nòt final					

23.5 Istwa ekri kreyòl ayisyen an ~ History of the written Haitian Creole

Kreyòl	English
23.5.1 Premye dokiman ki te ekri an kreyòl se te **pwoklamasyon abolisyon lesklavaj Komisyonè franse Sontonak ak Pòlverèl** te bay esklav yo nan dizuityèm syèk la (26 me e 29 dawou 1793). Apre dokiman sa a, tapral gen anpil lòt ankò.	23.5.1 The first written document in Haitian Creole was dated from the XVIII Century: The Proclamation of the abolition of Slavery system by the Commissary Sonthonax and Polvérel in Saint-Domingue (May 26, 1793 and August 29, 1793). Later on, more Creole documents were produced:
23.5.2 Pwoklamasyon Bonapat. Pwoklamasyon Bonapat a esklav Sendomeng yo pou pouse yo aksepte ekspedisyon Jal Leklè a (18 of Brumaire, Year 10; 1802, Fouchard, 1972)	23.5.2. Proclamasyon Bonaparte. The Bonaparte's proclamation to the slaves to persuade them to receive the French Expedition leaded by General Leclerc (18 of Brumaire, Year 10; 1802, Fouchard, 1972).
23.5.3 "Fanm Okap". Yon abitan Sendomeng te pibliye dokiman ki rele "**Fanm Okap**" nan yon seri zèv literè ki te parèt Filadelfi nan lane 1808.	23.5.3 "The document entitled: "The Ladies of Cap-Haitian" in the "Idyles et Chansons", published in Philadelphia in 1808 by an inhabitant of Saint-Domingue.
23.5.4 Powèt Duvivier de la Mahotière pibliye powèm: «**Lissette quitté la plaine**", (vè lane 1750).	23.5.4 The poem entitled "Lissette quitté la plaine", written by Duvivier de la Mahotière (about 1750).
23.5.5 Powèt Hérard Dumesle te pibliye an 1824 (nan dokiman ki gen pou tit "Voyage dans le nord d' Haïti) **envokasyon Boukman** te fè nan seremoni Bwa Kayiman an (14 dawou 1791).	23.5.5 The Boukman's invocation in the "Cérémonie du Bois Caïman" (August 14, 1791) published in Creole in 1824 by Hérard Dumesle in his "Voyage dans le Nord d'Haïti")
23.5.6 Powèt Juste chanlatte ekri sa ki rele : "**Dialogues**" nan teyat **"L'entrée du Roi dans sa Capitale**" pibliye a Milot (wè Jean Claude Bajeux, Mosochwazi, p. 6)	23.5.6 The Creole dialogues written by Juste Chanlatte in his theater "l'entrée du Roi dans sa Capitale, published in Milot (See: Jean Claude Bajeux, Mosochwazi, p. 6)

23.5.7 Apre lendepandans d Ayiti, lang franse a pa te elimine; okontrè. Li tap vin genyen plis prestij. Poutan, piti piti, lang kreyòl la tap emèje e nou t apral jwenn plis dokiman ki ekri an kreyòl nan literati peyi a.	23.5.7 After the Independence of Haiti, the French language was not eliminated. It still had a prestigious position in relation to the Creole. However, more and more literary works continued to emerge in Creole.
23.5.8 Powèt Oswald Durand (1884) ekri **Choukoun** nan dokiman ki te rele "Rires et Pleurs". Jodi a, Choukoun se yon chante folklorik byen popilè prèske toupatou.	23.5.8 Choucoune (Oswald Durand, 1884) in his poetic work: Rires et Pleurs. Nowadays, Choucoun is a very popular folkloric song.
23.5.9 Tradiksyon fab Lafontèn nan "**Krik Krak**" (Georges Sylvain, 1901-1903).	23.5.9 Translation of the Lafontaine's Fables into Creole "Cric? Crac (Krik, Krak)"(1901 -1903) by Georges Sylvain.
23.5.10 Katechis kreyòl Achevèk Kersuzan te ekri an 1910.	23.5.10 The Catechism written in Creole by the Bishop Kersuzan in 1910.
23.5.11 Bib la Sosyete Biblik ayisyèn nan te pibliye an kreyòl.	23.5.11 The Biblical Society begun to publish **Bib la** in Creole.
23.5.12 Fab an kreyòl de Carl Wolf (1916)	23.5.12 The Carl Wolf's fables (1916)
23.5.13 Fab an kreyòl de Frederic Doret (1928)	23.5.13 The Frederic Doret's fables (1928).
23.5.14 Apre okipasyon amerikèn nan (1915-1934), te gen yon kouran lide ki chwazi retounen nan rasin afriken nou. Yon gwoup ayisyen te rele mouvman sa a "Negritid". Sa te vin fasilite plis dokiman ekri ankò nan lang kreyòl la.	23.5.14 After the American Occupation of Haiti (1915-1934), there was a new tendency to return to the African roots. The Haitian named their movement: La Négritude. More important Creole documents were to be printed.
23.5.15 "Ainsi Parla l'Oncle" (Dr. Jean Price Mars, 1928) se non yonn nan dokiman ki te pi enpòtan nan epòk sa a. Yon lòt mouvman tapral pran pye: Endijenis (1930-1970), sitou avèk (Pradel Pompilus, 1983). Sa t apral bay literati kreyòl la plis jarèt ankò.	23.5.15 "Ainsi Parla l'Oncle" (So Spoke the Uncle, Dr. Jean Price Mars, 1928). The next literary movement, the Indigenism (1930-1970) will emphasize every national aspect (Pompilus, 1983).
23.5.16 Felix Morisseau Leroy (1953) tradui **"Antigòn"** de Sophocle.	23.5.16 The translation into Creole of the Sophocle's Antigone" by Felix Morisseau Leroy (1953)
23.5.17 Nan dekad 60 lan, Nouma te tradui powèm **"Le Cid"** de Corneilles.	23.5.17 In the sixties, Numa translated Corrneille's poem: 'The Cid".
23.5.18 Dezafi se non premye woman ayisyen Franck Etienne te ekri an kreyòl an 1975.	23.5.18 The first Haitian novel in Creole, Dezafi, was written by Franck Etienne in 1975.
23.5.19 "Ti dife boule sou istwa d Ayiti" se non yon dokiman Trouillot te ekri an 1977.	23.5.19 "Ti dife boule sou istwa d Ayiti" was written by Trouillot (1977)

23.5.20 Lòt bò dlo, literati kreyòl te toujou ap evolye: Nan Matinik, Abe Jean Claude Goux te pibliye **katechis ak gramè kreyòl** (1843). Nan Port of Spain, Jacob Thomas te pibliye plizyè etid sou kreyòl (Theory and Practice in Creole, 1869); nan Giyàn, Alfred Parepou (pseudonym) te pibliye premye woman kreyòl: **Atipa** (Alfred Saint-Quentin; 1885).	23.5.20 In other countries, in Martinique, the Abate Jean Claude Goux published a Creole catechism and a Treaty of Grammar (1843). In Port of Spain, Jacob Thomas published Studies in the Theory and Practice in Creole (1869); in Guyanese, Alfred Parepou (pseudonym) published the first Novel written in Creole: Atipa (Alfred Saint-Quentin; 1885)
23.5.21 Pi ta, plizyè otè kontinye pibliye an kreyòl: Yves Dejean; R.C. Lafayette; Dr. Pradel Pompilus, Catts F. Pressoir; Albert Valdman, pami anpil lòt.	23.5.21 More recently, several authors dedicate themselves to write in Creole: Yves Dejean; R.C. Lafayette; Dr. Pradel Pompilus, Catts F. Pressoir; Albert Valdman, to mention a few.
23.5.22 Lè legliz katolik elimine laten nan lamès (Council of the Vatican in 1964) kreyòl vin pran enpòtans li nan legliz katolik kon [kou] pwotestan.	23.5.22 When the Catholic Church decided to eliminate Latin as its official language in the masses (Council of the Vatican in 1964), Creole obtained an important strength in Haiti.
23.5.23 Anpil komedyen ayisyen tankou Alsibyad, Languichat, Piram, devlope anpil pyès an kreyòl, paske yo vle atire atansyon piblik la. Se konsa nou jwenn anpil mizik, anpil fim, anpil blag, anpil kont, anpil chan, anpil anons, anpil deba ak anpil pwogram radyo an kreyòl. Malgre tout pwogrè sa yo. Kreyòl la gen anpil chemen pou l kouri.	23.5.23 Several Haitian Comedians like Alcibiade, Languichat, Piram, Jesifra..., developed their works in Creole, since they want to reach people directly. The Creole is found disseminated in the works of Caribbean writers who pledge for its improvement. But the road is still very long. It is a constant struggle to survive.

K	L	E	P		
K	R	E	Y	O	L

EGZESIS-DEVWA / ASSIGNMENT

Saktefèt(revizyon)?	
Sakafèt (pwogram)? **Sakpralfèt (pwojè)?**	

A. Egzèsis ak devwa pou revizyon, refleksyon ou diskisyon.

KREYOL	English
1. Defini tèm literè sa yo? a) antagonis b) karaktè c) pwotagonis d) denouman e) konfli f) moral 2. Chwazi yon woman e bay egzanp tèm sa yo. 3. Devlope pwòp zèv teyat ou oubyen yon woman. Eksplike rezime a devan klas la. 4. Chwazi yon zèv literè nan literati ayisyèn e analize l dapre tablo nou prezante pi wo a. Nou kapab chwazi pami otè sa yo: Oswald Durand, Etzer Vilaire, Fernand Hibbert, elt. 5. Chache nan entènèt kèk dokiman ki ekri an kreyòl tankou: Bib la, Lissette, Compère Général Soleil, elt.	Make a brief history of the Creole evolution in Haiti

B. **Li de powèm sa yo e kòmante yo ansuit**

a) Powèm: Yo

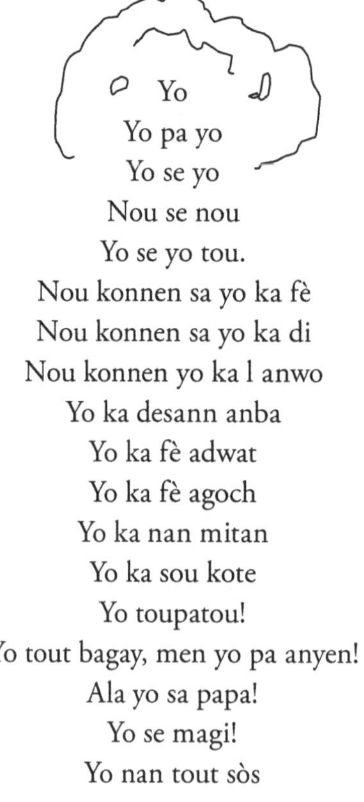

Yo isit, yo lòtbò
Yo bon, yo mal
Ou ta di yo gen
yon tete dous
Yon tete anmè
Yo ka nan lanfè
Yo ka nan paradi
Ala yo sa papa!
Yo bon pou pri a
Yo anraje!
Men… O! ki yo sa?
Yo se lang?
Yo se bouch?
kisa yo ye menm?
Yo se yoyo?
O! O!
Yo se mwen!
Yo se zòt?
O! Yo se yo?
Men, nou, se [fout] nou tou.
N a jwenn ak yo
N a fè yo wè zo grann yo
Yo va sispann fè tripotay.
(sinye: Yodikidi)

b) Ti pòl, al lekòl, tande!

Si jenn Tipòl
Ale toujou lekòl
Byen abiye e ak kòl
pou l aprann kreyòl
san parès, san bemòl,
men, pito ak pwotokòl
L a fè anpil gòl
San anpil tchòbòl
sou teren foutbòl
lavi a ki si dròl.

c) Yon akwostich pou lang kreyòl la

Kreyòl se lang pa m

Rayi chen di dan l blan

E m di sa toutbonvre

Yo met sote ponpe

Òklò kon yo ta òklò

Lang kreyòl la bèl, e li bòzò!

KREYOL
KREYO K OYERK
KREY R YERK
KRE E ERK
KR Y RK
K O K
L
KREYOL
K
R
E
K Y K
KR O RK
KRE L ERK
KREY YERK
KREYO OYERK

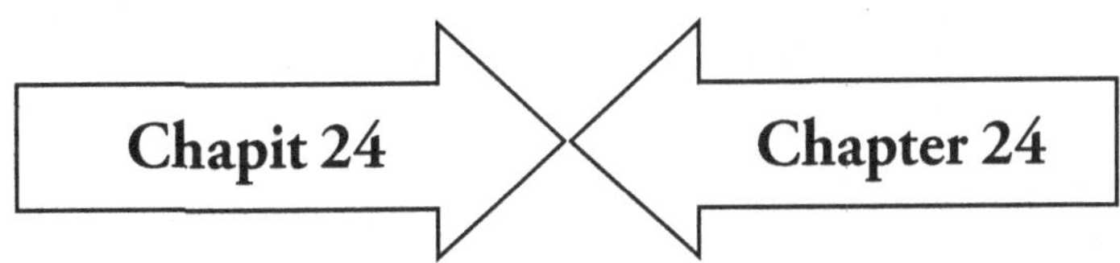

Chapit 24 — Chapter 24

Vokabilè Kreyòl-anglè nan fraz
Creole-English vocabulary in sentences

Fraz ak ekspresyon kreyòl ~ Some sentence and Creole expressions

24.1 Obsèvasyon ak kòmantè ekspresyon / Observe and comment the following sentences

No	Kreyòl words or expressions	English Equivalent
1	About (fatige: tired): m about ak mizè sa a.	I am tired of being poor
2	Absoliman, reyèlman	Absolutely, really
3	Achitèk la prepare plan kay Elèn nan	The architect prepares Hellen' s plan of the house
4	Agase (anmède, fawouche, eksite, anbete): Ou renmen agase moun twòp	To tease: you like to tease people too much
5	Ajans vwayaj la rele ou	The travel agency calls you
6	Ajoute di dola sou li	Add ten dollars to it
7	Aksyonis yo renmen wè pri aksyon yo monte	The stockholders like to see raising the price of their stocks
8	Aktè sa a jwe byen nan fim nan	This actor plays well in the theater
9	Ala yon bon nèg se ou !	How good are you!
10	Ale anwo a	Go upstairs
11	Ale bwachat (ale nan peyi san chapo; mouri): malere a ale bwa chat	The poor man died
12	Ale tou dwat devan ou	Go straight ahead
13	Ale, men pa mize	Go, but do not stay late
14	Ame a kraze, men Lapolis la	The army is eliminated, but the police is here
15	Amos Coulanges se yon gwo gitaris Ayisyen	Amos Coulanges is a great Haitian guitarist
16	An Ayiti, di yon moun li gen dwèt long se di moun nan vòlè	In Haiti, to tell that someone has long finger is telling him or her that he/she is a thief

17	An Ayiti, gen de lang ofisyèl: Kreyòl ak Fransè	In Haiti, there are two official languages: Creole and French
18	An Ayiti, pa gen bon wout	In Haiti, there are no good roads
19	An Ayiti, sitou nan Pòtoprens, gen anpil kamyonèt; yo rapid; se pou sa yo rele yo taptap.	In Haiti, especially in Port-au-Prince, there are lots of small but fast public cars; there are called "taptap"
20	Andremèn se ansyen madanm Jonas	Andremèn is Jonas's ex wife
21	Aniz se fanm Jano	Anise is Jano's wife
22	Anjèl se ansyen mari Ana	Anjèl is Ana's ex husband
23	Ann ale nan sinema	Let's go to the theater
24	Ann kole zepòl ak zepòl	Let's put ourselves together
25	Annou jwe domino	Let's us play domino
26	Anpil ayisyen ap sèvi ak lanp tèt gridap toujou	Most of Haitians still used old fashioned lamps
27	Anpil fwa, an Ayiti, yo rele chantè yo oubyen moun ki konpoze chan yo "Sanba"	Often, in Haiti, the singers or composers are called "Sanba"
28	Anpil kay pa gen lavabo	Lots of houses do not have lavabo
29	Anpil peyi pa vle lapèn de mò	A lot of countries do not want the capital punishment
30	Anpil vandè se machann anbilan	Lots of vendors are ambulatory merchant
31	Antouka	In any case, whatever happens
32	Apa ou pa ede m!	I wonder why you do not help me!
33	Apatman an pa janm lwe	The apartment is not rented yet
34	Apre mesyedam yo te fin fiyansc, yo marye	After being fiancé, they got married
35	Apre tanpèt la, gen kalmi.	After the storm, there is a calm weather
36	Atansyon, gen anpil falèz an Ayiti	Be careful, there are lots of precipices in Haiti
37	Atis la bay yon bon konsè jodi a	The artist gives a good concert today
38	Avoka se defansè nou	The lawyer is our defender
39	Avyon an ateri ta	The airpline landed late
40	Avyon an pase sou tèt kay la	The airplane passes on top of the house
41	Ayewopò a pa lwen	The airport is not far
42	Ayiti gen anpil bòs pent	Haiti has many famous painters
43	Ayiti ka pa gen anpil resous ekonomik	Maybe Haiti does not have too many economical resources

44	Bag sa a se yon kado mennaj mwen banmwen	The ring is a gift of my fiancé
45	Banm rès monnen an!	Give me the change
46	Baskètbòl mande rapidite	Basketball requires rapidity
47	Bat kat la byen; li mal bat	Shuffle well the cards; they are not well mixed
48	Bat men pa di aplodi pou sa	Clapping hands does not necessarily mean to applause
49	Bato a leve lank	The boat is gone
50	Bay malad la dite	Give a cup of tea to the ill-person
51	Bebe a rele Amado	The name of the baby is Amado
52	Bidjè Ledikasyon Nasyonal d Ayiti pa wo ditou	The budget of the Haitian National Department of Education is not too high
53	Biyè avyon yo chè an vakans ete	Airplane tickets are expensive during the summer
54	Biznis lan pa fè benefis, li fè fayit	The business does not have benefits, it goes to bankruptcy
55	Biznismann dwe peye patant	Businessmen have to pay patent
56	Blouz li a anfòm papa!	How beautiful is her blouse!
57	Bòkò pa Bondye	The witch doctor is not God
58	Bon tranzaksyon konsève zanmi	Good transaction conserves good frienship
59	Bondye tou pre nou	God is near us
60	Bonjou mèt	Good morning mister?
61	Bòs Mako se yon bon tayè	Artisan Marco is a good taylor
62	Bòs mason an travay debyen	The mason works pretty well
63	Botanik se syans ki etidye plant yo	Botanic is the science that studies plants
64	Bouchri a pa lwen	The butchery (slaughter, meat market) is not too far
65	Bous Nouyòk la fèmen jodi a	The Stock Exchange of New York is close today
66	Byoloji se syans ki etidye lavi, sa vle di òganis vivan	Biology is the science that studies life, that is live organisms
67	Chak ane, se pèt lap fè	Each year, he has a loss
68	Chak ane, sechrès menase nou	Each year, dryness threated us
69	Chak dimanch, gen yon bifè lakay li	Each Sunday, there is a barbecue at his house
70	Chak maten, m bwè kafe ou te	Each morning, I drink coffee or tea

71	Chak vakans, l ale nan kwazyè	For each vacation, he goes to a cruise
72	Chak vandredi, diskotèk la plen moun	Each Friday, the discotheque is full of people
73	Chapo sa a soti Panama	This hat is from Panama
74	Chemiz li an pa gen tach	His shirt does not have any stain (spot)
75	Chèn nan trò fen, li kase	The Chain is too thin, it broke
76	Dan fè mal pa dous	Toothache is not good
77	Dantis la rache dan an fasil	The dentist upwoot the tooth easily
78	Dat dekouvèt d Ayiti se 5 desanm 1492	The date of discovering of Haiti is December 5, 1492
79	De tanzantan, lapli ap tonbe	From time to time, it is raining
80	Depans ou peye avoka rele “onorè”	The fees you pay to the attorney are called honorary
81	Depi 11 septanm 2001, teworis se yon gwo pwoblèm	Since September 11, 2001, terrorism is a big problem
82	Depi ou wè dife pran, rele ponpye	As soon as you see the fire, call the fireman
83	Depi…jouk (soti… rive): from… until / to: depi maten rive jouk kounye a, m pa vann anyen.	Since this morning until now, I haven’t sold anything
84	Detektif sa ap ba ou l sou de ti chèz	This detective will give it to you right a way
85	Dèyè mòn gen mòn	Behind the mountains there are more mountains
86	Dezabiye Sen Pyè pou abiye Sen Pòl	Robbing [money from] Peter to pay Paul.
87	Dife se pi bèl envansyon nou genyen	Fire is the best invention that we have
88	Diri ak pwa bon anpil	Rice and beans are succulent (tasty)
89	Dis chèz sifi	Ten chairs are enough
90	Dlo a fre	The water is fresh
91	Dlo a pa ni cho ni frèt, li tyèd	The water is nether hot nor cold, it is lukewarm
92	Doktè a gen yon espesyalite an chiriji	The doctor has a speciality in chirurgy
93	Doktè a pran sonn li l ale	The doctor takes his stethoscope and leaves
94	Doktè a sonde malad la	The doctor auscultates the patient
95	Dòz medikaman sa a twò fò	This dose of medecine is too strong
96	Edikasyon fizik enpòtan menm jan ak tout lòt matyè	Physical education is as important as other matters
97	Egzamen an pa fasil ditou	The exam is not easy at all

98	Egzamen bakaloreya pa janm fasil an Ayiti	The baccalaurate exam is never easy
99	Ekonomi peyi d Ayiti pa bon menm kounye a	The economical situation of Haiti is not good at all nowadays
100	Elektrisyen an fè yon bon travay	The electrician did a good job
101	Elena renmen ale nan bal	Elena likes to go to dance
102	Elèv la gen bèl nòt	The student has good grades
103	Eli ap travay lapòs	Elie is working at the post office
104	Enfimyè a pran anpil pasyans ak malad la	The nurse worked carefully with the patient
105	Enjenyè a pèdi lisans li	The engineer loses his license
106	Erozyon fini ak tè nou yo	Erosion erodes our earth
107	Èske ou gen monnen nan ven goud?	Do you have change for twenty dollars?
108	Èske ou gen opinyon sou sa?	Do you have an opinion about that?
109	Eske ou kapab banm nan bonis ou a?	Can you give some of your fringe benefits?
110	Èske ou reveye ak pye goch ou?	Did you get up on the wrong side of the bed?
111	Eskiltè sa kapab transfòme bout bwa sa a an yon chedèv	This sculptor can transform this piece of wood into a masterpiece
112	Estad "Silvio Cator" genyen yon bon espektak	The Sylvio Cator stadium has a good spectacle
113	Estasyon machin yo tou pre	The bus stop is near by
114	Estela akouche de jimo	Stella gave birth to twins
115	Eta Sivil toujou mande temwen	The Civil State always requires witnesses
116	Fè +noun or pronoun+another verb = to have something done by someone: fè pitit la bwè lèt la pou mwen souple; fè li prete m di dola.	Have the child drink the milk for me please; have him lend me ten dollars, please.
117	Fè adwat	Turn right
118	Fè atansyon a yon atak kè	Beware of heart attack
119	Fè depo lajan an vit	Please deposit the Money as soon as possible
120	Fè kenken (there are many): Moun fè kenken nan fèt la	There are lots of people at the feast
121	Fè ladesann lakay (live for a while in the house of...) : Se pa tout moun ki renmen fè ladesann lakay moun.	Not everyone likes to cohabite with other persons
122	Fè m yon kado, m a travay avè ou	Give me a gift, I will work with you

123	Fedia Laguerre se yon bon atis ayisyen	Fedia Laguerre is a good Haitian artist (singer)
124	Fotograf la vann albòm tou	The photographer sells albums too
125	Foutbòl se espò nasyonal ayisyen	Football is the national Haitian sport
126	Gade an fas ou	Look in front of you
127	Gade tèt chòv la non!	Look at this bald man!
128	Galon an ranpli dlo	The gallon is filled with water
129	Gason, pot yon napkin ak yon chalimo pou mwen souple.	Server, please bring me a napkin and a straw.
130	Gen anpil bisiklèt nan vil Gonayiv ak Okay	There are lots of bicycles in Gonaïves and Les Cayes
131	Gen anpil elèv	There are lots of pupils
132	Gen anpil katye nan Pòtoprens	There are lots of boroughs in Port-au-Prince
133	Gen de travay wap fè, fò ou mete gan	For some works, you need to put on gloves
134	Gen moun ki bouyi dlo anvan yo bwè l	Some people boil the water before drinking it
135	Gen moun ki pa renmen peye ak chèk	Some people do not like to pay with checks
136	Gen moun ki renmen valiz an kui	Some people like suitcases which are made of leather
137	Gen moun ki sere bijou yo nan kòf	Some people hide jewels in trunks
138	Gen moun se vejetal sèlman yo manje	Some people eat only vegetables
139	Granfrè mwen se Lolo	My big brother is Lolo
140	Granmoun renmen kale timoun	Adult persons used to whip (beat) children
141	Grann mwen gen yon ti boutik	My grandmother has a small shop
142	Grann mwen la	My grandmother is here
143	Grann mwen te vèv anvan l te mouri	My grandmother was a widow before dying
144	Granpapa m te mouri	My grandfather died
145	Gratèl se maladi po	Itch is an illness of the skin
146	Grip la fèl gaga (toudi)	The cold makes him dizzy
147	Grip la sakaje m anpil	The cold mistreats him a lot
148	Jan ak Jak se asistan, se pa yo kap deside	Jan ak Jak are the assistant, it is not they who decide
149	Janiz renmen Sikoloji	Janise likes psychology
150	Je lap gade, li pa wè	His eyes are looking at me, but he does not see me

151	Jèn sa a renmen jwe biya	Young people like to play billiards
152	Jenou m ap fè m mal	My kneels are hurting me
153	Jewografi se etid tè a ak tout sa ki [rete] ladann	Geography is the study of the earth and everything in it
154	Jewoloji se etid tè a, konpozisyon l ak istwa fòmasyon li	Geology is the study of the earth, its composition and the history of its formation
155	Jij la fin pwononse santans lan	The judge has already pronounced the verdict
156	Jij la pa pran priyè nan men moun	The judge does not leave place for corruption
157	Jip la twò kout	The skirt is too short
158	Jistis se pou tout moun	Justice is for everybody
159	Jonas lopital	Jonas is at the hospital
160	Jonas se mennaj Andra	Jonas is Andra's boyfriend
161	Jwè No 12 la bay yon gòl	The player number 12 gives a goal
162	Kabann nan fèt an bwa	The bed is made of wood
163	Kabicha (ti dòmi) : Chofè a fè yon ti kabicha sou volan, e li manke fè aksidan.	The driver was sleepy and he almost makes an accident
164	Kalson an pwòp	The underwear is clean
165	Kansè se yon move maladi	Cancer is a bad illness
166	Kantite lajan ou genyen se kapital ou	The quantity of money you have is your capital
167	Kap Ayisyen se dezyèm pò maritim an Ayiti	Cap-Haitian is the second sea port in Haiti
168	Kay mwen an gen yon sèl etaj	My house has a single level
169	Kay sa a gen anpil eritye	This house has several heirs
170	Kay sa fèt an blòk	This house is constructed with blocks
171	Kèk Inivèsite ofri bous detid a etidyan etranje	Some universities offer scholarships to foreign students
172	Ki atitid ou anvè lavi a?	What is your attitude [toward/to] about life?
173	Ki ekivalans goud la jodi a?	What is the today's exchange rate of the Gourde?
174	Ki meni k gen pou jodi a?	What is the menu for today?
175	Ki nimewo selilè ou ?	What is the number of your cell phone?
176	Ki pri machandiz sa?	What is the price of this merchandise

177	Ki pri zaboka sa a?	What is the price of this avocado
178	Kilè yap fè kous la?	At what time they will organize the race?
179	Kite ...repo (stop to do something): M ap fè ou kite m repo.	I will ask you to stop bothering me.
180	Kite (dejar # de quitar): Kite m ede, non.	Let me help you.
181	Klima peyi d Ayiti a tropikal	The climate of Haiti is a tropical one
182	Kòm li gen enfeksyon, doktè preskri l antibyotik	As he has infection, the doctor prescribed him antibiotics
183	Kòman ou wè sa?	How do you see that?
184	Kominikasyon enpòtan anpil jodi a	Communication is very important today
185	Konbyen kat jewografi sa a?	How much is this geographic map?
186	Konbyen kòb ou gen nan kont lan?	How much money do you have in the account?
187	Konbyen pake tabak sa a?	How much is this pack of cigarettes?
188	Kont mwen an se yon kont kouran	My account is a checking one
189	Kont ou an se yon kont depay	You have a saving account
190	Koral la chante mès la byen	The choir sings well at the Mass
191	Kote londri a ye?	Where is the laundry?
192	Kounye a yo separe	Now, they are separated
193	Kous bisiklèt la se pou dimanch	The bicycle race is for Sunday
194	Kous cheval la se pou samdi	The horse race is for Saturday
195	Kouzen mwen te rele Lavius Belfort	My cousin was called Lavius Belfort
196	Kowosòl la dous	The soursop fruit is sweet
197	Kriminèl toujou di yo inosan	Criminals always say they are innocent
198	Kuizinye sa a, se kle gason	This cooker is a key man
199	La sante se richès	Health is whealth
200	Lanmè a move	The sea is agitated
201	Latè se planèt pa nou	The earth is our planet
202	Lavi se yon teyat	Life is a theater
203	Lè gen gwo lapli, gen inondasyon	When there is too much rain, there is flood
204	Lè kouch ozòn nan fin disparèt, ki sa nap fè?	When the layer of ozone desappears completely, what we will do?
205	Lè ou abiye, se pou mete sentiwon	When you put your clothes on, put also your belt
206	Lè ou blese, se bandaj ou met sou li	When you are hurt, you put on a bandage

207	Lè ou fè espò, mis ou vin pi fèm	When you practice sports, your muscles become stronger
208	Lè ou fè espò, ou gen bon sante	When you practice sport, you have a good health
209	Lè ou fin mastike l, ou mèt vale l	After finishing to mash it, you can swallow it
210	Lè ou gen dan fè mal, pa bwè dlo twò glase	When you have toothache, do not drink cold water
211	Lè ou mache anpil, pye ou fè ou mal	When you walk a lot, your feet hurt you
212	Lè ou mande pri machandiz la, se machande ou machande l	When you ask for the price of the marchandise, you are bargaining
213	Lè ou prete lajan, fò ou peye enterè sou li	When you take a loan, you have to pay interest on the principal
214	Lè ou travay twòp, ou gen toudisman	When you work too much, you get dizziness
215	Legliz sa a toujou gen moun	This church always has people (inside)
216	Lekòl kòmanse a 8 è di maten	The school begins at 8 o'clock
217	Lekòl lap planifye yon pwomenad	The school is planning an outing
218	Lekòl mwen an enteresan	My school is interesting
219	Lesamdi se jou pou fè netwayaj	Saturday is a cleaning day
220	Li agoch ou	It is at your left
221	Li anrimen	He is suffering from a cold
222	Li banda anpil	He is very cute
223	Li gen bon jan	He's in a very good mood.
224	Li gen tèt di (tèt fè)	He's hard of hearing.
225	Li gen ti tay	He/ she is short
226	Li gen yon bèl chato	He/she has a big castle
227	Li gen yon doktora an Ekonomi	He/she has a doctorate in Economy
228	Li gen yon doulè nan lonbrit	He/she has a pain in the navel (belly button)
229	Li gen yon metriz an edikasyon	He/ she has a Master's in Education
230	Li genyen yon bon Direktè	He/ she has a good Director
231	Li genyen yon doulè nan pwatrin	He/she has a pain in the chest
232	Li manje chak jou nan restoran	He/she eats everyday at the restaurant
233	Li nwa	It is dark
234	Li pa marye, li selibatè	He / she is not married, he / she is single

235	Li pat kapab peye fiyans lan	He/she could not pay the bail
236	Li pè bwè grenn	He/she fears to take pill
237	Li pè pran piki	He/she fears to take a shot
238	Li renmen ale nan mache	He/she likes to go shopping
239	Li rete nan Abitasyon Leclerc	He/she lives at the Leclerc Habitation
240	Li se moun nan Nò	He / she comes from the North
241	Li tèmomèt la pou wè tanperati a	Read the thermometer to verify the temperature
242	Li toujou bon pou vizite prizon, lopital ak legliz	It is always right to visit the prison, the hospital, and the church
243	Limèn mande anpil sèvyèt pou l separe	Limèn requested lots of towels to be distributed
244	Linèt renmen souse zo	Linèt likes to suck bones
245	Lontan, anpil touris te konn ale an Ayiti	Long time ago, a lot of tourists used to go to Haiti
246	Lontan, te gen tren an Ayiti	Long time ago, there was a train in Haiti
247	Lwaye kay la ba pri	The price of the rent of the house is low
248	M jwenn li pou granmesi	I got it for a song.
249	M bezwen achte yon mont; m bezwen achte yon linèt tou nèf	I need to buy a watch; I need to buy a new pair of glasses
250	M konnen [ke] ou la	I know that you are here
251	M mouye tranp (kou kanna)	I sweated a lot; I get wet thoroughly
252	M pa fouti deboulonnen boulon an etwal la.	I cannot unscrew the star crew
253	M pa gen lajan, m pral fè yon prè	I do not have money, I will obtain a loan
254	M pa kapab di anyen	I can't express an (definite) opinion on...
255	M pa konn anyen o sijè de sa	I know nothing about that
256	M pa nan pozisyon pou m di wi	I'm not in a position to say yes
257	M pa santi m byen	I don't feel well.
258	M pat janm chèche konn sa	I've never wondered about it.
259	M pat janm panse a sa	I have never really thought about
260	M pat janm poze tèt mwen kesyon sa	I've never asked myself that question.
261	M pito bwè dlo pase m bwè alkòl	I prefer to drink water instead of alcohol
262	M renmen kabrit boukannen	I love toasted goats
263	M ri pou m pa chape	I burst out laughing.
264	M san souf	I'm out of breath.

265	M swete ou geri vit	Get well soon.
266	M ta prefere pa fè kòmantè	I'd rather not comment
267	M ta prefere pa konpwomèt tèt mwen	I'd rather not commit myself
268	M ta renmen gen opinyon ou sou sa	I'd like (to know) your opinion on/about that
269	M tande nouvèl la	I heard the news
270	M tande wap pale osijè de sa	I heard about it
271	M te prèt pou m kite sa	I was ready to drop.
272	M trè blèm	I'm bored to death.
273	M venki	I'm beat!I am done
274	Machè, lavi a se tankou yon grenn gèp kap chache manje.	My dear, life is like a bee working in search of food
275	Machin paspatou sa a pa gen destinasyon	This here and there (wandering) car does not have destination
276	Machin piblik an Ayiti rele taptap	The public transportation in Haiti is called taptap
277	Malad la endispoze	The ill-person is fainted
278	Malad la gen preskripsyon an, men li pa gen lajan	The ill-person has the prescription, but he/she does not have money
279	Malad la jwenn gerizon li fasil	The ill-person obtains his/her healing easily
280	Maladi kou rele "tòtikolis"	The illness in the neck is called "torticolitis"
281	Malere pa gen kanè chèk	The poor peole do not have a bank account
282	Malere pa gen kòb labank	The poor people do not have money in the bank
283	Malfini se yon espès kap disparèt an Ayiti	Hawk is a species in extinction in Haiti
284	Manadjè Biznis lan deside vann li	The Manager of the business sold it
285	Mango a mi	The mango is ripe
286	Manje a cho, kite l frèt	The food is hot, let it be cold
287	Manje a frèt, chofe l anvan	The food is cold, heat it before
288	Manje a kri	The food is raw
289	Manje a pa fè l byen, lap vomi	The food makes him (her) sick, he (she) is vomiting
290	Manje a san savè	The food is without taste
291	Manje a sou dife a	The food is on the fire
292	Manje a sou tab la	The food is on the table

293	Manman mwen te rele Anita	My mother was named Anita
294	Manno se neve mwen	Manno is my nephew
295	Map achte, men fò ou banm yon resi	I will buy, but you have to give me a receipt
296	Map fè pwose ak ou tèt kale [jous sa kaba]	I will have a lawsuit against you until the end
297	Mari anba a	Mary is downstairs
298	Marina renmen etidye Fizik ak Chimi	Marina likes to study Physics and Chemistry
299	Mastike manje a byen mastike	Chew very well the food
300	Matou se yon bon politisyen	Matou is a smart politician
301	Maykrowev pèmèt ou chofe manje rapidman	The microwave helps you to heat the food fastly
302	Medam sa yo se de kòlèg (matlòt)	These ladies have the same boyfriend
303	Men goch pa men dwat	The right hand is not the left one
304	Men piyay, vin pran piyay	Here is a bargain, come and take it
305	Men yo pa pran anpil tan, yo divòse	But they did not take too much time, they got divorced
306	Meri Pòtoprens lan ap fete	The Municipality of Port-au-Prince is in celebration
307	Mete ou a lèz	Please, put yourself comfortble
308	Mikwoskòp pèmèt ou wè bagay ki trè piti	With a microscope, people can see very tiny things
309	Mizik se yon fason pou konbine son oubyen bui agreyab pou zòrèy	Music is the art of combine sounds and/or noise in an agreable manner for the hearing
310	Mont lan fèt an ajan	The watch is made in silver
311	Mouchwa ou la tonbe	Your handkerchief falls
312	Moun ki onèt pa komèt frod	The honest person does not commit fraud
313	Moun ki peye dèt li anrichi tèt li	The rich man is the one who pays his debts.
314	Moun yo fin debwaze forè yo	People thouroughly uprooted the trees in the forest
315	Mwa me se mwa gradyasyon	May is a month of graduation
316	Mwen akote ou [mwen bò kote ou]	I am on your side
317	Mwen pa gen frè	I do not have brothers
318	Mwen se mari Cleane	I am Cleane's husband
319	Mwen swete nou bon apeti	I wish you good appetite

320	Mwen vle vyann nan byen kuit	I want the meat be well done
321	Mwn pa renmen poul fri	I do not like fried chicken
322	Nan chimi, gen yon tablo ki gen plis pase san eleman	In Chemistry, there is a table with more than one hundred elements
323	Nan egzamen sètifika, anpil elèv echwe	In the sixth grade exam, lot of students fail
324	Nan katye a gen yon boulanje	In the neiborhood, there is a bakery
325	Nan ki klas ou ye?	In what class (grade) are you?
326	Nan ki nivo ou ye?	In what level are you?
327	Nan lane 2003, astwonòt ameriken yo mouri lè yo tap al ateri	In 2003, the American Astronauts died when they begun the landing process
328	Nan opinyon pa ou	In your opinion
329	Nan peyi pòv, pòv la pi pòv	In poor countries, the poor people are poorer
330	Nèg sa a gen yon fèy zòrèy!	This boy has a huge ear
331	Nèg sa a pa manke anmèdan!	This guy is quite bothering
332	Nèt, nèt ale, nètalkole (totalmente):Pitit la fin deraye nèt.	The child is really out of control
333	Non, Chal pa diplomat, li se Avoka	No, Charles is not a diplomatic person, he is an attorney
334	Nonk mwen an rele Arnold	My uncle is called Arnold
335	Nou se asosye nan biznis lan	We are associates in the business
336	Nou se konpayon travay	We are co-workers
337	Nou se moun nan Sid	We are from the south
338	Nou se zanmi	We are friends
339	Nou sove ak lajan sa a	With this money, we are out of trouble
340	Otè liv la te dedye l pou mwen	The author of the book dedicates it to me
341	Otès de lè a bay tout pasaje eksplikasyon	The airline hostess explains everything to the passengers
342	Otobis pase an fas la	The bus station is just in front
343	Ou annik rive	You just come
344	Ou di atè a plen tè	You do not say anything really important
345	Ou dwe fè zong ou pi souvan	You must do your nails more often
346	Ou dwe peye pansyon an	You have to pay child support
347	Ou gen dwa a twa malèt	You can carry three suitcases
348	Ou pa gen lajan la bank	You do not have money at the bank
349	Ou pa manke gwo, papa!	How big are you, my dear!

350	Ou parèt byen	You look well.
351	Ou swe jous nan zo [kon nonk Bouki]	You're soaked to the skin! .
352	Ou ta di se yon chatiman ki tonbe sou li	You would say that there is a curse upon him
353	Ouragan detri tout zòn nan nèt	The hurricane destroys completely the neighborhood
354	Pa bliye pote rad de ben	Do not forget to bring bathroom cloth
355	Pa bwè kleren, lap ba ou estomak fè mal	Do not drink kleren, it will cause heartburn
356	Pa depanse tout, manyè ekonomize	Do not expend everything, please save
357	Pa egzanp	For example
358	Pa gate enèji ou ap fè sak pa sa	Do not waste your energy doing what is wrong
359	Pa gen pak pou timoun yo jwe	There is no recreational park for the children to play
360	Pa gen pàn! (no problem) : Pa gen pàn, m prale avè ou	There is no problem; I will go with you
361	Pa gen vòl dirèk de Pòto Riko a Ayiti	There is no direct flight from Puerto Rico to Haiti
362	Pa kite depans yo pi plis pase salè ou	Do not let the expenditures exceed the salary
362	Pa melanje alkòl ak dlo	Do not mix alcohol with water
363	Pa mouye kò ou	Do not dampen (wet, moisten) your body
364	Padone moun ki fè ou ditò	Forgive whom who causes you damage
365	Palè Nasyonal te bèl, men li kraze an 2010	The National Palace was beautiful, but it was destroyed in 2010
366	Pantalèt se rad fi	The underpants are the ladies cloth
367	Pantalon djin alamòd	The jeans trousers are in mode
368	Pantalon polyester pa alamòd ankò	The polyester trousers are anymore in style
369	Papa genyen yon famasi	My father has a pharmacy
370	Paran mwen yo te mouri	My parents died
371	Pasaje yo dwe an sekirite	The passengers must be in safety
372	Paspò mwen an preske fini	My passport is about to be expired
373	Patron an revoke anplwaye a san rezon	The boss revoked the employee without reason
374	Pè a voye rele papa m legliz la.	The priest asks for my father to go the Church

375	Pèchè pwason sa a vann bon mache	The (this) fisherman sells cheap
376	Pen an tou cho	The bread is pretty hot
377	Pen patat se yon bon desè ayisyen	The sweet potato bread is a good Haitian dessert
378	Penn kapital ak penn de mò se senkant kòb ak de gouden	The capital pain and the dead pain are pretty alike
379	Peyi d Ayiti divize an distri	The country of Haiti is divided into districts
380	Pifò agrikiltè yo se nan mòn yo rete	The majority of the agricultors are living in the mountains
381	Pifò moun andeyò ale rete lavil	A lot of country people go to live in the city
382	Pilòt avyon an pase lòd pou tout moun boukle sentiwon yo	The pilot of the airplane asks everybody to fasten his/her seat belt
383	Pitit mwen toujou avè m	My children are always with me
384	Plonbye a ranje tiyo dlo a	The plumber fixed the water pipe
385	Polisyon se move bagay	Pollution is a bad thing
386	Pòm nan delisye [dous]	The apple is delicious
387	Pou yo ba ou yon kat kredi, fò w gen kredi	In order for them to give you a credit card, you must have credit
388	Pouki sa li mèg konsa?	Why is he (she) so skinny?
389	Poutan, Kamèn li menm renmen ale wè dram	However, Carmen herself likes to go to see dramas
390	Pran sak pa pou ou rele vòl	To take what is not for you is calling robbery
391	Pran yon bon douch lematen	In the morning, it is good to take a good bath
392	Pran yon ipotèk sou kay la, konsa w a gen plis lajan	Take a mortgage on the house, thus you will have more Money
393	Prèske (almost): manje a prèske kwit	The food is almost cooked
394	Prizonye yo sove	The prisoners escaped
395	Pwofesè a bay devwa chak jou	The teacher gives assignments everyday
396	Pwomès se dèt	Promise is debt
397	Pyanis sa a pa gen tankou l	There is no other (better) pianist than this one
398	Pye bwa sa a grandi vit	This tree grows fast
399	Pye ou fè ou mal, repoze	Your feet hurt you, please take a rest
400	Rad la blan kou koton	The cloth is as white as cotton

401	Rad la fèt an swa	The cloth is made in sill
402	Raketè a (brasè a) fè tout sa l konnen pou l vòlè lajan an	The businessman did all that is possible to steal my money
403	Resepsyonis lan ap resevwa ak yon bèl souri	The receptionist is receiving people with a smile
404	Resi (finally): M resi jwenn (adrès) kay la	I [finally] can find the address
405	Sa depan de ou	That depends on you, it is up to you
406	Sa ki pi rèd	Worst-case scenario, if worst comes to worst
407	Sa koute m lèzye de la tèt	That costs an arm and a leg.
408	Sa rèd anpil	It's very hard
409	Sa v le di: anpil moun pa konnen sa sa vle di renmen.	A lot of people do not understand what "to love" really means
410	Sak pase l pase	No matter what happens
411	Sandal la tou nèf	The sandals are new
412	Se 15 pou san poubwa pou bay	It is the fifteen per cent of tip you have to give
413	Se ak lapenn nap gade rediksyon pouvwa acha moun yo	It is with pain that we're observing the reduction of the purchase power of the peole
414	Se Akewoloji lap etidye	It is the Archeology that he (she) is studying
415	Se arestasyon sou arestasyon	It is arrest after arrest
416	Se bab kanmarad kap mache pran dife.	It is today for me, tomorrow for you
417	Se Bondye ki bannou pwoteksyon	It is God who gives us protection
418	Se chany ki netwaye soulye m	It is the shoeshine boy who shines my shoes
419	Se destriksyon tout byen nou yo ki fè nou pòv jodi a	It is the destruction of all our possessions which causes that we are poor today
420	Se devwa nou tout pou n pwoteje lanati	It is our duty to protect the nature
421	Se do/ se dwe: Se pa mwen, se do ou menm ki fou.	It is not me; it is rather you who are mad.
422	Se gras a teknoloji ki fè lemonn pwogrese	It is thank to technology that the world progresses
423	Se gras a rebwazman ki fè tè a pa fin ale nèt	It is thank to the planting of trees that the soil is not destroyed completely
424	Se Istwa ki di nou kijan limanite te ye nan tan lontan	It is the history that told us how the mankind was in the past

425	Se jiri a ki kapab libere ou, oubyen kondane ou	It is the jury who can condemn or release you
426	Se Kontab la ki pou fè rekonsilyason bankè a	It is the Accountant who has to do the bank reconciliation
427	Se Kontab mwen ki prepare rapò a chak mwa	It is my Accountant who prepares the monthly reports
428	Se koulè blan m renmen	It is the white color that I like
429	Se la tou mwen fè atletis	It is also there that I practice atletism
430	Se lang nou ki pèmèt nou pale	It is our tongue that allows us to speak
431	Se nan ba Marina m toujou bwè yon byè	It is in the Marina's bar that I used to drink a beer
432	Se nan envèsyon lajan chita	It is in investment that is the Money
433	Se nan jenès ou dwe prepare vyeyès	It is in the youth that we must prepare our elderly
434	Se nan jimnazyòm sa a mwen fè espò	It is in this gymnasium that I practice sport
435	Se nan katedral mès la te chante	It is in the cathedral that the Mass was sung
436	Se nan Lwès Pòtoprens ye	It is in the West that Port-au-Prince is located
437	Se nan televizyon sèlman m renmen wè jwèt bòks	It is only in the TV that I like to see the boxing game
438	Se pa lapenn (it is not worth the trouble; the effort): se pa lapenn pou w ap chache tounen zanmi avè m.	It is not worthy to try to be my friend again
439	Se pa tout kote taksi rive	It is not at every place that a taxi can go
440	Se pa tout lekòl ki gen laboratwa	Not all the schools have laboratories
441	Se pa tout moun ki gen òdinatè	Not everyone has a computer
442	Se pa tout moun ki pratike relijyon	Not everyone practices religion
443	Se pa tout moun ki renmen gòlf	Not everyone practices the golf
444	Se pa tout: Se pa tout ayisyen ki gen moun lòtbò dlo (etranje)	It is not all Haitians who have someone abroad.
445	Se pou etidye anpil pou kap pase egzamen an	You have to study a lot in order for you to pass the exam
446	Se pou ou fè resiklaj papye sa yo	You have to recycle these papers
447	Se pou ou toujou mete linèt ou	You have to put on always your glasses
448	Se pou sa, maladi a disparèt	It is for this reason that the illness diseappears

449	Se sa menm (exacto) : se sa menm m t ap chache a.	It is exactly what I expected
450	Se sou jèn yo espwa peyi a chita	The hope of the country depends on the youth
451	Se vyewo li ye, li pa djèskòm	He is an accustomed person, he is not a newcomer (just come)
452	Sekestre moun se yon deli grav	Kidnapping a person is a crime
453	Senk fenèt ak twa pòt pa kont pou kay la	Five windows and three doors are not enough for the house
454	Sèvant lan konn fè manje byen	The housemaid (waiter, waitress) knows well how to prepare food
455	Si gagann ou ap fè ou mal, al wè doktè	If you have throatache, go and see (visit) a doctor
456	Si nou pa gen mikwofòn, nou pa kap chante	If we do not have microphones, we cannot sing
457	Si ou ale, fò ou retounen anvan lontan	If you go, you have to come back soon
458	Si ou fò nan matematik, ou ka rive lwen	If you are clever in Mathematics, you can go further
459	Si ou gen faks, voye papye a pou mwen	If you have a fax, please send the paper for me
460	Si ou gen lajan, ou mèt envesti l	If you have money, you can invest it
461	Si ou gen tèt fè mal, al kay doktè	If you have headache, go to the doctor's
462	Si ou koupab, di ou koupab	If you can, tell you can
463	Si ou met vès, fò ou met kravat	If you put your coat on, you must put also a tie
464	Si ou pa koupab, ou inosan	If you are not guilty, you're innocent
465	Si ou pa vini, mwen avè ou, [se] de zòm pèdi	If you do not come, we will get into trouble
466	Si ou santi ou pa byen, se pou al fè yon tchèk	If you feel that you are not fine, you have to go to make a check at the doctor's
467	Si se pat mekanisyen an, machin nan t ap dòmi nan lari	If it was not the mechanician, the car would pass the night in the street
468	Si w an Ayiti, se nan Lès Sendomeng ye	If you are in Haiti, Saint Domingue is at your East
469	Si w gen lajan, y ap prete w lajan	If you have money, they lend you money
470	Si yo pa legal, yo ilegal	If they are not legal, they are illegal
471	Sitou	Above all, especially

472	Sòlda sa a te patisipe nan dezyèm gè mondyal la	This soldier participated in the Second World War
473	Sosyoloji se syans ki etidye sosyete a, ak kijan li fòme	Sociology is the science that studies society and its formation
474	Souke kò ou: manyè souke kò ou	Move yourself; do something for yourself
475	Syans san konsyans se yon danje pou nanm moun	Science without conscience is the ruin of the soul
476	Syantifik yo fè dekouvèt teknisyen yo itilize	The scientists made the discoveries that are used by technologists
477	Talè konsa lapli pral tonbe.	Within a while, it will be raining
478	Tan a degaje, ou mèt soti san pwoblèm	The weather is clear, you can go out
479	Tan an mare, sanble li pral fè lapli	The time is frowned, it will be raining
480	Tan se lajan	Time is Money.
481	Tande koze! Mezanmi, tande koze!	Hear some talk (listen to that!)
482	Tè a sèk, li merite wouze	The ground is dry, it needs to be watered
483	Tenis se jwèt de presizyon	Tennis is a precision game
484	Tèt mwen ap vire	My head is spinning.
485	Tèt nou enpòtan anpil	Our head is very important
486	Ti patat fè chay	Every penny counts
487	Tifrè mwen se Tanna	My younger brother is named Tanna
488	Timoun pa ti bèt	A little boy is not a little beast
489	Tou depan de	It all depends on
490	Tou : bien, ya,una vez por toda: ou tou konn sa; kite m tou peye ou; Ou tou sou, w ap kontinye bwè byè; tou pran lajan an pandan l poko fin depanse	You' re already known that; let me pay you once; you're quite under influence, and you continue to drink; take now the money before it is expended.
491	Tout kò nèg sa a se pwal	Every part of this man's body is covered with hair
492	Tout mèt yo konpetan	All the teachers are competent
493	Tout moun ta dwe pratike natasyon	Everybody should practice swimming
494	Tout sa wap fè dwe legal	Everything you're doing should be legal
495	Transpòtasyon pa fasil	Transportation is not easy
496	Trètman koute lajan	Treatment costs Money
497	Tribinal fèt pou bay tout moun jistis	The court is to give justice to everyone
498	Twalèt la tou pre ou	The toilet is near you

499	Vakans kòmanse an jen, li fini an sektanm	Vacation begins in June, it ends in September
500	Vant fè mal la prèt pou pase	The pain in the belly is about to terminate
501	Verifye si ou bezwen viza	Verify if you need a visa
502	Veso plastik kreye pwoblèm anbyental	Plastic utensils cause environmental problems
503	Viris sa ap mache de kay a kay	This virus is going from house to house
504	Vle pa vle	Whether you like it or not
505	Volebòl se yon bèl jwèt	Volleyball is a beautiful game
506	Vwayaj la te byen pase	The travel was pretty well
507	Vwazen ou se tankou fanmi ou	Your neighbor is like a member of your family
508	Vyann nan sale, pa manje l	The meat has too much salt, do not eat it
509	W a gen tan konnen (sa m pral fè l).	You are going to know (what I am going to do with you)
510	Yo choute yon penalite sou gadyen an	They shout a penalty on the goalkeeper
511	Yo di	One says, they say, it is said
512	Yo fè l operasyon ayè	He had an operation yesterday
513	Yo kondane li pou dizan	He was condamned for ten years
514	Yo mennen l nan kazèn	They brought him to the prison
515	Yo pran kay la daso	They surrounded the house
516	Yo te fiyanse, kounye a, yo kite	They were fiancés, now, they are apart
517	Yo te rele nèg ki fèk debake nan peyi a nèg bosal ou danda; sa ki te deja nan peyi a te rele nèg kreyòl.	The recently negroes arrived in the country were named "bossal" or "danda", the ones born in the country were called "Creole"
518	Yon bon sipèvizè toujou vijilan	A good supervisor is always vigilant (watchful)
519	Yon òfelen se ti moun ki, an jeneral, pa gen paran	An orphan is a child who, generally, has no parent (s)
520	Yon sant de sante se yon bon pwojè	A health center is a good project
521	Yon sèl kout lapli pran mwen sou wout la!	A huge rain surprised me on the road
522	Youn nan pitit mwen yo rele Marva	One of my children is called Marva
523	Zaboka a pouri	The avocado is rotten
524	Zoranj lan anmè	The orange is bitter
525	Zòye sa di, chanje l	The pillow is hard, change it

24.2 Yon mo nan yon fraz. Li mo ou ekspresyon ki agoch la; ansuit, li fraz ki adwat la. Apre, mete mo ou ekspresyon an an anglè

No	KREYÒL	English	EGZANP
1	Abitasyon	Yard, extended yard	Li rete nan **Habitation Leclerc**
2	Achitèk	Architect	Achitèk la prepare plan kay Elèn nan
3	Adwat		Fè adwat
4	Agoch		Li agoch ou
5	Agrikiltè		Pifò agrikiltè yo se nan mòn yo rete
6	Ajans vwayaj		Ajans vwayaj la rele ou
7	Ajoute		Ajoute di dola sou li
8	Akewoloji		Se Akewoloji l ap etidye
9	Akote		Mwen akote ou (bò kote w)
10	Aksyon		Aksyonis yo renemn wè pri aksyon yo monte
11	Aktè		Aktè sa a jwe byen nan fim nan
12	Alèz, komod		Mete ou a lèz
13	Ame (lame)		Ame a kraze, men lapolis la
14	Anba		Mari anba a
15	Anfas		Gade an fas ou
16	Anmè		Zoranj lan anmè
17	Anplwaye		Mwen se anplwaye, m pa mèt
18	Anrimen		Li anrimen
19	Ansyen, djèskòm		Se vyewo li ye, li pa djèskòm
20	Ansyen madanm		Andremèn se ansyen madanm Jonas
21	Ansyen mari		Anjèl se ansyen mari Ana
22	Anwo		Ale anwo a
23	Apatman		Apatman pa janm lwe
24	Aplodi		Bat men pa di aplodi pou sa
25	Arestasyon		Se arestasyon sou arestasyon
26	Asistan		Jan ak Jak se asistan, se pa yo k ap deside
27	Aso (d)		Yo pran kay la d aso
28	Asosye		Nou se asosye nan biznis lan
29	Astwonòt		Nan lane 2003, astwonòt ameriken yo mouri lè yo t ap al ateri
30	Atak kè		Fè atansyon a yon atak kè

31	Ateri		Avyon an ateri
32	Atis		"Fedia Laguerre" se yon gran atis ayisyen
33	Atletis		Se la tou mwen fè atletis
34	Avyon		Avyon pase sou tèt kay la
35	Ayewopò		Ayewopò a pa lwen
36	Ba		Se nan ba Marina m toujou bwè yon byè
37	Bab		Se bab kanmarad kap mache pran dife
38	Bag		Bag sa a se yon kado mennaj mwen banwen
39	Bakaloreya		Egzamen bakaloreya pa janm fasil
40	Bal		Elena renmen ale nan bal
41	Bandaj		Lè ou blese, se bandaj ou met sou li
42	Bank		Ou pa gen lajan la bank
43	Baskètbòl		Baskètbòl mande rapidite
44	Bato		Bato an leve lank
45	Bebe		Bebe a rele Amado
46	Bidjè		Bidjè Ledikasyon Nasyonal pa wo ditou
47	Bifè		Chak dimanch, gen yon bifè lakay li
48	Bisiklèt		Gen anpil bisiklèt nan vil Gonayiv
49	Biya		Jèn sa renmen jwe biya
50	Biyè		Biyè avyon yo chè an vakans
51	Blan		Se koulè blan m vle
52	Blòk		Kay sa fèt an blòk
53	Blouz		Blouz li a anfòm, papa!
54	Bòkò		Bòkò pa Bondye
55	Bòks (jwèt)		Se nan televizyon sèlman m renmen wè bòks
56	Bon apeti		Mwen swete nou bon apeti
57	Bonis		Eske ou kapab banm nan bonis ou a
58	Botanik		Botanik se syans ki etidye plant
59	Bouchri		Bouchri a pa lwen
60	Boukannen		M renmen kabrit boukannen
61	Boulanje		Nan katye a gen yon boulanje
62	Bous		Bous Nouyòk la fèmen jodi a

63	Bous d etid		Kèk Inivèsite ofri bous d etid a etidyan ayisyen
64	Boutik		Grann mwen gen yon ti boutik ki ranpli ak machandiz.
65	Bouyi		Gen moun ki bouyi dlo anvan yo bwè l
66	Bwè		M pito bwè dlo pase m bwè alkòl
67	Byen kuit		Mwen vle vyann nan byen kuit
68	Byoloji		Byoloji se syans ki etidye lavi, sa vle di òganis vivan
69	Chantè		Anpil fwa, an Ayiti, yo rele chantè yo "sanba"
70	Chany		Se chany ki netwaye soulye m
71	Chapo		Chapo sa a soti Panama
72	Chatiman		Ou ta di se yon chatiman ki tonbe sou li
73	Chato		Li gen yon bèl chato
74	Chèk		Gen moun ki pa renmen peye ak chèk
75	Chèk espire		Si chèk la espire, labank pap chanje l
76	Chemiz		Chemiz li an pa gen tach
77	Chèn		Chèn nan twò fen, li kase
78	Chèz		Dis chèz pa sifi
79	Chimi		Nan chimi, gen yon tablo ki gen plis pase san eleman
80	Cho		Manje a cho, kite l frèt
81	Chofe		Manje a frèt, chofe l anvan
82	Chòv		Gade tèt chòv la non!
83	Dan		Dan fè mal pa dous
84	Dan fè mal		Lè ou gen dan fè mal, pa bwè dlo twò glase
85	Dantis		Dantis la rache dan an fasil
86	Defans		Avoka se defansè nou
87	Degaje		Tan a degaje, ou mèt soti san pwoblèm
88	Dekouvèt		Dat dekouvèt d Ayiti se 5 desanm 1492
89	Delisye		Pòm nan delisye
90	Depans		Pa kite depans yo pi plis pase salè ou
91	Depo		Fè depo lajan vit

92	Desè		Pen patat se yon bon desè ayisyen
93	Destinasyon		Machin paspatou sa a pa gen destinasyon
94	Destriksyon		Se destriksyon tout byen nou yo ki fè nou pòv jodi a
95	Dèt		Pwomès se dèt
96	Detektif		Detektif sa ap ba ou l sou de ti chèz
97	Devwa		Pwofesè a bay devwa chak jou
98	Dwa		Se dwa w pou di sa w vle
99	Dèyè		Dèyè mòn gen mòn
100	Dife		Manje a sou dife a
101	Diferan		Chak moun diferan nan lavi a; nou chak gen pwòp anprent pa nou
102	Diplomat		Non, Chal pa diplomat, li se avoka
103	Direktè		Li genyen yon bon Direktè
104	Diskotèk		Chak vandredi, diskotèk la plen moun
105	Distri		Peyi d Ayiti divize an distri
106	Dite		Bay malad la dite
107	Divòse		Yo pa pran anpil tan marye, yo divòse
108	Djin		Pantalon djin a la mòd kounye a
109	Doktè		Doktè a sonde malad la
110	Doktora		Li gen yon doktora an Ekonomi
111	Domino		Annou jwe domino
112	Don		Fè m yon don, m a travay avè ou
113	Douch		Pran yon bon douch lematen
114	Doulè		Li gen yon doulè nan lonbrit
115	Doulè nan pwatrin		Li genyen yon doulè nan pwatrin
116	Dous		Kowosòl la dous
117	Dòz medikaman		Dòz medikaman sa a twò fò
118	Dram		Poutan, Kamèn li menm renmen ale wè dram
119	Dwèt		An Ayiti, di yon moun li gen dwèt long se di moun nan vòlè
120	Edikasyon fizik		Edikasyon fizik enpòtan menm jan ak tout lòt matyè
121	Egzamen		Egzamen an pa fasil ditou
122	Ekivalans		Ki ekivalans goud la jodi a?

123	Ekonomi		Ekonomi peyi d Ayiti pa bon menm kounye a
124	Ekonomize		Pa depanse tout, manyè ekonomize
125	Elektrisyen		Elektrisyen an fè yon bon travay
126	Elèv		Gen anpil elèv nan klas kreyòl la
127	Endispoze		Malad la endispoze
128	Enèji		Pa gate enèji ou ap fè sak pa sa
129	Enfeksyon		Kòm li gen enfeksyon, li dwe pran antibyotik
130	Enfimyè		Enfimyè a pran anpil pasyans ak malad la
131	Enjenyè		Enjenyè a pèdi lisans li
132	Enterè		Lè ou prete lajan, fò ou peye enterè sou li
133	Envesti		Si ou gen lajan, ou mèt envesti l
134	Envestisman		Se nan envestisman lajan chita
135	Eritye		Kay sa a gen anpil eritye
136	Ewozyon		Ewozyon fini ak tè nou yo
137	Eskiltè		Eskiltè sa kapab transfòme bout bwa sa a an yon chedèv
138	Espès kap disparèt		"Malfini"se yon espès kap disparèt an Ayiti
139	Espesyalis		Doktè a se yon espesyalis an chiriji
140	Espò		Lè ou fè espò, ou gen bon sante
141	Estad		Estad Silvio Cator genyen yon bon espektak aswè a
142	Estasyon machin		Estasyon machin yo tou pre
143	Estomak fè mal		Pa bwè kleren, lap ba ou estomak fè mal
144	Etaj		Kay mwen an gen yon sèl etaj
145	Faks		Si ou gen faks, voye papye a pou mwen
146	Falèz		Atansyon, gen anpil falèz an Ayiti
147	Famasi		Papa genyen yon famasi
148	Fanm		Aniz se fanm Jano
149	Fayit		Biznis lan pa fè benefis, li fè fayit
150	Fè solèy		Li fè solèy, tann rad yo deyò a
151	Fè van		Lap fè van, lapli pap tonbe
152	Fenèt		Senk fenèt twòp pou ti kay sa a
153	Fiyanse		Yo te fiyanse

154	Fizik		Marina renmen etidye Fizik ak Chimi
155	Forè		Moun yo fin debwaze forè yo
156	Fotograf		Fotograf la vann albòm tou
157	Foutbòl		Foutbòl se espò nasyonal ayisyen
158	Fre		Dlo a fre
159	Frè		Mwen pa gen frè ak sè
160	Fri		Mwen pa renmen poul fri
161	Frod		Moun ki onèt pa komèt frod
162	Fyans		Li pat kapab peye fyans lan
163	Gagann		Si gagann ou ap fè ou mal, al wè doktè
164	Gan		Gen de travay wap fè, fò ou mete gan
165	Gerizon		Malad la jwenn gerizon li fasil
166	Gòl		Jwè No 12 la bay yon gòl
167	Gòlf		Se pa tout moun ki renmen gòlf
168	Gradyasyon		Mwa me se mwa gradyasyon
169	Gran frè		Granfrè mwen se Lolo
170	Gran papa		Granpapa m te mouri
171	Granmoun		Granmoun te renmen kale timoun
172	Grann		Grann mwen la
173	Grenn		Li pè bwè grenn
174	Grip		Krip la sakaje m anpil
175	Gitaris		Amos Coulanges se yon gwo gitaris ayisyen
176	Gwo		Ou pa manke gwo, papa!
177	Ilgal		Si yo pa legal, yo ilegal
178	Inondasyon		Lè gen gwo lapli, gen inondasyon
179	Inosan		Si ou pa koupab, ou inosan
180	Ipotèk		Pran yon ipotèk sou kay la, konsa w a gen plis lajan
181	Istwa		Se Istwa ki di nou kijan limanite te ye nan tan lontan
182	Je		Je lap gade, li pa wè
183	Jèn		Se sou jèn yo espwa peyi a chita
184	Jenou		Jenou m ap fè m mal

185	Jewografi		Jewografi se etid tè a ak tout moun ki rete ladann
186	Jewoloji		Jewoloji se etid tè a, konpozisyon l ak istwa fòmasyon li
187	Jij		Jij la pa pran priyè nan men moun
188	Jimnazyòm		Se nan jimnazyòm sa a mwen fè espò
189	Jimo		Estela akouche de jimo
190	Jip		Jip la trò kout
191	Jiri		Se jiri a ki kapab libere ou, oubyen kondane ou
192	Jistis		Jistis se pou tout moun
193	Kabann		Kabann nan fèt an bwa
194	Kafe		Chak maten, m bwè kafe
195	Kalson		Kalson an pwòp
196	Kanè chèk		Malere pa gen kanè chèk
197	Kansè		Kansè se yon move maladi
198	Kapital		Kantite lajan ou genyen se kapital ou
199	Karyè, kous		Kilè y ap fè kous la?
200	Kat		Bat kat la byen
201	Kat jewografi		Konbyen kat jewografi sa a?
202	Kat kredi		Pou yo ba ou yon kat kredi, fò ou gen kredi
203	Katedral		Se nan katedral mès la te chante
204	Kazèn		Yo mennen l nan kazèn
205	Klas		Nan ki klas ou ye?
206	Klè		Li fè klè
207	Klima		Klima peyi d Ayiti a twopikal
208	Kòf (bwat)		Gen moun ki sere bijou yo nan kòf
209	Kòlèg		Medam sa yo se de kòlèg
210	Kominikasyon		Kominikasyon enpòtan anpil jodi a
211	Kondane		Yo kondane li pou dizan
212	Konpanyon		Nou se konpanyon travay
213	Konsè		Atis la bay yon bon konsè
214	Kont		Konbyen kòb ou gen nan kont lan?
215	Kont depay		Kont ou an se yon kont depay

216	Kont kouran		Kont mwen an se yon kont kouran
217	Kontab		Se Kontab mwen ki prepare rapò a
218	Koral		Koral la chante mès la byen
219	Koton		Rad la blan kou koton
220	Kou		Maladi kou rele "tòtikolis"
221	Kouch ozòn		Lè kouch ozòn nan fin disparèt, ki sa n ap fè?
222	Koupab		Si ou koupab, di ou koupab
223	Kous bisiklèt		Kous bisiklèt la se pou dimanch
224	Kous cheval		Kous cheval la se pou samdi
225	Kout lapli		Yon sèl kout lapli pran mwen sou wout la!
226	Kouzen (kouzin)		Kouzen mwen te rele Lavius
227	Kravat		Si ou met vès, fò ou met kravat
228	Kri		Manje a tou kri
229	Kriminèl		Kriminèl toujou di yo inosan
230	Kui		Gen moun ki renmen valiz an kui
231	Kuizinye		Kuizinye sa a, se kle gason
232	Kwazyè		Chak vakans, l ale nan kwazyè
233	Laboratwa		Se pa tout lekòl ki gen laboratwa
234	Labou		Pa sal pye w nan labou a
235	Lang		Se lang nou ki pèmèt nou pale
236	Lanmè		Lanmè a move
237	Lanp		Anpil ayisyen sèvi ak lanp
238	Lapòs		Eli ap travay lapòs
239	Lavabo		Anpil kay pa gen lavabo
240	Legal		Tout sa w ap fè dwe legal
241	Legliz		Legliz sa a toujou gen moun
242	Lekòl		Lekòl kòmanse a 8 è
243	Leman		Leman gen de pol: yonn pozitif, yonn negatif
244	Lès		Si w an Ayiti, se nan Lès Sendomeng ye
245	Linèt		Se pou ou toujou mete linèt ou
246	Londri		Kote londri a ye?
247	Lopital		Jonas lopital
248	Lwaye		Lwaye kay la ba pri

249	Lwen		Londri a pa lwen
250	Lwès		Se nan Lwès Pòtoprens ye
251	Machande		Lè ou mande pri machandiz la, se machande ou machande l
252	Mache		Li renmen ale nan mache
253	Machin piblik		Machin piblik an Ayiti rele taptap
254	Malad		Se pousa, maladi a disparèt
255	Malèt		Ou gen dwa a twa malèt
256	Manadjè		Manadjè biznis lan deside vann li
257	Mandyan (pòv)		Nan peyi pòv, pòv la pi pòv
258	Manman		Manman mwen te rele Anita
259	Mare, an demwazèl		Tan an mare, sanble li pral fè lapli
260	Mari		Mwen se mari Cleane
261	Marye		Apre yo fin fiyanse, yo marye
262	Mastike		Mastike manje a byen mastike
263	Matematik		Si ou fò nan matematik, ou ka rive lwen
264	Maykrowev		Maykrowev pèmèt ou chofe manje rapidman
265	Mèg		Pouki sa li mèg konsa?
266	Mekanisyen		Si se pat mekanisyen an, machin nan t ap dòmi nan lari
267	Melanje		Pa melanje alkòl ak dlo
268	Men		Men goch pa men dwat
269	Meni		Ki meni k gen pou jodi a
270	Mennaj		Jonas se menaj Andra
271	Meri		Meri Pòtoprens lan an fèt
272	Mèt		Tout mèt yo konpetan
273	Mètdam		Li mètdam anpil
274	Metriz		Li gen yon metriz an edikasyon
275	Mi		Mango a mi
276	Mikwofòn		Si nou pa gen mikwofòn, nou pa kap chante
277	Mikwoskòp		Mikwoskòp pèmèt ou wè bagay ki trè piti
278	Mis		Lè ou fè espò, mis ou vin pi fèm
279	Mize		Ale, men pa mize

280	Mizik		Mizik se yon fason pou konbine son agreyab pou zòrèy
281	Monnen		Èske ou gen monnen nan ven goud?
282	Mont		Mont lan fèt an ajan
283	Mouchwa		Mouchwa ou la tonbe
284	Mouye		Pa mouye tèt ou, w a pran fredi
285	Natasyon		Tout moun ta dwe pratike natasyon
286	Nèj		Li fè lanèj
287	Netwayaj		Lesamdi se jou pou fè netwayaj
288	Neve (nyès)		Manno se neve mwen
289	Nivo		Nan ki nivo ou ye
290	Nò		Li se moun nan Nò
291	Nonk (tant)		Nonk mwen an rele Jozèf
292	Nòt		Elèv la gen bèl nòt
293	Nwa		Li nwa
294	Nyaje		Tan nyaje
295	Òdinatè, konpitè		Se pa tout moun ki gen òdinatè
296	Òfelen		Yon òfelen se ti moun ki pa gen paran
297	Òkès		Tropikana se non youn nan pi gran òkès ayisyen
298	Onorè		Depans ou peye avoka rele "onorè"
299	Operasyon		Yo fè l operasyon ayè
300	Otè		Otè liv la te dedye l pou mwen
301	Otèl		Otèl sa a pa chè
302	Otès de lè		Otès de lè a bay tout pasaje eksplikasyon
303	Otobis		Otobis pase an fas la
304	Ouragan		Ouragan detri tout zòn nan
305	Padone		Padone moun ki fè ou ditò
306	Pak		Pa gen pak pou timoun yo jwe
307	Palè		Palè Nasyonal pa manke bèl, papa!
308	Pansyon		Ou dwe peye pansyon an
309	Pantalèt		Pantalèt se rad fi
310	Paran		Paran mwen yo te mouri
311	Pasaje		Pasaje yo dwe an sekirite

312	Pase, reyisi		Se pou etidye anpil pou kap pase egzamen an
313	Paspò		Paspò mwen an preske fini
314	Patant		Biznismann dwe peye patant
315	Patwon		Patron an revoke anplwaye a san rezon
316	Pèchè		Pèchè pwason sa a vann bon mache
317	Pen		Pen an tou cho
318	Pèn de mò		Anpil peyi pa vle lapèn de mò
319	Penalite		Yo choute yon penalite sou li
320	Penpennen		Li penpennen sou lajan
321	Pent		Ayiti gen anpil bòs pent
322	Pèt		Chak ane, se pèt lap fè
323	Peye		Lè ou peye dèt ou, se anrichi ou anrichi tèt ou
324	Piki		Li pè pran piki
325	Pilòt		Pilòt avyon an pase lòd pou tout moun boukle sentiwon yo
326	Pitit (fi)		Youn nan pitit mwen yo rele Bernice
327	Pitit (gason)		Pitit mwen toujou avè m
328	Piyay		Men piyay, vin pran piyay
329	Planèt		Latè se planèt pa nou
330	Plastik		Veso plastik kreye pwoblèm anbyental
331	Plonbye		Plonbye a ranje tiyo dlo a
332	Po		Gratèl se maladi po
333	Pò		Kap Ayisyen se dezyèm pò maritim an Ayiti
334	Polisyon		Polisyon se move bagay
335	Politisyen		Mato se yon bon politisyen
336	Polyestè		Pantalon polyester pa lamòd ankò
337	Ponpye (sapè ponpye)		Depi ou wè dife pran, rele ponpye
338	Pòt		Li gen yon pòt an bwa
339	Poubwa		Se 15 pou san poubwa pou bay
340	Pouri		Zaboka a pouri
341	Prè		M pa gen lajan, m pral fè yon prè
342	Prekosyon		Pran prekosyon ak lanbisyon

343	Preskripsyon		Malad la gen preskripsyon an, men li pa gen lajan
344	Pri		Ki pri machandiz sa?
345	Prije		Prije sitwon an pou fè limonad la
346	Prizon		Li toujou bon pou vizite prizon, lopital ak legliz
347	Prizonye		Prizonye yo sove
348	Pwomnad		Lekòl lap planifye yon pwomnad
349	Pwoteksyon		Se Bondye ki bannou pwoteksyon
350	Pwa		Diri ak pwa bon anpil
351	Pwal		Tout kò nèg sa a se pwal; li gen tatou tou.
352	Pwosè		Map fè pwose ak ou jous sa kaba
353	Pyanis		Pyanis sa a pa gen tankou l
354	Pye		Lè ou mache anpil, pye ou fè ou mal
355	Pye bwa		Pye bwa sa a grandi vit
356	Pye fè mal		Pye w fè w mal, repoze
357	Rad de ben		Pa bliye pote rad de ben
358	Ranpli		Galon an ranpli dlo
359	Rebwazman		Se gras a rebwazman ki fè tè a pa fin ale nèt
360	Rediksyon		Se ak lapenn nap gade rediksyon pouvwa acha moun yo
361	Rekonsilyasyon bankè		Se Kontab la ki pou fè rekonsilyason an
362	Relijyon		Se pa tout moun ki pratike relijyon
362	Rès monnen		Banm rès monnen an!
363	Resepsyonis		Resepsyonis lan ap resevwa ak yon bèl souri
364	Resi		Map achte, men fò ou banm yon resi
365	Resiklaj		Se pou ou fè resiklaj papye sa yo
366	Resous		Ayiti pa gen anpil resous ekonomik
367	Restoran		Li manje chak jou nan restoran
368	Retounen		Si ou ale, fò ou retounen anvan lontan
369	Sale		Vyann nan sale
370	San savè (gou)		Manje a san savè (gou)
371	Sandal		Sandal la tou nèf
372	Sant		Yon sant de sante se yon bon pwojè

373	Santans		Jij la fin pwononse santans lan
374	Sante		La sante se richès
375	Sechrès		Chak ane, sechrès menase nou
376	Sèk		Tè a sèk, li merite wouze
377	Sekestre		Sekestre moun se yon deli grav
378	Selibatè		Li pa marye, li selibatè
379	Selilè, pòtab		Ki nimewo selilè ou?
380	Sentiwon		Lè ou abiye, se pou ou mete sentiwon
381	Separe		Kounye a yo separe
382	Sètifika		Nan egzamen an, anpil elèv echwe
383	Sèvant		Sèvant lan konn fè manje
384	Sèvyèt		Anpil sèvyèt fèt an koton
385	Sid		Nou se moun nan Sid
386	Sikoloji		Janiz renmen Sikoloji
387	Sinema		Ann ale nan sinema
388	Sipèvizè		Yon bon sipèvizè
389	Siveyan		Yon siveyan vijilan
390	Sòlda		Sòlda sa a patisipe nan gè Irak la
391	Sonn		Doktè a pran sonn li l ale
392	Sosyoloji		Sosyoloji se syans ki gen pou wè ak etid sosyete a, ak kijan li fòme
393	Souse		Linèt renmen souse zo
394	Sove		Nou sove ak lajan sa a
395	Swa		Rad la fèt an swa
396	Syans		Syans san konsyans se yon danje pou nanm moun
397	Syantifik		Syantifik yo fè dekouvèt teknisyen yo itilize
398	Tab		Manje a sou tab la
399	Tabak		Konbyen pake tabak sa a?
400	Tablèt		Tablèt pistach la di anpil
401	Taksi		Se pa tout kote taksi rive
402	Tayè		Bòs Marco se yon bon tayè
403	Teknoloji		Se gras a teknoloji ki fè lemonn pwogrese
404	Tèmomèt		Li tèmomèt la pou wè tanperati a

405	Temwen		Eta Sivil toujou mande temwen
406	Tenis		Tenis se jwèt de presizyon
407	Tèt		Tèt nou enpòtan anpil
408	Tèt fè mal		Si ou gen tèt fè mal, al kay doktè
409	Teworis		Depi 11 septanm 2001, teworis se yon gwo pwoblèm
410	Teyat		Lavi se yon teyat
411	Ti frè		Ti frè mwen se Tanna
412	Ti tay		Li gen ti tay
413	Timoun		Timoun pa ti bèt
414	To de chanj		Ki to goud la jodi a? Konbyen goud la ye jodi a?
415	Tonnè		Li fè yon gwo kout tonnè
416	Tou dwat		Ale tou dwat devan ou
417	Tou pre		Bondye tou pre nou
418	Toudisman		Lè w travay twòp, ou gen toudisman
419	Touris		Lontan, te gen anpil touris an Ayiti
420	Touristik		Lontan, Ayiti te yon gwo peyi touristik
421	Tranzaksyon		Bon tranzaksyon konsève zanmi
422	Transpòtasyon		Transpòtasyon pa difícil
423	Tren		Lontan, te gen tren an Ayiti
424	Trètman		Trètman koute lajan
425	Tribinal		Tribinal fèt pou bay tout moun jistis
426	Twalèt		Twalèt la tou pre ou
427	Tyèd		Dlo a pa ni cho ni frèt, li tyèd
428	Vakans		Vakans kòmanse an jen, li fini an sektanm
429	Vale		Lè ou fin mastike, ou mèt vale l
430	Vandè		Anpil vandè se machan anbilan
431	Vant fè mal		Vant fè mal la prèt pou pase
432	Vèdik		Vèdik la fin pwononse
433	Vèf, vèv		Grann mwen te vèv anvan l te mouri
434	Vejetal		Gen moun se vejetal sèlman yo manje
435	Vil		Pifò moun andeyò ale rete lavil
436	Viris		Viris sa ap mache de kay a kay
437	Viza		Verifye si ou bezwen viza

438	Vòl		Pran sak pa pa ou rele vòl
439	Vòl (ayewopò)		Pa gen vòl dirèk de Pòto Riko a Ayiti
440	Volebòl		Volebòl se yon bèl jwèt
441	Vomi		Manje a pa fè l byen, lap vomi
442	Vwayaj		Vwayaj la te byen pase
443	Vwazen		Vwazen ou se tankou fanmi ou
444	Vyann		Vyann nan sale
445	Vyeyès		Se nan jenès ou dwe prepare vyeyès
446	Wout		An Ayiti, gen wout ki malouk anpil
447	Zanmi		Nou se zanmi
448	Zepòl		Ann kole zepòl ak zepòl
449	Zòn, bidonvil, katye		Gen anpil katye nan Pòtoprens
450	Zong		Ou dwe fè zong ou pi souvan
451	Zòrèy		Nèg sa a gen yon fèy zòrèy
452	Zouti		Ak ki zouti chany lan netwaye soulye a konsa?
453	Zòye		Se de zòye ki sou kabann nan

24.3 Ann pale. Kèk blag ak lòt obsèvasyon sou lang. Ann blage. Ansuit, kòmante sou sa.

Kreyòl	**Reproduce each story in English**
No Tasa. Yon ajan imigrasyon panyòl di yon vwayajè ameriken nan ayewopò a, lè l fin gade paspò l: "No tasa!" E li pa vle touris la kontinye. Nan diskite diskite, vwayajè a oblije pèdi vwayaj la, paske l pat konprann sa ofisye a tap di l. Touris la te etidye mo panyòl "tasa" ki vle di tas tankou nan "tas kafe". Poutan, lè yon entèprèt te vin ede l, li eksplike touris la ajan te di l li pat peye taks, sa vle di, enpo leta a. Touris la pat konnen mo panyòl "tasa" genyen yon sinonim "Taza" e ki vle di: enpo, taks. "Tasa pa taza".	No Tasa.
Un sandwich de jabón. Lè yon etranje rive nan yon lòt peyi, li pa fasil pou l adapte l, sitou lè l pale yon lòt lang. Yon ayisyen te rive Pòto Riko kote moun pale panyòl. Chans pou li, li te jwenn yon travay nan faktori. Chak midi, tout moun al achte manje, e plizyè nan yo mande "un sándwich de jamón y queso". Ayisyen an ki pat kapte byen sa panyòl yo te di, li mande "un sándwich de jabón con queso". Anplwaye a ki tap ri, bay mesye a yon sándwich ak kim savon sou li anplis de fromaj la. Mesye a te fè kèk mwa ap manje pen ak kim savon. "Jabón" pa "jamón".	**A jam sandwich**.

Tu seras... Nan prèske tout lekòl kongreganis an Ayiti, tout moun te oblije pale franse. Yon jou, yon ti gason rankontre yon ti fi nan lekòl kay mè a, li ba li lanmen, li grate men li e li di: « Tu seras..." Ti fi a vekse! Li kouri al nan direksyon e li di direktris la toutan kolò: "chèr ser, il est frequent; un jeune homme me grate la main et me dit: Tu seras...! Tu seras »... Direktris la fache e li voye chache tinèg la, e li di l konsa: Tu es fréquent! Pourquoi as-tu graté la main de ma petite fille et lui dit: Tu seras...Tu seras quoi? Tu seras ma femme? Ti gason an ki te trè entelijan, di mè a konsa. Chè sè, nan lekòl sa a nou oblije pale franse, pa vre?. Pandan m tap pase toupre ti fi a, m te wè yon rat ki tap kouri; m te touche men tifi a, e m te di l pou l te tiye rat la. M te di l sa an franse: tue ce rat! Se tout istwa a sa wi, mezanmi. Pat gen zafè de "tu seras ma femme". Ti fi a te wont anpil; chèsè te anbarase tou. "Tu seras" pa ""tue ce rat"	You will be...
Poisson pa poison. Nan lang franse a, diferans de yon sèl lèt "s" nan mo poisson e poison" kapab koze lavi ou lanmò. Moun manje **poisson** pou l pase grangou, tandiske si moun bwè oubyen manje **poison**, lap mouri. An kreyòl, s se s, z se z.	Poisson versus Poison.
House No A or No eight? Yon etidyan ki pat fin maton nèt nan lang anglè a te rive nan yon biwo. Apre l te fin mande direksyon, yo di l: "Go to number A"; poutan, etidyan te ale nan "number 8" paske li di nan tèt li,"A" pa yon nimewo (number).	
Tú tienes una cara vasca. Se yon touris pòtoriken te rive nan peyi Lespay. Yon bèl jèn ti demwazèl te akeyi l byen akeyi. Pou l te demontre tifi a li te apresye l anpil, li di: "tú tienes una cara vasca". Tidemwazèl la te konprann mesye a te vle di l figi l sanble ak vonmi, tandiske sa mesye a te vle di reyèlman vre sèke figi li te bèl tankou moun ki soti nan ras "basque". Mezanmi, zafè kilti a, se gwo koze!	Cara vasca versus cara vaca.
Bolsa ou funda. Lang toujou varye de yon peyi a yon lòt, e menm de yon rejyon a yon lòt. Se konsa panyòl ki pale nan Repiblik Dominikèn pa egzakteman egal a sa ki pale an Espay oubyen a Pòtoriko. Sa vre tou pou angle ameriken ak angle Angletè; pou angle nan nò ak angle nan sid, elatriye. Yon bon mo nan yon peyi kapab yon move mo nan yon lòt. Pa egzanp, Pòtoriko, lè w ale nan makèt, yo mete machandiz ki achte yo nan "bolsa", tandiske Sendomeng, yo mete yo nan "funda" paske pou dominiken, "bolsa" genyen yon sans pejoratif. Pou yon moun Sen Maten, sa ayisyen rele timoun se timaymay; sa ayisyen rele mari se yon boug pou yo. Lè ayisyen di yo rele yon moun nan telefòn, moun Sen Maten se kriye yo kriye moun nan. An Ayiti de machin kapab fè aksidan; Sen Maten, se yon lòt fason yo di sa.	Bolsa versus funda.
Blokis/anbouteyaj. An Ayiti nou jwenn blokis ou anbouteyaj; Ozetazini nou jwenn "traffic jam"; Pòtoriko nou jwenn "tráfico" ou "tapón"; an Frans nou jwenn "embouteillage" ...	Traffic jam.

Blakawout. An Ayiti nou gen blackout oubyen pàn kouran; Ozetazini nou gen breakdown [of power shortage]; Pòtoriko, "la corriente se fue; hay un apagón"…	Power breakdown.
Koukouyoukou ou cock-a-doodle-doo? An Ayiti, moun di kòk fè "koukouyoukou!"; Pòtoriko, yo di kòk fè "quiquiriqui!; Ozetazini, kòk fè" doodledoodledoo or cock-a-doodle-doo! Kijan kòk chante nan peyi ou?	Koukouyoukou vs cock-a-doodle-doo
Pè Ponsè pase Pilat. Kanta pou blag, kont, istwa, pwovèb ak charabya, bagay sa yo fè kenken nan tout lang, men, ou ta di sa fèt yon fason espesyal nan lang kreyòl la. Yon charabya tankou "Pè Ponsè pase Pilat an pèpè pou preche pou pen patat" se jis pou montre fraz la gen 10 lèt p, e pou defye pwononsyasyon an kreyòl. Se konsan tou moun toujou defye yon lòt lè l mande l pou l di rapidman: anba plat pye Pyèpyè plen pyan oubyen: sèt tèt chat nan sèt sak.	Creole Alliteration.

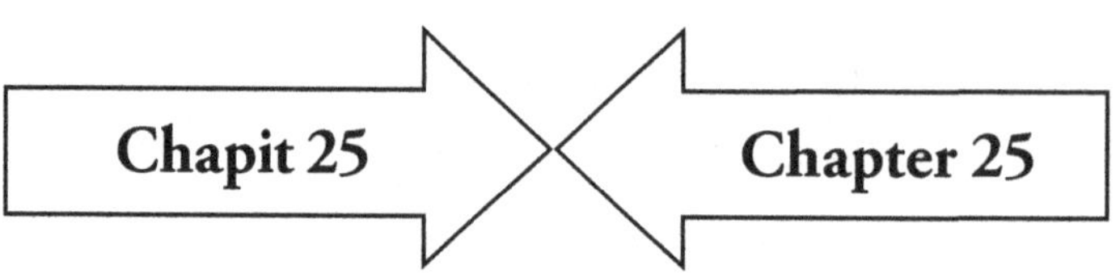

Fòmasyon ak orijin mo kreyòl yo

25.1 Kijan mo lang kreyòl ayisyen an fòme? / Creole words formation

Kreyòl	English
25.1.1 Kreyasyon yon mo nouvo, yon mo ki pot ko egziste ditou (coinage) tankou: Aspirin, òdinatè, Palmoliv, Frijidè, djipiyès (GPS), sèlfi (selfie).	25.1.1 Coinage: Formation of a new Word: Aspirin, òdinatè, Palmoliv, Frijidè, djipiyès (GPS), sèlfi (selfie).
25.1.2. Derivasyon (izaj sa ki rele afiks yo): prefiks, enfiks, sifiks. Egzanp: dechouke (mo a soti nan chouk), dekrase (kras), mawonay (mawon); eritay (eritye).	25.1.2 Derivation: using of prefix, infix, and suffix: dechouke (from chouk), dekrase (from kras), mawonay (from mawon); eritay (eritye).
25.1.3 Prete mo nan lòt lang etranje. Gen anpil mo laten ak grèk ki rantre nan anpil lang; se konsa tou nou genyen laten ak grèk ansanm ak lòt lang ankò nan kreyòl la: eksetera (et cetera), rezime (résumé), chèz (chaise), biwo (bureau), pataswèl (pata suelta), bokit (bucket)...	25.1.3 Loan from other languages: eksetera (et cetera), rezime (résumé), chèz (chaise), biwo (bureau), pataswèl (pata suelta), bokit (bucket)...
25.1.4 Mo konpoze. Nan kreyòl la, tankou nan anpil lòt lang, gen anpil mo konpoze: vanpouse, chirepit, laviwonndede, chenjanbe, jwèt malè, nan ginen, danri, sannen, sanzave, fonkoze.	25.1.4 Compound Word: Vanpouse, chirepit, laviwonndede, chenjanbe, jwèt malè, danri, fonkoze
25.1.5 Fizyon de mo ansanm (blending). Menm si nou pa kapab mete de mo nan blendè pou n rive jwenn yon sèl, nou kapab pran yon pati nan chak mo yo pou n fòme yon lòt mo nouvo tankou: motèl (motor hotel), zanmi (les amis)	25.1.5 Blending: motèl (motor hotel)
25.1.6 Itilizasyon yon moso nan yon mo (Kliping). Nan fè ekonomi bout chandèl, nan fè kripya, nou ka rive kreye yon kalite mo tankou: gaz, pwof, ad, bis (pou gazolin, pwofesè, advertising; otobis).	4.8.6 Clipping: Gaz, pwof, ad, bis (pou gazolin, pwofesè, advertising; otobis).

25.1.7 Akwonim. Menm jan ak blending, moun kapab pran moso nan plizyè mo pou yo fòme yon lòt mo nouvo tankou: HSO (Haitian Students Organization), UN (United Nations), HASCO (Haitian Sugar Company), ONA, KAMEP, ONAAK, MINUSTAH, elt.	25.1.7 Blending: HSO (Haitian Students Organization), UN (United Nations), HASCO (Haitian Sugar Company), ONA, KAMEP, ONAAK, MINUSTAH, elt.
25.1.8 Konvèsyon. Konvèsyon vle di fè yon mo tankou yon vèb tounen yon non oubyen yon non tounen yon vèb: mache a mache; manje manje a; pran yon ti goute; goute sèl pa mande rete.	25.1.8 Conversion: mache a mache; manje manje a; pran yon ti goute; goute sèl pa mande rete
25.1.9 Bakfòmasyon (backformation). Se revè konvèsyon. Se fè yon non tounen yon vèb:chòy, bagay.	25.1.9 Backformation : formation of a verb with a noun : chòy, bagay
25.1.10 Zewo fòmasyon	25.1.10 Cero formation : beke, bèk
25.1.11 Eponimi	25.1.11 Eponimy
25.1.12 Aferèz. Se yon figi gramè ki elimine yon fonèm ou yon gwoup fonèm okòmansman yon mo etranje. Se kontrè apokòp ki li menm elimine fonèm alafen yon mo: Acabar, kaba; acajou, kajou; "hasta", ata; "écumer", kimen, elt.	**25.1.12 By apheresis.** It is a grammatical figure that eliminates a phoneme or groups of phonemes at the beginning of a word: It is the contrary of apocope that eliminates phoneme (s) at the end of a word: Acabar, kaba; acajou, kajou; "hasta", ata; "écumer", kimen, elt.
25.1.13 Apokòp. Elimine fonèm alafen yon mo etranje: jamais, janm; défendre, defann; table, tab.	**25.1.13 By apocope**: It eliminates phoneme (s) at the end of a word: jamais, janm; défendre, defann; table, tab.
25.1.14 Epentèz. Se lè yo ajoute yon fonèm nouvo a yon mo pou yo kreyolize l: affaire, zafè; sur ce bord-ci, bò isit; netoyer, netwe; âme, nanm; échelle, nechèl; ici, isit; homme, nonm; rien, anyen, etc. Grenadye alaso; sa ki mouri zafè a yo.	**25.1.14 By epenthesis:** The addition of a new phoneme or a new sound to a word with the purpose of creolizing it: affaire, zafè; sur ce bord-ci, bò isit; netoyer, netwe; âme, nanm; échelle, nechèl; ici, isit; homme, nonm; rien, anyen etc.Grenadye a l'assault; sa ki mouri zafè a yo.
25.1.15 Metatèz ou transpozisyon. Se deplasman yon lèt ou yon gwoup lèt ou silab de yon mo: brouette, bwouèt; ombilic, lonbrit; poupée, poupe, pope; s'il vous plaît, souple; carrefour, kalfou; foyer, fouye; sablier, sabilye, etc.	**25.1.15 By methathesis or transposition**: it is the displacement of one letter or a group of letters or syllables of a word: brouette, bouèt; ombilic, lonbrit; poupée, poupe, pope; s'il vous plaît, souple; carrefour, kalfou; foyer, fouye; sablier, sabilye, etc.

25.1.16 Pwostèz. Se adisyon yon lèt okòmansman de yon mo pou l ka vin sonnen pi byen (Efoni): Les avocats, zaboka; les étoiles, zetwal; scapulair, eskapilè; âme, nanm; haïr, rayi; hanches, ranch; laguer, delage, elatriye.	**25.1.16 By prostesis**: Addition of one letter to the beginning of a word for reason of euphony. Les avocats, zaboka; les étoiles, zetwal; scapulair, eskapilè; âme, nanm; haïr, rayi; hanches, ranch ; laguer, delage, etc.

Note byen: Tonalite: An kreyòl, jan yon moun pale vo plis pase sa li di a. Egzanp: map /ba/ yo/ sa/ yo/ me/ri/te/ (I will give them what they desserve) gen plis fòs pase: map ba yo sa yo merite (pronounced with stress or emotion).

25.2 Ki kote mo kreyòl yo soti?

25.2.1 Mo endijèn oubyen mo ki soti nan Amerik Latin nan:

An general, mo an: -ouav, -ouan, -av, -ana, -an. Mo tankou: amak, Ayiti, kasab, kenèp; gwayab; kannari; koralen; kwi; mabouya; manyòk; mapou; mayi; patat; sanba; sapoti; zaboka; kayiman (acayouma=reptile), zagoudi (acuti), ajoupa (aíupa), lanbi, eks.

25.2.2 Mo afriken:

Anplis de estrikti a, kreyòl la pran plizyè mo nan lang afriken (ewe, wolof, anjeven, angola, banbara, fongbe, kikongo, yoruba...): Bouk; zonbi; akasan; baboula (banboula); bouda (mbunda=fes, derye)); bobori; bouki, gonbo; book (book, bokono=deven, sosye); hounfo (ounfo); houngan (oungan); hounsi (ounsi); ounto (drum of the ceremony);kenken (sab lanme, anpil); kokolo (banbara: kuncolo=tet); loa; moundong;tomtom (tumtum); tchotcho (bambara: farin lapli); vodou; wanga; bobori; (an jeneral tout mo lang vodou yo).

25.2 Origin and Formation of Creole words

25.2.1 Indigenous or Latin American words.

In general, the words in -ouav, -ouan, -av, -ana, -an, and words such as: amak, Ayiti, kasab, kenèp; gwayab; kannari; koralen; kwi; mabouya; manyòk; mapou; mayi; patat; sanba; sapoti; zaboka; kayiman (acayouma=reptile), zagoudi (acuti), ajoupa (aíupa), lanbi, etc.

25.2.2 African words such as: Bouki, hounfò, vọdou; zonbi; akasan; baboula (banboula); bobori; gonbo; hounfò (ounfò); houngan (oungan); hounsi (ounsi); ountò; loa; moundong; wanga (Generally, the voodoo words come from African languages, mainly: Ewe, djowouba ak fon).

25.2.3 Kreyòl la kapab konsidere kòm yon lang melanje euro-africaine ki gen 95% sentaks afriken men ki gen 85% vokabilè fransè: tab, chèz, bifè, lè, lòm, bonè, elatriye.	25.2.3 Some French words: The majority (10%) of the Haitian Creole words come from French (85%) but 95% of African Language syntaxes.
25.2.4 Fòmasyon mo nouvo (newolojis). Se ayisyen sèlman ki kapab konnen pi fasilman vrè sans mo oubyen ekspresyon sa yo: Atache; dechouke; lavalas; pouchis; granmanjè; naje pou soti; JFF (Jan l fini l fini); JPP (Jan l pase l pase); JTT (Jan l tonbe l tonbe); zenglendo; sou beton an; foule beton an (fè grèv ou manifestasyon); GNB (grenn nan bounda); kloròks o asid batri, zèb nan bouch, tèt kale, kale tèt, zo kiki, Ayiti dekole, pwogram nan pa ateri, zèfèyis, elt.	25.2.4 Neologism (coinage of new words). Some words or expressions maybe understood easily by Haitians: Atache (undercover agent); dechouke (to uproot); lavalas (torrent); pouchis (antidemocratic person); granmanjè (corrupted governmental employee); naje pou soti (to struggle); JFF (Jan l fini l fini); JPP (Jan l pase l pase); JTT (Jan l tonbe l tonbe); zenglendo; sou beton an (to be unemployed); GNB (name given to people who uprooted ex president Aristide); kloròks o asid batri (poverty; dirth, needs for foods and other primary products), zèb nan bouch, tèt kale, elt.
25.2.5 Mo ki soti nan kilti pèp ayisyen an. Se ayisyen sèlman ki kapab konnen pi fasilman vrè sans mo oubyen ekspresyon sa yo tou: Kadejak, chenjanbe, lagolago, laviwonndede, palavire, bogota, Antwàn nan gonmye, malpouwont, tchentchen; restavèk, voye toya sou yon moun, eks. (Wè tab mo etranje yo)	25.2.5 Some Cultural or Historical Words. Some cultural expressions maybe understood easily by Haitians: Kadejak (sex offense), chenjanbe (junk or street food), lagolago (children's games), laviwonndede (children's games), bogota (used and broken cars), Antwàn nan gonmye (a wise man), malpouwont (not being ashamed), tchentchen (maize); Restavèk (children raised in foster-like homes), voye toya (to talk indirectly in presence of someone, and so on.

25.2.6 Mo ki soti nan angle: B(r)abako; babay; djòb; chany; anbègè; batrimann; bis; bokit; dasomann; fè bak; gòdèm!; foutbòl; tchòbòl; kannistè; kòl; kawoutchou; òtdòg; ponch; sik (ill); sosyal; windo; djèskanm; goudren. (wè tab mo etranje yo)

25.2.7 Mo ki soti nan panyòl (espanyòl): Abladò (palanpil); bòlèt (jwèt); boske (chèche); kaba (fini); kabicha (dòmi yon ti kras); sapat (chosi); sandal (chosi); sefwe (li ale,li mouri); vyewo (ansyen); bobo ou beko (bo); kesedjo, kesekwann (m pa konn anyen); komokyèl (sa m ta di); mantèg (grès); matcho (gason galan); mòn (ti montay); mizadò (mize pou vini); awoyo (debòde)...

25.2.6 English words: b(r)abako; babay; djòb; shany; anbègè (hamburger); batrimann; bis; bokit; dasomann; fè bak; gòdèm! (God danm it!); foutbòl (foot-ball); kannistè; kòl; kawoutchou; òtdòg (hotdog); ponch (punch); sik (ill); sosyal (social security); windo (window); djèskanm (just come, new comer); goudren (drink made of the pinapple peal).(See the table of foreign words)

25.2.7 Spanish words: Abladò (hablador: talkative); bòlèt (bolita: lottery); boske (buscar: to look for); kaba (acabar: to end); kabicha (cabecear: to take a nap; to doze); sapat (zapato: shoes); sandal (sandalia, sandal); sefwe (se fue: he has gone; he died); vyewo (Viejo: accustomed to); bobo beko: (beso, a kiss, to kiss); kesedjo, kesekwann (qué sé yo, qué sé cuando, I do not know); komokyèl (cómo quién: who knows); mantèg (manteca, lard); matcho (macho, Don Juan); mòn (cerro, mountain); mizadò (to stay late; to waste time); awoyo (arroyo; old)....

25.3. Orijin kèk lòt mo / Origin of some other words

Orijin	Mo	Orijin	Mo
Galibi	Auniq	Annik	Sèlman, inikman, jis, fenk
Italyen	Piasta =fèy metalik	Pyas	Goud, lajan
Italyen	Vitiello=un tipo de zapato	vityelo	A pye
Malinke	Ambe sògòma	Sogo	Orevwa
Pòtigò	Cobres	Kòb	Pyès lajan
Fon	Vi	Petevi	timoun
Djowouba	En-en	Non	En-en
Ewe	Me	Mwen	M

25.4 Mo ansyen ki soti nan lang panyòl la / Archaism Creole-Spanish. Find their equivalent in English (use the multilingual Dictionary)

Kreyòl	Panyòl	English	Fraz (an kreyòl)
Abladò	Hablador	Talkative	Antwàn se yon abladò
Awona, fanm endesan	Ajo, ajona		
Awoyo	Arroyo		

Ayè	Ayer		
Baboukèt	Barboquejo		
Bobo	Boboyo, bobuyo		
Bobo, beko	Beso		
Bòlèt	Bolita		
Boske	Buscar		
Dechalbore	Deschaborrar		
Dekabès	Cabeza		
Depatcha	Despachar		
Dezafi	Desafío		
Fouyadò	Investigador		
Gabèl	Gabela		
Goud	Gordo		
Kaba	Acabar		
Kabicha	Cabecear		
Kaderik	Calder, calderica		
Kako	Caco		
Kesedjo kesekwan	Qué sé yo, qué sé cuando		
Komokyèl	Cómo quién:		
Konbit	Convite		
Koukouy	Cucuyo		
Kounouk	Conuco		
Mantèg	Manteca		
Matcho	Macho, Don Juan		
Mizadò	El que demora mucho		
Mòn	Cerro		
Pataswèl	Pata suelta, patada		
Pa lavire	Pata suelta		
Sandal	Sandalia		
Sapat	Zapato		
Sefwe	Se fue		
Sesin (sisin)	Sesina, tasajo		
Tchèl	Chele		
Vyewo	Viejo		

25.5 Enfliyans lang afriken sou lang kreyòl la

Doktè Jean Price Mars, otè de Ainsi parla l'oncle, Pòtoprens, Ayiti panse rasin lang kreyòl la soti pi lwen : « Aksepte donk patrimwàn zansèt nou yo kòm yon blòk.Vire l, tounen l, egzaminen l avèk entelijans e sikonspeksyon e n a wè... ke l reflete imaj redui imanite toutantye ki nan pla men » **(Lang kreyòl inivèsèl (Jean Target, Edition du Vingt et unième siècle, presse de l'imprimeur II, septembre 2001, Port-au-Prince, Haiti)**

Lang kreyòl la pa pran nesans nan koloni Sendomeng lan; li pa yon pidjin, ni yon jagon oubyen yon reminisans lang fransè. Kreyòl fòme avèk yon sèl jenerasyon de moun afriken, tandi ke pidjin fòme ak de jenerasyon de moun ki pa afriken. Kreyòl la kapab konsidere kòm yon lang melanje ewo-afriken ki gen 95% sentaks afriken men ki gen 85% vokabilè fransè.

Genyen kat fanmiy lang ki nan kontinan Afrik la: Afwo-Azyatik, nilo-sayaryen, nijewo-kongolè ak kwazàn. Branch nijewo-kongolè a divize an 6 ramifikasyon: Atlantik oksidantal, mande, voltayik oubyen Gou, kwa, adamawouya ak benouwe-kongo. Yon lang genyen yon sèl istwa, yon sèl orijin ak yon sèl mòd fòmasyon. Kidonk, kreyòl pa ka gen orijin ewopeyen epi orijin afriken. Lang kreyòl la soti nan twa lang afriken (eve, fon, yorouba). Lang sa yo soti nan branch kwa ki li menm fè pati de famiy lang ki rele nijewo-kongolè a (nigero-congolaise). An Ayiti nou rele eve yo arada. Kreyòl la itilize twa lang sa yo nan twa nivo: fòm estanda, fòm dyalèk ak fòm popilè.

Mo nijewo a pou kont li fè referans a 300 lang ki pale nan peyi sa yo: Senegal, Ganbi, Ginen Biso, Syera Leyone, Mali, Bikina Faso, Liberya, Kotdivwa, Gana, Togo, Benen ak Nijerya. Mo Kongolè a refere a anviwon 700 lang ki pale depi Kamewoun rive jouska Angola. Lang kreyòl la se denominatè komen 1050 lang de fanmiy nijero-kongolè, sa vle di 1/5 tout lang ki pale nan lemond. Kanta pou p**wononsyasyon lang kreyòl la, o**tè Penin de Jarrien fè remake lang afriken yo (tankou lang berichon) pa renmen fè konsòn yo sonnen. Mo fransè tankou **mercredi, artiste, occuliste** kapab li kòm: mekredi, atis, oculis sa fè moun konprann pwononsyasyon kreyòl la pa pran nesans nan koloni Sendomeng lan.

Chans pou nou, kòm tan ap pase, kreyòl ayisyen an sanble ap fè plis pwogrè chak jou. Jodi a, kreyòl ayisyen an antre sou tout sèn. Li monte tout tab. Li nan tout fowòm.

25.6 Kèk mo afriken nan kreyòl ayisyen an / Some African words in the Haitian Creole. Complete the table

Orijin mo a	Mo a ak sa l vle di	Fè yon fraz ak mo a
Afriken Moso Bondye, moso solokoto	Solokoto /sòlòkòtò Divinò	Mwen pa nan moso Bondye moso solokoto
melanj de tayo e patat pile Foufou	Tonmtonm Tumtum	

Angeven Kay tolerans Bouzen Piten	Bouzen	
Angola Fès, dèyè	Bonda, bouda, mbunda, fès, dèryè	
Bambara Tchòtchò Farin lapli Ti kras lajan, lajan an jeneral	Tchotcho, farin lapli, ti kras lajan	
Dioula (Ginen) Sab lanmè Kantite, anpil	Kenken, anpil	
Congolè (angolè) Onzanmbi (nzambi) Bondye	Zonbi, moun mouri ki leve	

25.7 Tab kèk mo etranje nou jwenn nan kreyol la[15]. Konplete tab la e kòmante / List of some foreign words found in Creole language.

Kreyòl	English	Spanish	French
Ans (anns)	Hands	Contacto con la mano	**Touche**
Babay (adye)	Bye-bye	Adios	**Au revoir**
Biskèt	Brisket		
Biznis	Business	Negocios	**Affaire**
Blakawout (Fènwa, pàn kouran)	Blackout	Apagón	**Coupure de courant**
Blad	Bladder	Vesi	**Vessie**
Blo (vag)	To blow someone away	Menospreciar ; olvidar	**Mépriser**
Blòf, riz, tronpri			**Ruse**
Bouldozè	Buldozer	Buldozer	
Brenn, sèvo	Brain		**Cerveau**
Chanpou	Shampoo	Shampú	
Dilè	Dealer	Dealer	
Djòb	Job	Trabajo	**Travail**
Ekondisyone	Air conditioning	Aire acondicionado	**Air conditionné**

15 For a complete list of such kind of words, please see Savain (1995)

Entènèt	Internet	Internet	**Internet**
Faks	Fax	Fax	**Fax**
Faktori	Factory	Factoria	**Fabrique**
Flach	Flash	Linterna	
Flòch	Flush		
Foul	Crowd	Muchedumbre	**Foule**
Imel	E-mail	Correo electrónico	**Courrier électronique**
Kalye	Carrier	El que trae agua a los trabajadores	**Porteur, messager**
Koul	Cool		
Mabi	My beer	Bebida fermentada	**Boisson fermentée**
Mòflè	Muffler		
Otdòg	Hot dog		
Patnè	Partner	Socio	**Associé**
Pikòp	Pick-up		
Plwayoud	Plywood		
Ponmkèt	Plum-cake	Bizcochito	
Renka	Ringer	Jennfi timid; apa	
Rilaks	Relax		
Sèlfi	Selfie	Autoretrato	
Sidi	CD	Cede	**CD**
Swetè	Sweater		
Tchaw	Chow	Comida de mala calidad	**Mets peu nourrissant**
Tchentchen	Kenkey	Maiz molido, mucho	**Maïs moulu**
Tchòbòl	Trouble	Problema	**Trouble**
Tennfas	Steadfast	Sólido, fuerte	**Solide, ferme**
Tikè	Ticket	Boleto	**Billet**
Tòt (rèd, fèm, solid)	Taut	Firme	**Ferme**
Wikenn	**Weekend**	**Fin de semana**	**Fin de semaine**

25.8 Kèk sifiks angle / Some English Suffixes and their correspondent in Creole

SUFFIXES	MEANING	EXAMPLE	KIJAN NOU DI L AN KREYÒL
Able, ible	That can be	Portable, audible	Pòtab, odib
Acy	State of being	Privacy	Privasite

Ance	Act of	Disturbance	Twoub
Ant	One who	Assistant	Asistan
Ent	One who	President	Presidan
Ful	Full of	Playful	Plen
Hood	State of being	Childhood	Anfans
Ish	Like, tending toward	Greenish	Vè pal
Ist	A person who	Biologist	Byolojis
Less	Without	Smokeless	San lafimen
Ly	Adverb ending	Greatly	Grandman, anpil
Ment	Act of state of	Bewilderment	
Ness	State or quality of being tending to	Darkness	Fènwa
Oid	Like	Spheroid	Tankou esfè
Ous	Full of	Joyous	Plen de jwa
Ship	Office, status, or rank of	Professorship	Ran pwofesè, estati pwofesè
Some	Tending to	Meddlesome	Bagay yo vle mele
Ward	Tending or lending to	Homeward	Vè lakay

K	L	E	P		
K	R	E	Y	O	L

EGZESIS-DEVWA / ASSIGNMENT

Saktefèt(revizyon)?

Sakafèt (pwogram)?
Sakpralfèt (pwojè)?

A. Egzèsis ak devwa pou revizyon, refleksyon ou diskisyon.

KREYÒL	English
1. Ki premye kontak nou ak lang kreyòl la? Konbyen mo ou ekspresyon kreyòl nou konnen deja? ekri epi pwononse yo? Eske nou wè epi li liv oubyen revi kreyòl? Eske nou abitye tande pwogram radyo, konferans, li tèks mesaj an kreyòl? Eske nou konn li imel, nouvèl, enfòmasyon sou entènèt? Eske nou konnn koute k-7, Youtube, Sidi, VCR, elt., an kreyòl? Konbyen lèt ki genyen nan alfabè ofisyèl kreyòl la?	12. What is the unique accent that we find in Haitian Creole language? 13. In the Haitian Creole language, the determiners are generally placed ____________ of the words. 14. What is Creole? 15. Make a list of the countries where Creole is spoken. What are the bases of those Creoles? 16. What is the difference between Creole and Pidgin? 17. Creole became one of the official languages of Haiti according to the Article ________ of the Haitian Constitution of 1987.
2. Ki karakteristik prensipal kreyòl ayisyen an genyen? 3. Kilè kreyòl te rekonèt kòm lang ofisyèl an Ayiti? 4. Ki lang ki kontribye pou bay nesans a mo ki nan lang kreyòl ayisyen an? 5. Nan ki ane lang kreyòl la te rekonèt kòm lang ansèyman an Ayiti 6. Nonmen senk sans nou yo e di ki aksyon nou kapab fè ak chak nan yo. 7. Nan ki lòt peyi moun pale kreyòl. 8. Eske kreyòl ak fransè gen menm valè an Ayiti? 9. Ki kote kreyòl ayisyen an soti 10. Kisa ou ka di de jounen entènasyonal kreyòl? 11. Eske gen yon sèl kalite lang kreyòl?	18. How do you appreciate the Creole as a mean of communication?

B. Ann koute: Di ki mwayen nou pito itilize pou nou koute lang kreyòl la: pwofesè nou, manm fanmi nou, vwazen nou, kondisip nou, zanmi nou, konpanyon travay nou, moun kap pase nan lari a, emisyon radyo, televizyon, k-7, sidi, DVD, dokimantè, fim, vwayaje nan peyi kote yo pale lang lan... Poukisa koute yon lang enpòtan anpil?

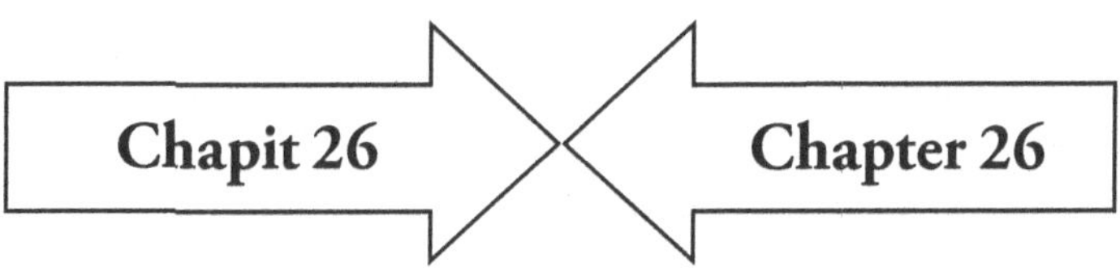

Bank egzèsis / Bank of exercises

A. Li tèks kreyòl ki agoch la a hot vwa. Souliye mo kreyòl fransize yo. Ansuit, ekri mo mal ekri yo an bon jan kreyòl nan kolonn adwat la.

Kreyòl fransize	Bon jan kreyòl
Anpil nan peuple ayisyen an partir kite peyi d Ayiti pou y al vivre a letranger. D' ailleurs, se deux kalite moun ki rete nan peyi a: moun ki pa gen mwayen dutout oubyen sila yo kap byen mennen. Konsa, nou ka wè gen plusieurs kalite ayisyen : riches ou pauvres ; moun lavil, moun morne ou moun andehors ; moun save ou analfabetes… Nou bay seulement quelques examples de divizyon ki genyen nan peyi a. Gen anpil lòt encore. Men, nou panse que gen yon l'heure kap rive, tout prejuje dwe disparaître. Nou konnen lutte la pa facile. Men, nap continuer l.	

Kreyòl fransize	Bon jan kreyòl
a) Nimewo de telefòn b) Jodi a se lundi (mardi, mercredi, jeudi, vendredi). c) Gad on voleur! d) Ki couleur cheveu ou? e) Depute a malade f) Lecon an pas utile pou mwen g) Ou pa besoin peur h) Frigidaire la decharje i) Moteur la gate, men tout bagay yo an forme j) Se terre la kap tourne autour solèy la k) Malheure a ou si ou pa prezante devan juge naturel ou. l) O Seigneur Dieu, Jesus, Marie, Joseph, se nou ki defenseur nous. m) Ekip l'aigle noir la pèdi match la n) Tranbleman de terre la frape Ayiti du. o) Misyon carnaval des fleurs la enteresan p) Al kote pasteur la pou l ede w prepare priere la.	

B. Ann ekri. Translate into kreyòl

	Kreyòl	**English**
1	M grangou	I am hungry
2		I want to go to the library
3		Pleased to meet you
4		How do you feel?
5		I will pick you up
6		I beg your pardon
7		Do you mind?
8		I am kidding
9		I am very grateful
10		With your permission
11		I want to be sure
12		Give them my regards
13		Don't waste your time
14		You have to pay over weight

15		I like to take a picture
16		Let's talk about it
17		I am in a hurry
18		No matter what happens
19		I make a mistake
20		Go ahead
21		Keep quiet, please
22		God's willing
23		I like to take a bath
24		I am very sorry
25		Take it easy
26		If I were you

C. Ann pale. Konvèsasyon.

a) Di kisa nou renmen, kisa nou fou pou li, ki sa nou apresye, kisa nou sipòte, kisa nou rele viv pou li.
b) Di ki sa nou pa vle wè k je, kisa nou rayi, kisa nou deteste, kisa nou rele aba pou li

D. Egzèsis oral. Di ki kote ou soti, ki kote ou ye oubyen ki kote ou prale/ Nationality: place where you come from, where you go, and where you are.

Sijè + vèb	**Kote /lye/plas**	**Subject + verb**	**Place**
Mwen... Mwen sot... Mwen pral... Nou te... Eske ou...?	San Juan Pari Frans Kanada Ayiti Etazini Beljik Swis Jamayik Brezil Chin Lotèl la Biwo a Garaj la		

E. Ann ekri. Konplete ak vèb ki kòrèk la, lè sa nesesè (se, renmen, ye, genyen).

Janjak ak Matonn ____________ ayisyen, men yo rete angletè. Yo ________ 20 an. Janjak ______ jounalis men Matonn ________ Mis. Mesyedam yo ______ enteresan anpil. Yo chak _______ anpil lajan. Men, yo _______ pa egoyis ditou. Yo ________ pataje ak zanmi yo e ak vwazen yo. Yo ______ pa chich ditou.

F. Ann ekri. Kòman yo rele moun kap viv nan peyi sa yo?

- Pòto Riko: ____________________ - Ayiti: ____________________
- Etazini : ____________________ - Venezwela : ____________________
- Lafrans: ____________________ - Kiba: ____________________
- Angletè : ____________________ - Jamayik : ____________________
- Repiblik Dominikèn: ____________________ -Kanada : ____________________

G. Ann ekri. Jan mo klase an kreyòl pou fè yon fraz. Gwoupe mo sa yo nan lòd lojik pou fòme fraz ki gen sans an kreyòl.

a) Pa – non-mwen - mal –pi ____________________
b) Pwa – manje- mwen- ta- diri- ak ____________________
c) Mari – rele – pitit- Jonas- la ____________________
d) Pawòl- se- verite- pa- tout- ki ____________________
e) Kontan –vini-m- poutèt- nou-anpil- mwen-ou –wè- ____________________

H. Ann ekri. Match the column A with column B

A	B
Ou fèk vini	Come and see
Li sot naje	He starts singing
Li pran chante	What do you mean
Li tonbe rele	You finish to talk
Pa kòmanse babye	You just come
Kisa ou vle di	He came to swim
Ou konn sa m vle	He starts crying
Vin wè	You know what I want
Ou fin pale	Do not start to bubble

I. Ann ekri.Tradui fraz sa yo an anglè

Kreyòl	English	Kreyòl	English
1. Mwen ale (manje, bwè, lekòl…)		2. Yo pa la	
3. Yo se fanm vanyan		4. Kote yo soti?	
5. Ki lè l ye?		6. Li pè pran piki	
7. Si ou pa koupab, ou inosan		8. Kay la gen twa chanm	
9. Enjenyè a pèdi lisans li		10. Malad la endispoze	
11. Jonas lopital depi maten		12. Mwen la anvan lè.	
13. Yo sanble tèt koupe.		14. Yo se de marasa	
15. M al dòmi (tou grangou, swaf, bonè, ta…)		16. M mache pou m al nan mache	
17. Pa fòse m		18. Manje a gen anpil grès	

J. Ann li. Mete fraz sa yo an anglè

KREYÒL	ENGLISH
Se yon liv	
Ou se elèv	
Ou se pòtoriken	
Se nan dlo yo separe pèch	
Se nan mòn anpil abitan rete	
Se twazè l ye, li lè pou n ale	
Ki moun ou ye?	
Se mwen menm Jonas.	
Pouki sa ou pa manje?	
Se paske li ta, e mwen pa vle gonfle	
Eske se pòtoriken ou ye?	
Non, se pa pòtoriken mwen ye, mwen se ayisyen	
Di mwen pa la	

Kote Janklod ye?	
Li se yon nèg ki kapon anpil	
Tata ansent	
Men li pa pi mal	
Mari bèl anpil	
Jèta pa la	
Mwen malad	
Li te mechan anpil	
Li te fache	
Me manman m, tololo!	
Gen yon tan pou tout bagay sou latè	

K. Anrichi konesans ou. Pastan ak jwèt. Eske ou konn pratike bagay sa yo? Di yon mo an kreyòl oubyen fè yon fraz.

Abit	Referee. The referee of the football party had an accident.
Ale nan bal	
Balon, boul	
Bat kòk	
Chante	
Choute	
Danse	
Defans	
Double	
Drible	
Ekip	
Estad	
Fente	
Fot	
Gòl	
Jwe	
Kan	
Kou fran	
Koup mondyal	
Kout tèt	

Mitan	
Parye pou lajan	
pou granmesi	
san temwen	
Penalite	
Resite (powèm, leson)	
Santre	
Soufle (nan kòn, nan banbou, blad)	
Tire	
Touch	

Di kijan ou renmen divèti ou	Jwe kat, gita, pyano, bandjo, raf, vyolon, domino, mizik, tronpèt, klarinèt, woman eks.

L. Traduzca al kreyòl: Ayiti, peyi 5 P

Gen kritik ki di Ayiti se yon peyi "5 P": **pa** genyen, **pa** konnen, **pa** kapab, **pa** fòt mwen e **pa** pi mal. Sepandan, lè yon moun ap pale de Ayiti oubyen ekri sou peyi sa a, se pou fè anpil anpil atansyon. Jous kounye a, anpil moun pa rive konprann Ayiti. Se pou sa yo di se yon peyi enigmatik. Anpil politisyen, Diplomat ak sosyològ konfese e menm souliye yo pa ka rive konprann peyi a. Ayiti se Ayiti. Ayiti se yon gwo ti peyi.[16]

M. Tradui tèks sa an panyòl.

Moun sa yo al nan bal chak samdi. Se nan Night Club "Bonplezi" ya l yaya kò yo. Night club sa a se pou Jonas (li ye), pitit bòs Jonasen an. Chak moun peye senkant dola nan pòtal. Gen moun ki trouve sa chè. Men, yo di l te pi chè toujou nan tan lontan. Okenn malere pat ka abòde l. Se konsa, pis (el salón de baile) la te konn preske vid. Bondye pou li, jeran an (anchajè a) te deside bese pri antre a. Se pa ti kontan moun yo te kontan.

N. Varyasyon an kreyòl

Mo konplè	Lòt mo sinonim	Meaning
Ake	Avèk	
Amen / alelouya	Ayibobo	
Bliye	Bilye	
Bodmè	Bòdmè	
Bra	Bwa	

16 See my book: Haití: Mito y Realidad, 1995, P.32

Bri	Bwi, bui	
Chache / bouske	Chèche	
Chemen	Chimen	
Chen	Chyen	
Chonje	Sonje	
Disèl	Sèl	
Dou	Dous	
Efò	Jefò	
Edikasyon	Levasyon	
File	Koze	
Gadinaj	Gadinay	
Gonbo	Kalalou	
Gwayav	Gouyab	
Jòmou	Joumou	
Jwa	Jwè	
Kacheman	Kachiman	
Kachimbo	Pip	
Kana	Kanna	
Kannistè	Mamit	
Kawo	Fè	
Kin	Bokit	
Kòkòtò	Chich	
Konbe	Konbyen	
Kouyi	Keyi	
Madmwazèl	Manmzèl	
Moute	Monte	
Nan	Lan	
Nasyon	Nanchon	
Onè respè	Chapo ba	
Out	Dawou	
Pa	Kina / kinan	
Pann (pandye)	Kwoke	
Pannad	Soup pen	
Pitan m	Pitit mwen	
Rad a ou/ rad a w	Ra ou a	

Souye	Siye	
Vit	**Rapid, trapde, san pèdi tan; nan yon bat je…**	

O. Anpil nan fraz sa yo konplike paske yo gen pou wè ak kilti ayisyen an. Ansèkle mo ou ekspresyon ou pa konprann nan chak fraz nan kolòn ki agoch la e souliye ekivalans li an anglè.

No	Kreyòl	English Equivalent
1	Apa w pa di anyen	Look at, you don't say nothing
2	Apa w ap chòv	You are becoming bald
3	Bay piti pa chich	I give you a small quantity, so I am not stingy
4	Bòn nan [renmen] fè koutay	The housekeeper used to take advantages on purchases
5	Bwat pawòl li fini	He is never tired to speak
6	Chak jou pa dimanch	Every day is not Sunday (a lucky day)
7	Cheve l plen kap	His/her hair have dandruff
8	Dam nan banm poto	The girl does not come at the **rendez-vous**
9	De moun sa yo se menm tenyen an	These two persons have the same habit
10	Dèle a (delè a) se a twazè edmi	The deadline is for 3:30 (PM)
11	Depi ayè li frèt avè m	Since yesterday, he/she forget about me
12	Dèyè m ap koupe klou la a	I have no money
13	Doktè a banm yon piki pou doulè a	The Doctor gave me an injection for the pain
14	Dòmi nan je m, kite m ale	I am sleepy, let me go
15	Fèy sa a bon pou anpil maladi	This leaf is good for several diseases
16	Flè a fennen	The flower is whitered
17	Fò nou fè yon jan pou n pase egzamen an	We have to do something to pass the exam
18	Kawoutchou machin nan plat	We have a flat tire
19	Kè m fè m mal pou ou	I have pity for you
20	Kè map sote	I am frightened
21	Ki moun w ap vin di sa la a !	Are you telling that to me?
22	Ki nimewo pye ou?	What is the size of your shoes?
23	Ki sa ou gen pou fè jodi a?	What do have to do today?
24	Ki sa moun sa ye pou ou?	Who is this person for you?
25	Kolye chemiz lan sal	The collar of the shirt is dirty

26	Kote ouvrebwat la?	Where is the can opener?
27	Kou ki pou tiye koukou a	The worst, the last blow
28	L ap fè gwo gagann	He is resisting
29	Lajan al kay lajan	If you have money, you can earn money
30	Lap bat vant mwen	He/she is triying to know what I think
31	Lap bougonnen	He/she is murmuring
32	Lap bwè kòb li!	He/she is having fun
33	Lap chare mèt la	He/she is provoking the teacher
34	Lap fè djòlè	He/she is very talkative
35	Lap fè makak	He/she is showing off
36	Lap fè van ak yon fèy papye	He/she is ventilating himself/herself with a sheet of paper
37	Lap gade m pa anba	He/she is looking at me with a side-long glance
38	Lap kale mango a	He/she is peeling the mango
39	Lap pran pòz nèg fò l	He/she is considering himself/herself as intelligent
40	Li achte yon boutèy pafen	He/she bought a bottle of perfume
41	Li akrèk anpil	He/she is greedy
42	Li ban m yon kout pwen	He/she hits me with the fist
43	Li bo l sou [tèt] bouch	He/she kisses him/her in the mouth
44	Li boude bouch li	He/she is angry
45	Li dezòd anpil	He/she has a bad attitude
46	Li domaje nan ponyèt	He/she has a damage in the wrist
47	Li fè m je dou	He/she is admiring me (with an eye of love)
48	Li gen foli chèf	He/she has foolish to be a chief
49	Li gen je lanvè	He/she has a defect in the eye
50	Li gen lasi nan je l (la chassie)	He/she has rheum in the eyes
51	Li gen move jan	He/she has bad habit (or attitude)
52	Li gen pwen	He/she is a supernatural power on him/her
53	Li gen yon sin bò kou li	He has a scar on his/her neck
54	Li genyen m rankin	He/she hates me
55	Li jouda anpil	He/she is curious
56	Li joure m byen joure	He/she insults me
57	Li kilbite m	He/she pushes me

58	Li konn gou bouch li	He/she used to eat good food
59	Li konnen anpil bagay nan anglè	He/she knows English pretty well
60	Li kras anpil	He/she is stingy
61	Li kwè li ka fè m pran nanna pou sizàn (sizal)	He/she believes he/she can fool me
62	Li lonje dwèt sou mwen	He/she points me out
63	Li mete yon pantalon pyese	He/she is poorly dressed (with a patched pant)
64	Li mete yon soulye depaman nan pye l	He/she puts uneven shoes
65	Li mouye [an] tranp	He/she is completely wet
66	Li pa pran bal	He/she does not get shot
67	Li pa pran priyè, li pa pran kantik	He/she is definitely stubborn
68	Li pale nan nen	He/she speaks through the nose
69	Li poko fè dan zòrèy	He/she is still young
70	Li poko fin gaya nèt	He/she is still somewhat sick
71	Li pote vè	He/she wears glasses
72	Li pran daso nan bal la	He/she crashes the dance party
73	Li pran nan kouran	He/she is electrocuted
74	Li rabache leson an	He/she botched the lesson
75	Li rele m nan leta	He/she files a complaint for me in the court
76	Li renmen bay blag	He/she is a joker
77	Li renmen fache anpil	He/she used to get angry
78	Li renmen kale kò l	He/she used to show off
79	Li renmen manje fritay	He/she used to eat fried food (plantain)
80	Li rete do touni	He/she partly naked (naked back)
81	Li se tokay mwen	He/she is my namesake
82	Li se yon gason makomè	He is gay
83	Li se yon grandizè	He /she is bluffer
84	Li se yon kasètkay	He/she is a robber
85	Li se yon lang long	He/she is talkative (he/she does not keep secret)
86	Li se yon pòtè	He/she is loader (transporting loads)
87	Li se yon tafyatè	He/she is a drunkard
88	Li sanble ak papa l tèt koupe	He/she looks like his/her father
89	Li swe tankou [pitit] bouki	He/she is thoroughly perspired

90	Li vann machandiz la kach	He/she sold the merchandises for cash
91	Limyè machin nan pa etenn	The light of the car is not off
92	Liv dezyèm men pa chè	Used books are cheap
93	Liv la dechire pak an pak	The book is worn out
94	M about avè w	I am tired with you
95	M grangou anpil	I am very hungry
96	M kontre bab pou bab avè l	We met front in front
97	M manje twòp dous makòs, m rebite l	I ate too many fudge Marcos, I repel it
98	M pa konnen l ni an pent ni an penti	I do not know him/her at all
99	M pa vle [pou] sezisman touye l	I am avoiding that he/she dies due to frightfulness
100	M pa vle pran sèso	I do not want to sit uncomfortable in the car
101	M pap achte chat nan makout	I do not buy nothing before seeing it
102	M pral montre l [ki] sa m peze	I will show him/her who I am
103	M pral tcheke yon woulib	I will look for a ride
104	M razè jous nan kou	I have no money [at all]
105	M santi yon doulè nan rèl do	I feel a pain in my back
106	M se lanmè, m pa sere kras	I do not keep secret for me [the sea does not either]
107	M te sispèk [santi] sa	I felt that (I have forseen that for you)
108	Machann nan koupe kou m	The seller deceived me (the merchandise is not so expensive)
109	Machin nan frennen sèk	The car stopped suddenly
110	Malad la ap depale	The sick person is raving (contradicting herself)
111	Malè avè w si w di sa	Beware if you share this information
112	Manmzèl ap fè lera	She does not appear often in public
113	Map fè l peye sa kanmenm	I will make him/her pay that anyway
114	Map pran bal mwen nan fon	I am supporting the consequences
115	Map remèt ou sa w fè m nan	I will take my revenge
116	Mata se yon manfouben	Mata is an indifferent (a dull) person
117	Mche se yon zo bouke chen	He is a shameless person
118	Mche se yon zo kiki	He is an indecent person
119	Melon sa a gwo nèg, papa	This watermelon is quite big
120	Monchè, met moun sou ou	My friend, be tough

121	Mont mwen annavans	My watch is ahead of time
122	Msye mazora	He is toothless
123	Msye se yon bèf chenn	He is a truck loader
124	Msye se yon patat	He is fat
125	Msye se yon ti sousou	He is a bold, a shameless fan
126	Msye sou dèyè l kounye a	He is poor now
127	Nou pa gen bwapen	We do not have wooden made match (pine tree) to lighten the fire
128	O ! Apa w ap fè vant !	Oh! You are getting fat!
129	O! Kilè w vini	Oh! When did you come?
130	O! Wap mennen, papa!	Oh! You are enjoying yourself!
131	Ou chaje ak pwoblèm	You have lots of problems
132	Ou frekan anpil	You are really fresh
133	Ou mete chat veye mantèg	You give the robber the opportunity to rob
134	Ou pile m	You step on me
135	Pa [fout] jete fatra la	Do not throw trash here
136	Pa degobe nan sosyete	Do not belch (burp) in society
137	Pa ekri betiz sou mi an	Do not write stupidities on the wall
138	Pa fè majigridi sou tablo a	Do not write doodle on the board
139	Pa frape pye sou mwen	Do not get angry at me
140	Pa gade m sou laparans	Do not judge me on appearance
141	Pa pèmèt ou demanti m	Do not dare to contradict me
142	Pa satiyèt mwen	Do not tickle me
143	Pa vin giyonnen m	Do not start to make fun of me
144	Pa vin pase ray ou sou mwen	Do not unburden yourself upon me
145	Pantalon an dezipe	The pant is unzipped
146	Pòm nan rak	The apple is not sweet
147	Pwoblèm yo kraze m	The problems act upon me
148	Rivyè a desann	The river is going down
149	Sa klè tankou dlo kokoye	This is very clear
150	Sa l fè l fè !	No matter what
151	Sa pa regade w	This is not your business
152	Sa pirèd !	This is worst
153	Sa te fè kè m kontan	That made me happy
154	Sa w di la pa kanpe sou anyen	What you say here does not have proof

155	Se bon pou li	It is right for you (I already see that for you)
156	Se byen jwenn byen kontre	I am your real opponent (you meet the person you were looking for)
157	Se ès-ès m ap fè l mache	No matter what, I am going let him/her work so hard
158	Se kòm si ou te di atè a plen tè	It is as you do not say nothing
159	Se kot manman l li pran sa	He/she takes this after his/her mother
160	Se li ki tout fanmi li	He/she is his/her unique family member
161	Si l bon pou ou, w a wè l	You will see if it is good for you
162	Si w fache, al nan mache	If you get angry, take it for you
163	Sispann mouche nen ou!	Stop blowing your nose!
164	Sòt fè swe	Stupidity has its price
165	Soulye m bon pou ou	My shoes suit you
166	Te g on bourara deyò a	There was a disorder outside
167	Ti fi a fòme	The young lady has her [first] menstruation
168	Ti travay sa a raz	This work is not interesting
169	Trigonometri se pa matyè m	I do not like Trigonometry
170	Vè a plen ra bouch	The cup is full
171	Vwala, se sa menm	That is! You got it
172	Y ap jwe tonton palmis	They are playing tricks (see the faces of a Haitian dime)
173	Yo fèmen telefòn nan sou li	They hang up the telephone on him/her
174	Yo kraze seri pòt la	They destroyed the key of the door
175	Yo mete l deyò nan kay la	They expel him/her from the house
176	Yo pa kwè nan wanga	They do not believe in sorcery
177	Yo pran kouran lajounen; yo bay li aswè	They cut the current during the day; they give it back during the night
178	Yo se machann pèpè	They sell used clothes
179	Yo te manke goumen	They were about to fight
180	Zòrèy mwen ap kònen [sonnen]	I have a hint

Referans/References

American Academic Press, The (ed.). William Strunk, Jr., et al. The Classics of Style: The Fundamentals of Language Style From Our American Craftsmen. Cleveland: The American Academic Press, 2006. ISBN 0978728203.

Archer, M. (1988). La Créolologie Haïtienne. Latinité du créole d'Haïti. Imprimerie Le Natal.

Bajeux, J.C. (1999). Mosochwazi: Anthologie de la littérature créole. Port-au-Prince, Haïti.

Barber, Charles (1999). The English Language : A Historical Introduction. Cambridge Approches to Linguistics. Cambridge University Press.

BBC Kids Language Program Spanish, French, German or Italian for Children. Award Winning & Fun! www. Early-Advantage.com

Belfort, Tercius (2001). Manual para Enseñar el Idioma Kreyòl. Educa Vision. Coconut Creek, Florida.

Belfort, Tercius. (1995). Haití, Mito y Realidad. Puerto Rico. Impreso en Jay-Ce Printing.

Bloomfield, L. &Clarence, L.B. (1961). Let's read: a lingustic approach. Detroit: Wayne State University Press.

Comhaire-Sylvain, S (1953). Le créole haïtien : Morphologies et syntaxe, Port-au-Prince, Haïti. Imprimerie De Meester.

Constitution République d'Haïti (1987). Port-au-Prince, Haïti. Koutwazi Ministè Enfòmasyon ak Kowòdinasyon.

Dejean, Y. (1986). Ann Aprann Òtograf Kreyòl la. New York, published by K.A.P.A.B.

Devonish, H. (1986). Language and Liberation: Creole Language, Politics in the Caribbean, London: Karia Press.

Dorin, B. (1973). La fausse querelle du créole te du français. Conjonction 20, Revue Franco-Haïtienne. Port-au-Prince, Haïti.

Dorland. The American Illustrated Medical Dictionary (1954), 22 edition. W.B. Saunders Company. Philadelphia.

Faine, J. (1939) La créole dans l'univers : études comparatives des parlers français-créoles. Port-au-Prince, Haïti.

Fouchard, J. (1972). Langues et littératures des aborigènes d'Haïti. France. [no publisher]

Franck, E. (1975). Dezafi. Port-au-Prince. Edition Fardins

Freeman, Bryant and Laguerre, Jowel. Haitian-English Dictionary, second edition. Institute of Haitian Studies. University of Kansas.

Grimes, B.F. (1996). Summer Institute of Linguistics, Inc. http//www.sil.org

Hall, R.A., Jr. (1953). Haitian Creole Grammar, texts, vocabulars. Philadelphia.

Harwood, Natalie (2003). The Complete Idiot Guide to Learning Latin (second edition). ALPHA Penguin Group, USA.

Kemk, Andreas, cited by Andrews, Larry. Linguistics for L2 Teachers. Lawrence Erlbaum Associates, Publishers Mahah, New Jersey. 2001, p. 20.

Koute, pale, li, ekri (1996). Biwo Lang Kreyòl. Wout ayewopò, kwen ri Bèjerak. Pòtoprens, Ayiti. Enprimri Edisyon dèz Antiy, SA. Sekreteri pou Alfabetizasyon.

Learning FrenchMaster French In 21 Days. Claim Your Free Access To Online Course! Info-Tree. Com/French-Made-Easy

Manigat, Max (2007). Mots Créoles du Nord d'Haïti : Origines, Histoire, Souvenirs. Educa Vision. Coconut Creek, Florida.

Manman doudou, papa cheri. https://video.search.yahoo.com/video/play

Morisseau, Felix Lery (). Mèsi Papa Desalin.

Multi Diccionario : Alemán, Francés, Inglés, Español (1988). Editorial Nauta, S.A.

Paultre, C. (1982). Tonton Lubin. Port-au-Prince, Haïti. Boukan.

Pelleprat (1655). Introduction à la langue des galibis. S&G. Cramoisy. Paris.

Pérez Roman, Carmen & Michel Ferrié, Francis (1980). Introduction to Business Translation : A Handbook in English-Spanish Contrastive Linguistics. Editorial Universitaria, Universidad de Puerto Rico.

Pompilus, P. (1983). Manuel d'initiative à l'étude du créole. Haïti. Impressions magiques.

Pressoir, C.F. (1947). Débats sur le créole et le folklore. Haïti, Imprimerie de l'Etat (d'Haïti).

Richard-Amato, Patria A (2003). Making It Happen : From Interactive to Participatory Language Teaching. Theory and Practice (third edition). Pearson Longman. United States.

Rundle, Bede. *Grammar in Philosophy*. Oxford: Clarendon Press; New York: Oxford University Press, 1979. ISBN 0198246129

Savain, R.E. Haitian Kreyol in Ten Steps (Dis pa nan Kreyòl Ayisyen-an). Rochester, Vermont, Schenkman Books, Inc.

Schieffelin, B.B. & Doucet, R.C. (1994). The real Haitian Creole: ideology, metalinguistics, and orthographic choice; American Ethnologist 21 (1): 176-200.

Sylvain, Georges (1929). Cric? Crac?. (Editions in Creole and in French)

Valdman, A. (1978). Iniciation à la linguistique : Le créole, structure, statut et origine. Paris, Editions Klincksieck.

Valdman, Albert (1996). Learner's Dictionary of Haitian Creole. Indiana University

Vázquez-Ayora, Gerardo (1977). Introducción a la Traductología. Georgetown University of Languages and Linguistics. United States of America.

Vernet, P. Téchenique d' écriture du créole haïtien. P. 101

Webster's Comprehensive Spanish-English Dictionary (2010), new edition. Merriam-Webster, Inc., United States of America.

INTERNET RESOUCES

http://a4esl.org/q/h/homonyms.html.

http://amnesia.eljuego.free.fr/Fichas_gramatica/FG_palabras_compuestas.htm#6

http://catedras.fsoc.uba.ar/rubinich/pareto.html

http://Creoles.free.fr/cours/groupes.htm

http://ec.hku.hk/mt/dictiona.htm

http://en.wikipedia.org/wiki/French_manual_alphabet

http://en.wikipedia.org/wiki/List_of_chemical_element_name_etymologies.

http://es.wikipedia.org/wiki/Diminutivo.

http://en.wikipedia.org/wiki/List_of_Puerto_Rican_slang_words_and_phrases»

http://es.wikipedia.org/wiki/Distribuci%C3%B3n_Pareto»

http://es.wikipedia.org/wiki/Filia

http://fr.wikipedia.org/wiki/Liste_des_phobies

http://french.about.com/library/begin/bl-dentist.htm

http://french.about.com/library/bl-frenchinEnglish-list.htm

http://french.about.com/library/express/blexpres.htm

http://french.about.com/library/fauxamis/blfauxam_z.htm

http://images.google.com.pr/imgres?imgurl

http://iteslj.org/Lessons/Alkire-Euphemisms.html

http://jumk.de/calc/longitud.shtml.

http://martine6.club.fr/musimage/homonymes/homonymes.htm.

http://naxoseduKSion.blogspot.com/search/label/Lenguaje%20corporal

http://perso.club-internet.fr/jacbayle/livres/arKSreol/list12.htm

http://www.oceanes.fr./-stomer/francais/28oct_fr.htm (bannzil kreyòl)

http://perso.orange.fr/proverbes/anglais.htm

http://perso.orange.fr/proverbes/espagnol.htm

http://wikitravel.org/fr/Guide_linguistique_portugais.

http://www.123teachme.com/learn_spanish/augmentatives_diminutives.

http://www.americas.health-sector-reform.org/spanish/00001145.htm.

http://www.answers.com/topic/spanish-nouns

http://www.bbc.co.uk/religion/religions/

http://www.biblegateway.com/versions/index.php?action=getVersionInfo&vid=23

http://www.bio-conseil.net/Redactionnel/Divers/art_TabVitamine.html

http://www.carencrohighschool.org/la_studiesSeries/Creole/CreoleLanguage.htm

http://www.deltabravo.net/custody/body.php

http://www.christianisrael.com/haitian_Creole/index.htm (the Bible)

http://www.dlh.lahora.com/ec/paginas/temas/variaciones111.htm.

http://www.dmu.edu/medterms/urinary/urinary_terms.htm

http://www.doctorshealthsupply.com/homeopath/vitamin_table.htm.

http://www.down21.org/salud/neurobiologia/motivacion_2.htm

http://www.down21.org/educ_psc/educacion/menu.html#).

http://66.46.185.79/bdl/gabarit_bdl.asp?Th=3&id=1852

http://www.elsene.irisnet.be/site/fr/sports/sports/sport.php?numsport=86

http://www.Englishclub.com/vocabulary/contractions-other.htm.

http://www.enplenitud.com/nota.asp?articuloid=7254.

http://www.espagnolfacile.com/cgi2/myexam/voir2r.php?id=18863

http://www.ethnologue.com/show_subject.asp?KODe=CRE.

http://www.eumed.net/cursecon/economistas/Pareto.htm

http://www.galicias.com/frases/educacion.htm.

http://www.geocities.com/Athens/Thebes/6177/ws-cognates.html.

http://www.geocities.com/RainForest/8893/tabla1.htm.

http://www.geocities.com/frenchCreoles/kreyol/krldict.txt

http://www.gestiopolis.com/

http://www.guajara.com/wiki/fr/wikipedia/l/li/liste_des_listes.html.

http://www.haitianproverbs.com/

http://www.imp.ucla.edu/profiles/pwof01.htm

http://www.kokogiak.com/logolepsy/ow_c.html

http://www.ling.udel.edu/arena/morphology.html

http://www.linguist.de/tokpisin

http://www.mundofree.com/mariscal/consonantes.htm

http://www.mundofree.com/mariscal/homofonos.htm

http://www.mundofree.com/mariscal/homografos.htm

http://www.nakedtranslations.com/fr/2004/09/000235.php

http://www.nyu.edu/pages/linguistics/anlcbk.html

http://www.ojohaven.com/collectives/

http://www.phobialist.com/

http://www.presse-francophone.org/apfa/langues/italien.htm

http://www.proftnj.com/alimvita.htm

http://www.proverbatim.com/haitian/

http://www.proverbes-citations.com/pwoverbes.htm

http://www.proverbios.com

http://www.rie.cl/?pa=584

http://www.rinkworks.com/words/linguistics.shtml

http://www.slideshare.net

http://www.stat.ucl.ac.be/

http://www.studyspanish.com/lessons/tenexp.htm

http://www.uaca.ac.cr/acta/1987feb/adimare.htm

http://www.uch.edu.ar/rrhh/
http://www.une.edu.au/langet/tokpisin.htm

http://www.unhchr.ch/udhr/lag/pdg.htm

http://www.uv.mx/eee/sp_interactivo/0046.aumentativos-diminutivos.htm

http://www.vistahigherlearning.com/pdfs/enfoques_toc.pdf

http://www.Whitesmoke.com

http://www.wikipedia.org/wiki/tok_pisi_language

http://www.wisdomquotes.com/cat_education.html

http://www.worldlanguage.com/languages/bislama.htm

http://www.WorldLanguageLearning.com/spanish

www.coumbithaitien.com/index2.html (constitution)

www.HaitiForever.com

www.HaitiForever.com.

www.haiti-reference.com/arts/culture/proverbes.html#danger

www.kaynou.org

www.librerimapou.com

www.mrsmcgowan.com/reading/stages.htm

www.oceanes.fr./~stomer/francais/28oct_fr.htm (bannzil kreyòl)

www.une.edu.au/langet/tokpisin.htm

www.vanuatuturism.com/bislama.htm